简明中国通史

主编
李学勤 郭志坤

温海清 —— 著

元 从游牧部落到世界性帝国

天地出版社 | TIANDI PRESS

图书在版编目（CIP）数据

从游牧部落到世界性帝国：元/温海清著.—成都：天地出版社，2024.1

（简明中国通史/李学勤，郭志坤主编）

ISBN 978-7-5455-7613-9

Ⅰ.①从… Ⅱ.①温… Ⅲ.①中国历史—元代—通俗读物 Ⅳ.①K247.09

中国国家版本馆CIP数据核字（2023）第019286号

CONG YOUMU BULUO DAO SHIJIEXING DIGUO：YUAN

从游牧部落到世界性帝国：元

出 品 人	陈小雨　杨　政
主　　编	李学勤　郭志坤
著　　者	温海清
监　　制	陈　德　朱锦川
总 策 划	郭志坤
特约策划	文柏讲堂　申元书院
责任编辑	武　波　王　超
责任校对	杨金原
责任印制	王学锋

出版发行	天地出版社
	（成都市锦江区三色路238号　邮政编码：610023）
	（北京市方庄芳群园3区3号　邮政编码：100078）
网　　址	http://www.tiandiph.com
电子邮箱	tianditg@163.com
经　　销	新华文轩出版传媒股份有限公司

印　　刷	北京文昌阁彩色印刷有限责任公司
版　　次	2024年1月第1版
印　　次	2024年6月第2次印刷
开　　本	880mm×1230mm　1/32
印　　张	11.25
字　　数	233千字
定　　价	58.00元
书　　号	ISBN 978-7-5455-7613-9

版权所有◆违者必究

咨询电话：（028）86361282（总编室）
购书热线：（010）67693207（营销中心）

如有印装错误，请与本社联系调换

序 一

上海的郭志坤先生是我多年的老友。在十几年前世纪之交的时候，我同郭先生曾经有过一次非常愉快的合作，就是依照他的提议，共同编写了一本通俗讲述中国古代历史的图书，题为《中国古史寻证》，列入上海科技教育出版社《名家与名编——世纪初的对话》丛书出版。当时没有料到这本书印行后博得相当不错的反响，这使郭先生和我都觉得所做的一番努力是值得的。

以这件事为契机，郭志坤先生同我有多次机会谈起历史学的通俗化问题。我们都认为，有必要组织编写一套系统讲说中国历史，将学术界的丰硕成果推广给大众的图书。郭先生精心拟出规划，并很快约请到多位学养深厚的作者，形成老中青结合的团队，投入了撰写的工作，其成果便是现在这套《细讲中国历史丛书》。

《细讲中国历史丛书》从夏商周三代写起，一直到最末的王朝清朝为止，全套共十二册。这套丛书的编写，贯穿了两条原则：就书的阅读对象来说，是"面向大众"；就书的语言风格而言，是"通俗化"。我认为郭志坤先生的这两条原则提得好，也提得及时。

先说"面向大众"。我近些年在不同场合屡次说过,历史虽不能吃,也不能穿,似乎与国计民生渺不相关,实际却是社会大众的一种不可缺少的精神需求。我们每一个人,不管从事什么职业,具有何种身份,都会自然而然地对历史产生一定的兴趣,这或许可以说是人的天性使然吧。一个人活在世界上,不但要认识现在,也必须回顾过去,这就涉及了历史。我从哪里来,又往哪里去,是每个人都会意识到的问题,这也离不开历史。人们不能只想到自己,还要考虑到我们的国家和民族,这就更应该了解历史。社会大众需要历史,历史学者自当"面向大众"。

抗日战争时期,历史学前辈钱穆先生在西南联大讲授"中国通史"课程,所撰讲义(出版后书名《国史大纲》)一开头便标举:"当信任何一国之国民,尤其是自称知识在水平线以上之国民,对其本国已往历史,应该略有所知。否则最多只算一有知识的人,不能算一有知识的国民。"历史学者的工作,不应只限于自身观察历史、探索历史,更有责任把所认识、所了解的历史,原原本本地告诉社会大众,使大家对历史有应有的认识和必要的了解。

特别是在今天,当我们的国家、民族正在走向伟大复兴之际,尤其有必要推动历史学"面向大众"。中国有五千多年的文明历史,我们的先人创造了辉煌而且源远流长的文化,对人类的发展进步做出过丰富卓越的贡献。我们有义务把这样的史实告诉社会大众,增强大家建设祖国、走向世界的凝聚力和自信心,从而为今后人类的发展进步做出更多更新的贡献,这应当成为历史学者的襟怀和抱负。

再谈"通俗化"。"面向大众"与"通俗化"是结合在一起的,要想真正做到"面向大众",历史著作就必须在语言和结构上力求"通俗化"。

说起"通俗化",我联想到我国"二十四史"之首《史记》的作者司马迁。司马迁是学究天人的大学者,是"读万卷书,行万里路"的典范,然而他撰著历史,引经据典,还是在通俗上下了很大功夫。比如他论述唐虞以来古史,自然离不开《尚书》,他本人曾受学于《尚书》博士孔安国,亲得古文《尚书》之学的传授,然而他在引用《尚书》时,对于古奥费解的字词,都采用意义相同的字词来代替,这应该说是在"通俗化"方面的重要创意。另外,司马迁还尽力将史事的叙述情节化,使之活现于读者眼前,无愧于历史家的大手笔。这都是后人需要学习的。

必须说明,"通俗化"并不意味着降低历史学著作的学术水准。相反,编写"通俗化"的历史作品,实际上对作者提出了更高的要求,绝不是轻易就能够做到的。在这里,我还想附带说一句,即使是专供学术界专业阅读的论著,其实也应当(而且也能够)写得简明流畅一些。不少著名的前辈学者,例如胡适、郭沫若、冯友兰等先生,他们的著作不都是这样的吗?

《细讲中国历史丛书》是"面向大众"的,并且在"通俗化"方向上做了很大的努力。郭志坤先生还说过:"通俗,通俗,只有通然后才能俗。"这也很有道理。这十二册书是一个整体，作者们在上下五千年的一个"通"字上花费了不少精力，对于内容的构架和文字作风也下了一番苦功夫，相信这套书的读者都会体认到他们的用心。

李学勤

2014年8月17日

序 二

我和李学勤先生在讨论历史学的通俗普及问题的时候,很自然地回忆起吴晗先生。20世纪50年代末,吴晗以史学界权威和北京市副市长的身份,向学界提出:"要求各方面的学者、专家也来写一点通俗文章、通俗读物,把知识普及给民众。"吴晗不仅撰文提倡,向史学界游说,还亲自主编影响很大的《中国历史小丛书》。这段回忆让我们萌发了组织编纂《细讲中国历史丛书》的打算。

当我向李先生提交了编纂方案后,他认为,编纂这样一套书对以史鉴今、以史资政、以史励人是极有意义的事,很值得做。随后,我们又把多年酝酿的编纂构想做了大致的概括:突破以"阶级斗争为纲"和"残酷战争"描写的局限,注重阶层、民族以及国家之间的友好交融和交流的记述;突破"唯帝王将相"和"否帝王将相"两个极端的局限,注重客观反映领袖人物的历史作用以及"厚生""民本"思想的弘扬;突破长期分裂历史的局限,注重阐述统一始终是主流,分裂无论有多严重,最终都会重新走向统一;突破中原文化中心论的局限,注重全面介绍中华文化形成的多元性和影响力;突破历朝官方(修史)

文献的局限，注重正、野史兼用，神话传说等口述历史与文物文献并行；突破单一文字表述的局限，注重图文并茂，以考古文物图表为相关历史表述提供佐证。

《细讲中国历史丛书》的编纂重在创新、面向大众和通俗化。李先生认为这一美好的愿望和构想要付诸实施并非容易的事。他特别强调要组织专业队伍来撰写，并提出"让历史走向民众是史家们义不容辞的责任"。令我欣喜的是，精心撰写这套书的作者团队本身就是教师。他们中有的是学殖精深、卓有建树的史学名家，有的是以"滔滔以言"享誉学界的优秀教育工作者，其中多为年轻的历史学博士。由这样一个团队来担当编写中国历史读物的重任，当得起，也信得过。

我们把编纂的原则性方案统一后，在同作者商议时产生了某些疑虑：一是认为这类图书没有多大的市场；二是认为通俗作品是小儿科，进不了学术专著之殿堂。经过一番调查分析后，我们取得了共识，一致认为：昨天的历史是创造明天的向导，读者从中可以汲取最好的营养，好的历史通俗读物是很有市场的，因为青年读者中普遍存在历史饥饿感。本套丛书的作者深感，编写中国历史通俗读物，历史工作者最有得天独厚的条件和义不容辞的责任。旅外学者得悉我们在编纂这套丛书，认为这是很有价值的，也很及时。美国纽约州立大学历史学博士张德文参加撰写并专门来信期待我们早日推出这套丛书。她在信中说："在知识大众化、数字化的年代，历史学者不应游离在这个历史进程之外。个人电脑以及智能手机的普及，大大促进了人们对微知识的渴求。在此背景下，历史学者的通俗表述为微知识的传播提供了必要的积淀和范本。"行文虽然不长，但一语中的，说清了普及历史知识的重要性。复旦大学历史地理研究中心邹逸麟教授、华东师范大学历史系王家范教授等读了丛书的文稿后还专门撰文评说，认为这既是一套通俗的、面向大众的历史读物，又是一套严谨而富于科学精神的史著，对于广大读者学习和发扬中华民族的爱国传统、学习和发扬中华民族的奋斗精神，推动中华民族复兴的中国梦早日实现很有作用。

这一切，让我们得到莫大的鼓舞。作者在通俗方面做了极大的努力，他们中的不少人在写作中进行了刻苦的再学习。从史实的查证到篇章的构架，再到文字的通俗化以及图片的遴选，都花费了他们大量的时间和心血。丛书采用章节结构的叙史形式，目的在于令读者通过目录就能够对书中的大概内容一目了然。中国历史悠久，史料浩如烟海，读史者历来有"一部二十四史，不知从何读起"之叹，讲史时以"时间为纲"，即可以从纷繁中理出头绪来，再辅之以"专题为目"，这样在史料取舍上就更加突出主题。本丛书注重以故事取胜，以真实的历史故事吸引人，感动人，启迪人。图文并茂也是本丛书通俗化的一途。中国历来重视"右文左图"，以文注图，以图佐文。

通俗而雅，也是这套丛书的一大特色。雅者，正也。通俗不是低俗，亦不是庸俗，它是在科学和学术的基础上展开的。把应该让读者知道的历史现象和历史观念用最浅显明白的方式告诉读者，这就是我们所需要并强调的通俗。本套丛书的学者们在撰写时一是力求语言上的通俗，二是着力于情节中的通俗，继承和发展了太史公马迁那种"以训诂代经文"的传统，把佶屈聱牙的古文经典用活了。所以说，深入浅出的通俗化工作更是一种学术活动。

为了增加生动性、可读性，作者尽量对某些有意义的人和事加以细讲，如对某些重要的出土文物予以介绍评说，对悬而未解的疑问加以释惑，对后人误传误解的问题予以纠正，对某些典故加以分析，对某些神话传说进行诠释。在图表上尽量做到随文提供佐证。在每册图书之后增加附录，旨在增强学术性和通俗性：附录大事记，旨在让读者对本段时期重大历史事件有个大致了解；附录帝王世系表，意在让读者对本朝创业、守业和虚位之君的传承有所知晓。另外，所列主要参考书目，目的在于为读者提供进一步学习本段历史的相关资料索引。

意愿和努力是如此，最终的结果如何，诚望读者鉴定。

郭志坤

2014 年 8 月 19 日

目 录

导　言 / 001

第一章　蒙古崛兴前的历史与传说

9至13世纪北方草原形势：漠北的蒙古化 / 007

蒙古诸部的游牧经济与社会结构 / 011

蒙古先世历史概说：苍狼与白鹿的传说 / 017

第二章　成吉思汗与蒙古帝国的形成

铁木真早年的成长：三河之源的传奇 / 025

争雄草原：从铁木真到成吉思汗的转变 / 030

漠北立国：成吉思汗建立大蒙古国 / 039

征夏攻金：成吉思汗的对外扩张 / 047

挥鞭西进：蒙古第一次西征 / 055

第三章　蒙古帝国的扩张及其崩解

窝阔台继承汗位 / 067

窝阔台合罕的文治武功 / 077

汗统的转移：从贵由汗到蒙哥汗 / 086

极盛的帝国：蒙哥汗对东、西方世界的统治 / 092

蒙古帝国的崩解及其世界性意义 / 106

第四章　元统治的确立：忽必烈及其时代

建元中统：1260年的转折 / 119

整顿中原：罢"世侯"，行"迁转法" / 135

灭亡南宋：江南若破，百雁来过 / 143

文天祥之死：元廷对南宋遗留问题的处置 / 151

经世敛财：忽必烈的理财大臣们 / 161

第五章　元王朝由守成到更化至覆亡

成宗守成：铁穆耳继位及其"惟和"政策 / 177

武仁授受："兄弟叔侄相继"与"延祐儒治" / 186

英宗被弑：至治新政与南坡之变 / 198
明文之争：两都之战与天历之变 / 206
顺帝北遁：脱脱更化与大元覆亡 / 215

第六章　元代的政治、经济、社会与法律

元代体制的"二元性"特征 / 231
宋元明的"转折"：元代是"黑暗"时期吗？ / 239
"四等人制"？"九儒十丐"？ / 247
元代法律的特性 / 256

第七章　元代的思想、宗教、文化与艺术

理学兴盛：国家意识形态的确立 / 265
五指并重：元代的宗教宽容 / 273
南北混融：大一统时代的诗风 / 284
曲苑竞妍：元杂剧的辉煌 / 291
隔江山色：文人画的兴盛 / 297

第八章　元朝与外部世界

传教士的东来与中国人的西行 / 313
马可·波罗来过中国吗？ / 320

元人意识中的外部世界观念 / 326

结束语 / 333

主要参考书目 / 337

附录一：大蒙古国和元朝大事记 / 339

附录二：大蒙古国和元朝皇帝世系表 / 343

重版后记 / 345

导　言

13世纪初叶，蒙古民族在我国北方崛兴，并建立起强大的草原帝国。历史上，"匈奴""柔然""突厥""回鹘"等北方游牧民族群体，在他们所建立的游牧国家瓦解之后，不仅其所指称的人群随之消散，其名号本身也已成为一种历史名词。然而，自蒙古人建立"大蒙古国"以来，"蒙古"这一名号，不仅成为塞北游牧人群的一种认同符号和称谓，更成为欧亚草原东部地区的一个地域名称。

蒙古人所建立的蒙古帝国，是自9世纪中叶回鹘汗国瓦解以来，在历经三个多世纪的混乱无序之后，草原上出现的又一个强大的游牧帝国；而作为这个游牧帝国继承者之一的元朝，则更是结束了中原王朝自五代以来持续三个多世纪的分裂割据状态，成为我国历史上第一个由北方游牧民族所建立的真正意义上的大一统王朝。

蒙古崛兴的历史大体可分为大蒙古国时期（1206—1259）与元王朝时期（1260—1368）两个阶段。前一阶段历经成吉思汗、窝阔台合罕、贵由汗与蒙哥汗的统治，所以通常也被称为"前四汗时期"。这一阶段的大蒙古帝国，统驭着欧亚大陆大部分地区，中原汉地只是这个世界性帝国偏东部的一部分。后一阶段则是在大蒙古帝国崩解之后，于原帝国东部地区、以中原汉地为主而建立起来的一个汉式中央集权的王朝，即"元王朝"，或谓"大元兀鲁思"。它历经世祖、成宗、武宗、仁宗、英宗、泰定帝、天顺帝、文宗、明宗、宁宗、顺帝等总共十一帝的统治。整个元代，若按年代划分，大体可分为三段：世祖时期（1260—1294）为元代前期，成宗至宁宗诸朝（1295—1332）为元代中期，顺帝时期（1333—1368）则为元代后期。每一阶段，正好大体持续三十余年。

大蒙古国时期以草原本位为立国基础，对各征服区实行间接的统治方式。进入元王朝统治之后，草原本位政策逐渐为汉地中原本位政策所取代。忽必烈在大规模采用汉法治理汉地的基础上，也同时保留了部分蒙古旧制。元代的各项基本制度，大多奠基于忽必烈时代。元王朝统治时期，出现不少蒙古草原制度与中原汉制榫合为一体的政治制度；各民族之间交融更加紧密，孕育出新的民族和新型的民族关系；南方和北方之间的交流与沟通也重新密切，孕育出独具特色的文学、艺术形式。同时，由于蒙古世界性帝国的存在，当时整个世界东、西方之间的交流和沟通更趋紧密，陆上丝绸之路重新畅通，海上贸易也日益繁盛。

元朝统一云南、西藏等地，在云南置行省，同时设立宣政院来管理西藏地方与全国佛教事务，在缔造中国多民族统一国家的政治体制方面影响深远。今日中国民族、政治和疆域版图的确定，应该说其框架是首先在元代出现的，至清代才在此基础上走向成熟。

　　然而,元王朝的统治又显得十分脆弱,维持时间较短,国祚仅百余年。这与元代中期以后的阶级、民族矛盾的尖锐,以及元统治阶层内部王位争夺和派系斗争的激烈有关。在各路红巾军的冲击之下,元王朝于1368年终为明王朝所取代。退居蒙古高原的元王朝余部,统治漠北地区,他们沿用元朝国号,史称"北元"。在此之后,它又陷入蒙古的各部纷争中,同时又与明王朝纠葛不断。

第一章 蒙古崛兴前的历史与传说

9至13世纪北方草原形势：漠北的蒙古化

早在蒙古崛兴并建立起大蒙古国之前，北方草原上曾经先后兴起过几个强大的游牧国家：匈奴帝国、柔然汗国、突厥汗国和回鹘汗国等。在这几个强大的游牧国家瓦解之后，被称作"匈奴人""柔然人""突厥人"和"回鹘人"的那些人群，也随之消散在历史的尘烟里。

北方草原的历史似乎是断裂的。当然，事实并非如此。倘若从那些被称作匈奴人、柔然人、突厥人和回鹘人的语言或者文化去观察的话，我们会发现其实他们并未"消失"。他们中虽有部分已经迁徙他处，难觅踪影，不过也有部分仍留居当地，为随后的其他统治群体所吸收，改头换面而被唤作另一种称呼。粗略而言，北方草原的历史应当是操原蒙古语与操原突厥语的人群交替出现、轮流统治当地的历史。

自公元840年回鹘汗国瓦解之后，直至1206年成吉思汗建立大蒙古国，在这三百多年的历史时期内，北方草原上未再出现强大的游牧国家。在此期间，蒙古高原诸部林立，不相统属，草原的历史显得混乱而无序。北方草原上的诸族群体，大多无文字传统，即使有能使用文字者，他们也未能拥有成熟发达的记事传统。而同时代的南方农耕文明社会，虽拥有成熟发达的文字叙事传统，不过对于北方族群的记载，也大多语焉不详。因此，我们难以清晰地了解北方草原诸族群体在这三百多年里的具体活动详情。

总体而言，9世纪中叶回鹘汗国败亡之后，蒙古高原的人群发生了很大的变化。黠戛斯于840年攻下回鹘城（今蒙古国鄂尔浑河上游的喀拉和林遗址之北）后，回鹘人群"种族离散"。然而，黠戛斯并没有在漠北建立政权，不久之后即退回至原来的叶尼塞河上游一带。或许正是由于蒙古高原出现的这种"政治-军事"权力真空，大批操原蒙古语的鞑靼人，逐渐从大兴安岭西迁，并最终扩展至整个漠北草原。这个过程其实就是漠北草原蒙古化的过程，它持续了两三百年的时间。

在这个蒙古化的过程里，我们可以看到，操原蒙古语人群的西迁，并不是以一个强大的政权去征服原有的政权，而是以分散、零星、渐进的方式向大片草原地带扩散。虽然他们逐渐成为当地的主要居民，不过还未等建立统一的政治组织，他们便先后为契丹人和女真人所控制。正是操原蒙古语人群的进入，促使散居当地的突厥-回鹘语部落改操原蒙古语；然而，由于当地的突厥-回鹘文化传统十分强大，这些操原蒙古语的人群又不可避免地受到突厥-回鹘文化的深刻影响。因此，漠北草原蒙古化的过程，某种程度上也可以说是原蒙古人突厥化的过程，它们之间具有不可分割的辩证关系。

在此三百余年间，漠北以南先后出现过几个强大的政权。契丹人崛起于松漠之间，建立辽王朝（907—1125）①，与农耕地区的北宋王朝（960—1127）并峙而立。而后，崛兴于白山黑水间的女真人，又取代契丹人，灭辽朝而建立金王朝（1115—1234），并进而对北宋展开攻击，俘虏徽、钦二帝及大量宗室成员，导致北宋王朝瓦解。幸存的康王赵构南逃，建立起南宋政权（1127—1279），由此形成金与南宋对峙的局面，彼此相持百余年。与此同时，在西北之隅，党项羌人建立西夏政权（1038—1227）；云南地区则有存续数百年之久的段氏建立的大理国政权（937—1254）；青藏高原则如蒙古高原那样，在吐蕃王朝瓦解（877）之后，也陷入诸部混乱的时代。

在此三百余年间，蒙古高原诸部族主要受制于在其南方建立辽王朝的契丹人与建立金王朝的女真人。契丹天赞三年（924），耶律阿保机西征漠北阻卜诸部，攻占回鹘城，该城附近一带的阻卜-鞑靼部落归附契丹。会同九年（946），辽太宗以大部族长官号"夷离堇"，授予阻卜酋长"曷剌"（《辽史》卷四《太宗纪》）。此后，辽王朝一直有力地控制着漠北草原地区。不过，漠北阻卜诸部又叛服无常，辽朝大军经常出兵讨伐。辽王朝的统治重心并不在漠北地区，它对当地事务的管控，主要是通过设立诸如西北路招讨司、东北路统军司以及乌古敌烈统军司等机构来达

---

① 本书所用诸王朝之年代，大体参用《辞海》附录《中国历史纪年表》所示年代，其间所涉年代争议问题，若非特殊，一般不予讨论。

《沙苑牧马图卷》（局部，元代赵雍绘）

成的。

　　随着契丹辽朝的势衰，女真势力随之崛起。大漠南北的阻卜－鞑靼诸部，先后转而归附金朝。相较于辽王朝对漠北的强力控制，金王朝对漠北的控制要松弛些。金王朝的进取重心在南方，主要力量用于对中原地区的争夺上。如金王朝虽然也设立诸如西北路招讨司来对付漠北诸部的势力，不过该机构先后设治所于燕子城（今河北张家口市张北县）、桓州（今内蒙古锡林郭勒盟正蓝旗西北），而辽代该机构则曾设治所于漠北中心地域的镇州城（所谓可敦城，位于今蒙古国布尔根省）。

　　随着辽末金初中原王朝对漠北统治的减弱，漠北诸部利用机会，竞相壮大。

　　或许正是缘于辽衰金兴之际的情势变化，漠北草原各部出现了一些新的整合。在成吉思汗建立大蒙古国以前，雄长于蒙古高原上的势力主要有五大部：一是驻牧于斡难河（鄂嫩河）、怯绿连河（克鲁伦河）和不儿罕山（肯特山）一带的蒙古部；二是占据捕鱼儿海（贝尔湖）周围地区的塔塔儿部；三是据有薛良格河（色楞格河）中下游的篾儿乞部；四是控制着按台山（阿尔泰山）地区和也儿的石河（额尔齐斯河）流域的乃蛮部；五是控驭杭海山（杭爱山）、斡儿寒河（鄂尔浑河）和土兀剌河（土拉河）流域等漠北中心地域的克烈部。

除上述五大部之外，尚有札剌亦儿部、斡亦剌部、八剌忽诸部以及汪古部等。在当时，谁也不知道究竟哪个部族能最终脱颖而出，统一漠北。

蒙古诸部的游牧经济与社会结构

12世纪后半叶于斡难河源头崛起的蒙古人，就是《旧唐书·室韦传》《新唐书·室韦传》中所提及的蒙兀室韦的后裔。唐代蒙兀室韦聚居于望建河（今额尔古纳河）中下游的大兴安岭山区。

早在5、6世纪的时候，大兴安岭两侧地带就已经出现在语言上与东胡有渊源关系的室韦部落。至7、8世纪时，室韦部落逐渐发展壮大，当时雄长于北方的突厥语人群，就已感受到他们的存在，称他们为达怛（鞑靼）人，因为他们说的语言，与自己的语言是不一样的。在鄂尔浑突厥碑铭中，出现有"鞑靼（Tatar）"这个名称。著名的《阙特勤碑》就提到，在契丹之北，有所谓

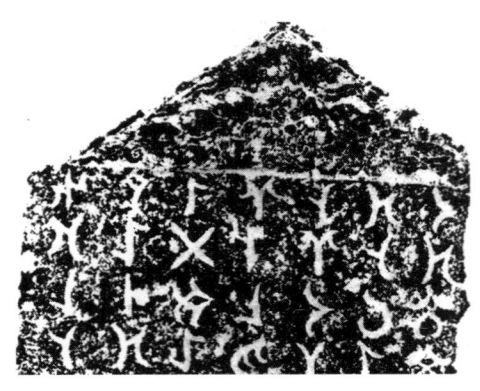

突厥文残碑拓片

《阙特勤碑》拓片

"三十姓鞑靼（Qtuz Tatar）"。后来又出现有所谓"九姓鞑靼（Toquz Tatar）""阴山鞑靼""黑车子鞑靼"等部落。这些部落名称，或许是指某个具体的部落，或许是对操原蒙古语的部落的泛称。

室韦–达怛（鞑靼）人逐渐迁出原居地，往西进入草原地区，这一历史过程应该说持续了很长一段时间。这个过程究竟始于何时，现在仍有争论。有人认为应始于回鹘汗国瓦解的9世纪中叶，也有人认为要迟至辽金兴替之际的12世纪初叶。无论如何，9世纪中叶回鹘汗国的瓦解，以及12世纪初叶辽、金的兴替，都为室韦–达怛人的部族成长创造了有利的条件。

大体而言，唐时期的蒙兀室韦人生活于大兴安岭的山区森林地带；

在10世纪前后,室韦–达怛人从大兴安岭西迁至呼伦贝尔草原一带;11、12世纪之际,他们又进一步西迁至斡难、土拉、色楞格河三河之源。12世纪初期,因契丹人势力衰落,女真人起而代之,他们从中获得进一步发展的历史机遇,逐渐发育壮大。原蒙古语各部,由此发展成为漠北蒙古高原上的主要支配势力。

11、12世纪的蒙古高原各部落,按照生活、生产方式来进行划分,大致可分为两大群,即森林狩猎部落群和草原游牧部落群。森林狩猎部落主要分布在贝加尔湖畔、叶尼塞河上游和额尔齐斯河沿岸,其中如斡亦剌部、八剌忽诸部、兀良哈部等,主要从事狩猎活动,并辅以捕鱼与采集,常被称为"林木中的百姓"。草原游牧部落群主要散布在东自呼伦贝尔湖、西至阿尔泰山山脉一带的广阔草原和山间牧地,多从事游牧业,"黑车白帐,随水草放牧"(《长春真人西游记》),被认为是"有毛毡帐裙的百姓"。在此两大群划分之外,也有少量从事农业的人群,如部分篾儿乞部人、汪古部人等,就被称作是"土城内住的百姓"。

《长春真人西游记》书影

如果说唐代居于大兴安岭一带的蒙兀室韦更多的是渔猎人群，那么到11、12世纪时，他们已逐渐转向草原游牧。不过，他们并非依靠单一的游牧经济维持生计，还必须通过渔猎加以补充，困难时期甚至还需要采集草根、树叶食用。我们常能见到蒙古人生活中具有森林狩猎文化的种种特征，这恰恰反映出蒙古人从森林狩猎部落到草原游牧部落的历史发展进程。

狩猎是蒙古人游牧经济的一种补充形式，也是日常生活中一个必不可少的组成部分。而集体性的围猎，则不仅是一种娱乐活动，更是一种训练军队、集体协调演习的军事活动。宋人周密《癸辛杂识》称："北方大打围，凡用数万骑，各分东西而往。凡行月余而围始合，盖不啻千余里矣。"所谓"打围"，就是指围猎活动。

围猎这种活动，对于蒙古人来说是极为重要的，所谓"国朝大事，曰征伐，曰搜狩，曰宴飨，三者而已"（王恽《秋涧集》卷五七《大元故关西军储大使吕公神道碑铭》）。狩猎、宴飨被视为与征伐同等重要的大事。这主要与当时蒙古社会的游牧生活方式，以及部落组织形式有密切的关系。围猎和战争当然是集体的行动，而国家大事的讨论，自然也都要在宴会上加以决定。这种习俗，可以说贯穿了整个大蒙古国和元朝时代。

铁木真与王罕会盟的誓词里就说："多敌人处剿捕时，一同剿捕；野兽行围猎时，一同围猎。"铁木真的部下在与其会盟时说："野兽行打围呵，俺首先出去围将野兽来与您。"铁木真则回答说："若命我带领出去狩猎时，我将截着野兽并把它赶到悬崖

上,使你们易于射中。"(《蒙古秘史》)[①]

马是蒙古人的主要财富,它不仅可作为一种骑乘交通工具用于战争和围猎,而且马乳和马肉,乃至皮和毛都可利用。牛也可用作交通工具,并且将牛套在幌车上还可拖曳幌车前行。羊则提供肉和毛皮。在戈壁以及戈壁以南地带,蒙古人还饲养骆驼。此外,蒙古人也猎取各种大野兽和啮齿类动物,以补充食物的不足。当然,他们也生产些适应游牧经济需要的简单物品,如帐幕、木架、车辆、家具、摇篮、马鞍、马具、弓箭、甲胄、刀剑等物品。

11、12世纪蒙古人的游牧形式主要分为两种:一种是由个别家族单独、孤立地或结成小的集体进行游牧,若干个帐幕和幌车组成牧营或牧户,这种形式被称为"阿寅勒(ayil)";另一种是结成相当大的集团来生活和游牧,通常列队移动并结环营驻屯,被称为"古列延(küriyen)"。阿寅勒意思是营,古列延的意思是圈子、环营。若干个阿寅勒可聚集而成古列延。[②]

阿寅勒单独游牧虽然比较自由自在,可是在某些情况下要是被排斥于古列延之外的话,那就会处于易被攻击的危险境地,因此只有在和平与安宁的环境下,这种游牧方式才会比较常见。若在混乱无序的岁月里,古列延的游牧方式则会更多地被采用。波

---

① 《蒙古秘史》亦名《元朝秘史》,有多个校勘本和译注本。
② [苏]符拉基米尔佐夫著,刘荣焌译:《蒙古社会制度史》,中国社会科学出版社1980年版。

斯历史学家拉施特《史集》记载:"古列延是圈子的意思。从前,当某一部落在某一场所屯营时,常常结成环形,他们的长老居圈子的中央。"长春真人丘处机前往中亚草原觐见成吉思汗时,就曾亲眼见到过几千个帐幕和幌车组成的古列延。

建立在草原游牧经济形态基础上的古代蒙古社会,其基本社会组织是氏族(斡孛黑,obogb)。数个氏族可以组成为氏族部落。氏族成员间通常被视为是有血缘联系的,他们可以追溯到一个共同的祖先,全体氏族成员被认为是同一根骨头(牙孙,yasun)。不过,这种血缘联系有可能是真实的,也有可能是虚构出来的。一般来说,氏族中贵族家族的世系族谱是比较清楚的,一般民众并没有这样的世谱可以追溯,贵族的世系族谱往往被当作是全体氏族成员共同身份认同的一种象征。于是,氏族内部性质不同的血缘纽带又出现区分,不同的世系则有不同的地位。处于氏族中心地位的贵族世系被称作"白骨头",而与贵族世系间虽有血缘联系但关系又较疏远的平民世系,则被称为"黑骨头"。氏族内部这种由于血缘亲疏远近而出现的社会关系,其实就是统治与被统治的关系。

随着蒙古经济发展和社会内部结构的分化,等级观念也已深入人心,一般平民都被贵族所"领有"。

氏族中的强富者,多为氏族的首领,一般被称为"那颜(noyan)",汉语为"官人"或"长官"的意思。他们是草原上的贵族,拥有大量的牲畜,并且拥有诸如把阿秃儿(勇士)、薛禅(贤者)、必格勒(智者)、蔑儿干(善射的弓箭手)、孛可(力士）等称号。

一般的氏族成员则被称为"哈剌出（harachu）"，意为"下民"。他们与那颜有共同的血缘认同关系，并接受贵族那颜的统治。虽为同族，不过身份差异明显，他们不敢在那颜面前随便发表意见。地位比哈剌出更低的还有"孛斡勒（bo'ol）"，汉语译为"奴婢"。孛斡勒主要源于战争中被俘获的、来自其他氏族的人口。原则上，孛斡勒并不具有完全的人身自由，世世代代受那颜家族役使，是贵族的家内仆从。不过，孛斡勒也有自己的家室和财产，有些孛斡勒甚至还与主人互称兄弟。除哈剌出、孛斡勒外，蒙古社会也还有奴隶。

此外，那颜还拥有"那可儿（nokor）"，汉语意思为"伴当"。他们主要担任那颜的军事随从，同时还承担那颜的其他使命，随时供那颜驱使。那可儿既有来自其他氏族的成员——如孛斡勒就是那可儿的主要来源之一——也有些自本氏族内血缘关系较远的成员。

哈剌出、孛斡勒、那可儿都是那颜的属民。虽然表面上哈剌出和那可儿的地位较高，孛斡勒地位较低，不过他们都隶属、依附于那颜。对于那颜来说，他们只有远近亲疏的差别。

蒙古先世历史概说：苍狼与白鹿的传说

关于蒙古人祖先起源的神话传说，可见著名的蒙古典籍《蒙古秘史》卷一的记载：

> 当初蒙古的人祖，是天生一个苍色的狼，与一个惨白色的鹿相配了，同渡过腾吉思名字的水，来到于斡难名字的河源头、不儿罕名字的山前住着，产了一个人名字唤作巴塔赤罕。

这就是蒙古历史上有名的"苍狼白鹿"传说。这段记载告诉我们，蒙古人的祖先是从天而降生的一头苍狼（蒙古语：孛儿帖·赤那），与一头白色雌鹿（豁埃·马阑勒），结伴一起渡过腾吉思湖（札赉诺儿，即今天的呼伦湖），来到了斡难河源头的不儿罕山，然后扎营住了下来。在那儿，他们唯一的儿子巴塔赤罕出生。巴塔赤罕被草原上众多的蒙古部族视为始祖。

狼、鹿是游牧人群图腾崇拜的动物，它很久以前就出现在草原游牧人群的传说中。早在斯基泰时期就已有鹿形纹大量出现，显示出当时人对鹿的崇拜。突厥、蒙古系的"狼生传说"，在欧亚大陆的草原游牧人群中，一直都有着广泛的流传。《史记·匈奴列传》有一则不太为人所注意的有趣记载："其后二百有余年，周道衰，而穆王伐犬戎，得四白狼四白鹿以归。"如果我们知道狼、鹿对于游牧人群的重要象征意义，那么对于《史记·匈奴列传》所记的这句显得十分突兀的话，就能完全了然于心了。犬戎是一支游牧或半游牧的部族，周穆王征伐犬戎时所获得的战利品是"四白狼""四白鹿"，这意味着周穆王把犬戎的祖先象征物擒获归来，宣扬着一种胜利。

关于蒙古祖源传说，还有另一种记载。据《蒙古秘史》描述，巴塔赤罕之后，他的第十一世孙，名叫朵奔篾儿干的，娶了一位来自豁里剌儿部的女子阿阑豁阿为妻。朵奔篾儿干在世时，他们就已生育了两个儿子。然而，在朵奔篾儿干去世之后，阿阑豁阿又生了三个儿子。她最小的儿子名叫孛端察儿，是孛儿只斤部的建立者，铁木真就出自这个氏族。

阿阑豁阿在丈夫去世之后，怎么又生育了三个孩子呢？据《元史》卷一《太祖本纪》记载：

> 其（铁木真）十世祖孛端叉儿，母曰阿兰果火，嫁脱奔咩哩犍，生二子，长曰博寒葛答黑，次曰博合睹撒里直。既而夫亡，阿兰寡居，夜寝帐中，梦白光自天窗中入，化为金色神人，来趋卧榻。阿兰惊觉，遂有娠，产一子，即孛端叉儿也。

文中的"阿兰果火"，就是阿阑豁阿。她之所以怀孕，是因为白光射入她所居住的帐幄所致。这就是蒙古祖先传说中有名的"感光而孕"说。按照《史集》的记载，铁木真的先世由捏古斯和乞颜两支氏族繁衍而来，形成尼鲁温蒙古和迭列列斤蒙古。其中所谓的"尼鲁温（或有写作"尼伦"）"，就有"腰子"的意思。"尼鲁温"意指阿阑豁阿贞洁的腰子所繁衍出来的后代。

蒙古人"感光而孕"的传说故事，在当时民间就有一定的影响。据《元史》卷七《世祖本纪四》载：至元八年（1271）四月，"平滦路昌黎县民生子，中夜有光，诏加鞠养。或以为非宜，帝曰：'何幸生一好人，毋生嫉心也。'"此事之所以被记载入史册，当然是为了说明元廷待民的宽厚体恤。不过，地方官将此事上报元廷，大概是地方官僚们认为，民间的这种"感光生子"现象，与蒙古皇室的起源传说相似，这是犯忌讳的，于是上报邀功。

"狼鹿传说"与"感光生子"的传说，都是蒙古人对于先世历史的一种虚构。这种虚构虽显无稽，不过它们还是保存了蒙古人对于远古记忆的某种真实性。蒙古祖先传说中的男性祖巴塔赤罕和女性祖阿阑豁阿，都是虚构的人物。他们在很大程度上是用编造谱系的方式，把本无血缘联系的部族，用虚拟的血缘关系凝聚起来。女性祖阿阑豁阿是其中的重要而关键的人物，或许表明当时妇女在蒙古社会中具有很高的地位。

尼鲁温蒙古与迭列列斤蒙古之间可以互通婚姻。迭列列斤蒙古，按照《史集》的说法，是指一般的蒙古人，包括捏古思、弘吉剌、兀良合、亦乞列思、逊都思等许多部落，他们不是阿阑豁阿的后裔。

孛儿只斤氏属于尼鲁温蒙古，它是尼鲁温蒙古的核心部族，也是该部落酋长的来源部落。尼鲁温蒙古还包括主儿乞、合答斤、散只兀、札答阑、八邻、忙兀等部落，他们都是阿阑豁阿的子孙。12世纪后半叶，孛儿只斤诸部落中的两个分支部落，乞颜部与泰赤乌部，成为蒙古两个强大的核心部落。铁木真就出生于乞颜部的孛儿只斤氏。

自孛端察儿之后,蒙古人的历史开始逐渐具体起来。孛端察儿的玄孙海都,是铁木真的六世祖。海都广受推戴,率领人马击败札剌亦儿部,逐渐统合了周边的几个蒙古氏族。自此,蒙古人逐渐强盛起来。海都被认为是蒙古人的第一代首领。他大体生活在辽末。

至铁木真的曾祖合不勒汗(《元史》卷一《太祖本纪》作"葛不律寒")时,他被尊称为"可汗",统治着蒙古的部众和属民。《蒙古秘史》称:"众达达百姓,合不勒皇帝管着来。"所谓"可汗""皇帝",虽有后来追授的夸饰成分,但基本上可以说,在合不勒汗的时代,也就是金太宗、金熙宗的时候,蒙古人已建立起了自己的兀鲁思(ulus,意为民众、国家、疆土),成为漠北草原上一支不可忽视的力量。

此时,南方的金王朝已注意到合不勒汗统领的蒙古族众势力的不断壮大,也感受到了他们可能带来的危险,女真金人与蒙古人之间的关系变得日益紧张起来。在过去很长一段时期内,蒙古对金是臣属的关系。金王朝为稳定漠北局势以全力对付南宋,也曾试图拉拢合不勒汗。

根据《史集》的记载,女真金朝皇帝有一次款待合不勒汗,合不勒汗喝得酩酊大醉,在皇帝面前手舞足蹈,顺势还用手捋了捋皇帝的胡子。合不勒汗做出这种明显的冒犯行为,当即被皇帝的侍卫制伏。不过皇帝似乎对此并不以为意,宽恕了合不勒汗的这一行为,并让他安全离开,因为他知道此时合不勒汗的势力已不容小觑了。合不勒汗离开后，大臣进言皇帝不该纵还，于是金朝皇帝又派使者去追赶合不勒汗，企图抓他回来加以处置，不过最终并没有成功。在此之后不久，合不勒汗死了。

蒙古人的权力主要掌握在乞颜部和泰赤乌部的贵族手里。合不勒汗去世后，出身泰赤乌部的俺巴孩继承合不勒汗的汗位。俺巴孩时期，蒙古与金的关系完全破裂。为了掌控漠北地区，金人利用塔塔儿人与蒙古人之间的矛盾，挑起各种纷争。俺巴孩就是被塔塔儿人抓获，后辗转送至金廷，被钉在木驴上折磨而死。

俺巴孩之后，汗位回到乞颜部手里，由合不勒汗的第三子忽图剌接任汗位。为了给俺巴孩报仇，忽图剌汗对塔塔儿人展开过攻击。不过由于塔塔儿人的强大，战争并没有取得太大的胜利。而另一方面，忽图剌汗又率领蒙古人进攻金王朝，却获得了不小的胜利。

从合不勒汗到忽图剌汗统治时期，蒙古部族的力量逐渐强大。不过忽图剌汗死后，蒙古各支为争夺可汗的权力，内部矛盾重重。泰赤乌部与乞颜部实力相当，彼此间的竞争也异常激烈。合不勒汗的孙子也速该，也就是铁木真的父亲，虽然拥有一支不可忽视的力量，不过并没有获得可汗的地位。他常被称为"也速该把阿秃儿"，"把阿秃儿"意为"勇士"。由于汗位争夺带来的矛盾，泰赤乌部的贵族们，对也速该勇士一直心存忌恨和不满。

第二章 成吉思汗与蒙古帝国的形成

铁木真早年的成长：三河之源的传奇

正当也速该勇士在外征战塔塔儿人的时候，他的儿子在斡难河边的迭里温盘陀山的营盘里出生了。当时也速该勇士战胜了塔塔儿人，大获而还，并擒得塔塔儿人的首领铁木真兀格。按照古代蒙古人命名的习惯方式，也速该给这个新生的男孩取名为铁木真，这就是后来的成吉思汗。

有关铁木真出生的确切年份，现在并不十分明确，不过大多数的历史研究者认为，他应该是在1162年出生的。根据《蒙古秘史》的记载，铁木真出生时右手上有块血红色胎记，这预示着他将来命运的不同凡响。

铁木真九岁的时候，也速该带他去母舅斡勒忽讷兀惕部求亲，路遇翁吉剌部人德薛禅，也就是后来铁木真

太祖孛儿只斤·铁木真像

的岳父。德薛禅见铁木真眼明面光，遂邀请也速该父子到家里去做客，并有意将女儿孛儿帖许配给铁木真。也速该见到孛儿帖后，满心喜欢，虽然孛儿帖比铁木真大一岁，但他丝毫不以为意，第二天便订下了这门亲事。

按照当时蒙古人的风俗，女婿应在婚前到未来岳父的家里先承担数年的劳役，这是一种被称为"家内役"的劳役婚。也速该将铁木真留在德薛禅家里，同时

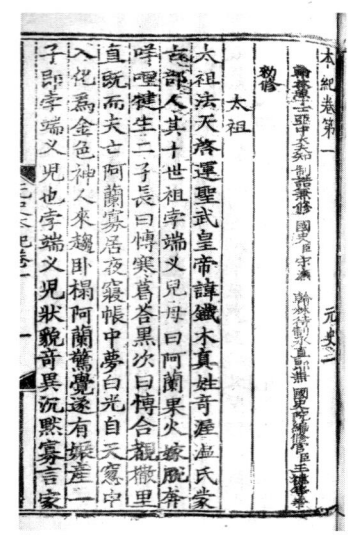

《元史·太祖本纪》书影

留下一匹马作为定礼，并嘱咐德薛禅说"我儿子怕狗，休教狗惊着"，就径自离开了德薛禅家。

也速该在返家途中遇到一伙塔塔儿人，因饥渴难耐下马讨水喝，被塔塔儿人暗中下了毒。结果也速该回到营地后毒性发作，未能等到铁木真返家见上最后一面，就死掉了。也速该留下一个全由妇孺所组成的弱小家庭。

也速该的部属们渐渐离去，铁木真全家不得不依靠泰赤乌部以求生存。在当时那种"天下扰攘，互相攻劫，人不安生"的草原上，这个家庭要想生存下去，必须有所依靠，若无可以依靠的势力，它的命运是可想而知的。然而，这个弱小的家庭最终却被泰赤乌部所抛弃。

铁木真的母亲诃额仑，不得不带着他们兄弟几人，在斡难河上游的不儿罕山一带扎营下来，靠掘草根、拾野果、捕鱼、打猎为生。困苦的生存环境，最易让人产生过分敏感的自我保护和相互竞争意识。铁木真和他的异母弟别克帖儿，就因为一尾鱼而起争执，最后铁木真竟将别克帖儿射杀。《蒙古秘史》卷二记录了一段诃额仑对铁木真的怒吼：

> 你初生时手里握着黑血块生来，你每如吃胞衣的狗般，又如冲崖子的猛兽般，又如忍不得怒气的狮子般，又如活吞物的蟒蛇般，又如影儿上冲的海青般，又如喋声吞物的大鱼般，又如咬自羔儿后跟的风驼般，又如靠风雪害物的狼般，又如赶不动儿子将儿子吃了的鸳鸯般，又如护巢的豺狼般，又如不疑二拿物的虎般，又如妄冲物的禽兽般！你除影子外无伴当，尾子外无鞭子。泰亦赤兀惕兄弟每的苦受不得，仇怎生报得？思想间，你怎生过了？又这般做！

这是《蒙古秘史》里最富情感冲击力的一段宣泄话语。这个事件对于弱小的家庭来说，无疑是雪上加霜。

当铁木真整个家庭都沉浸在被泰赤乌部所抛弃的痛苦中而寻思着将来能复仇的时候，泰赤乌部同样也没有忘记这个被自己所抛弃的弱小家庭。泰赤乌部担心这个家庭将来一旦羽翼丰满后，会威胁到自身的安危。

部落间的混战时常就是这样，若你不能战胜对手的话，对手便会来消灭你。泰赤乌部派人骚扰铁木真家族，并抓走了铁木真。幸好泰赤乌属民锁儿罕失剌出手相助，铁木真才得以从泰赤乌人的手里逃脱。

铁木真沿河找到了他的母亲和兄弟们。他们后来又历经两次迁移，最后在怯绿连河一带建立了自己的营盘。稍微安定之后，铁木真和弟弟别勒古台找到德薛禅家，把妻子孛儿帖接了回去。此时，或许已是1178年了，铁木真已经十七岁。

在经历家庭被泰赤乌部抛弃和自己被抓的苦难后，铁木真开始意识到需要扩展自己的势力，以求生存。一方面，他要寻找到属于自己的"那可儿"，也就是伴当，即以忠诚盟誓效忠的伙伴与战友。博尔术是铁木真很早就结识的伴当，后来成为铁木真的四杰之一。者勒篾也被送到铁木真身边，做他的门户奴隶，成为他忠诚的战士。另一方面，他要寻找到可以依恃的力量，以给自己的家族提供保护。铁木真带着妻子孛儿帖，用一件黑貂鼠袄子作为见面礼，前去拜见父亲也速该勇士的好"安答（结拜兄弟之意）"、克烈部的首领王罕，以寻求得到他的保护。克烈部是当时草原上的一支强大部族。王罕接受了铁木真的礼物，并许诺提供庇护：

> 你离了的百姓，我与你收拾；漫散了的百姓，我与你完聚。我心下好生记着。（《蒙古秘史》卷三）

当铁木真家族稍有起色、逐渐兴盛的时候，据有色楞格河之地的三姓篾儿乞人，突然侵袭了铁木真的营盘。他的妻子孛儿帖没能来得及逃脱，被篾儿乞人掳走了。篾儿乞人之所以来向铁木真家族寻仇，是因为此前也速该勇士就是从篾儿乞人手上夺走铁木真的母亲诃额仑的。孛儿帖后来被作为篾儿乞人的战利品，分配给了该部落的一位勇士。在草原混乱的时代，劫掠人口与物资，是一种生活的常态。

铁木真躲到三河之源的不儿罕山藏了起来，篾儿乞人四处搜寻无果，便撤走了。铁木真对不儿罕山充满了感激，认为是这座圣山救了他。按照蒙古人的习惯，铁木真当即捶胸九跪，挥洒马奶子酒，以表达他的敬意，并且说："这山久后时常祭祀，我的子子孙孙也一般祭祀。"（《蒙古秘史》卷三）这座圣山充满了神秘色彩，此后它成为蒙古人精神世界的神圣中心。铁木真每当面临重大抉择的时候，都会到这座圣山上来祈祷，寻求支持。

为了夺回妻子孛儿帖，铁木真一面向不儿罕山祈祷以寻求精神上的支持，一面又四处奔走寻找援助。他的汗父王罕，答应出兵帮助他夺回妻子，履行此前对他提供保护的承诺。王罕还建议铁木真去寻求他自己结拜盟誓的好"安答"、札答阑部落的札木合的支持。铁木真十一岁的时候，就和札木合一起在斡难河边上玩耍，交换信物，结拜盟誓为"安答"。此时，年轻的札木合已经拥有为数甚众的属部，他答应了铁木真的请求。在共同约定会合的日子，铁木真、札木合各领一万人马，王罕领两万人马，朝着贝加尔湖方向篾儿乞人的营地奔去。

篾儿乞人对于这次侵袭毫无防备，部众被打散。铁木真不仅找回了妻子孛儿帖，还掳掠了不少篾儿乞人为奴。突袭篾儿乞人的战役，是铁木真人生中第一次带领属众并联合其他部众，对自己的敌人展开的一次较大规模的侵袭，并且取得了重大的胜利。

争雄草原：从铁木真到成吉思汗的转变

经过此次对篾儿乞人的复仇战役，铁木真的力量才真正称得上开始成长起来。许多蒙古部众开始投附铁木真，其中不仅包括那些弱小的氏族、地位低微的奴隶和属民，甚至原来乞颜部的旧贵族，也逐渐向铁木真靠拢。铁木真身边逐渐聚集了一批忠诚而又渴望获取成功的那可儿队伍。

大约在1189年的时候，铁木真被阿勒坛、忽察儿、撒察别乞等旧贵族推戴为可汗，他们盟誓说：

> 立你做皇帝。你若做皇帝呵，多敌行俺做前哨，但掳得美女妇人并好马，都将来与你。野兽行打围呵，俺首先出去围将野兽来与你。如厮杀时违了你号令，并无事时坏了你事呵，将我离了妻子家财，废撇在无人烟地面里者！（《蒙古秘史》卷四）

被推举为可汗之后，铁木真开始建立起一套有利于巩固自身统治地位的制度。他任命弟弟和亲信们分别担任他身边最为核心的职位，如带弓箭的、管饮膳的、掌管牧羊的、修造车辆的、管家内人口的、带刀的、掌驭马匹的、牧养马群的、负责哨卫带箭的以及守卫宫帐的等十余种职务，并任命最早追随的亲信那可儿博尔术和者勒篾为众那可儿之长。在铁木真的这种制度安排中，血缘关系已不再被视为最重要的一层关系了，取而代之的是忠诚。

从也速该死后乞颜部遭泰赤乌部拆散，到铁木真重新凝聚乞颜部族，成为怯绿连河上游地区的一支引人注目的势力，其间不过二十年的时间。草原上，一个部族的兴衰常常就是这样，以至于让游牧人群以外的人们感到惊讶和无所适从。虽然新建立的以铁木真为首领的乞颜部兀鲁思并不算特别强大，但在当时谁也无法预料到将来会发生什么。

自篾儿乞战役之后，铁木真与札木合都各自在蒙古人中间争取到一些属民和部众。不过，他们均未能将所有的蒙古人统一到一个强大的部落之内，就如同克烈部、塔塔儿部或乃蛮部那样。他们俩曾在一起共处过一两年的时间。不过，随着铁木真力量的壮大，他逐渐摆脱了对札木合的依附。他们之间渐行渐远，两部之间为争夺马匹和属众，争斗也越来越多。两颗草原上冉冉升起的新星，到后来发展成为彼此最为强劲的敌手。

札木合的弟弟给察儿，在一次抢夺铁木真部马群的时候，被铁木真的伴当拙赤答儿马剌射杀。这一事件导致札木合与铁木真之间的关系完全破裂。札木合联合泰赤乌部,领着十三部共三万人来攻打铁木真。铁木真得到札木合部下亦乞列思人孛秃的报告后,也整饬三万军马,分成十三翼(其实就是十三个古列延),在答兰版朱思之野迎战札木合。这就是历史上著名的"十三翼之战"。最终,铁木真难撄其锋,不得不采取退让的策略。这次战役以札木合的胜利而告终。

虽然札木合取得了战场上的胜利,不过他又显得十分残忍。他将原来投附铁木真的赤那思地方的贵族们,投到七十口大锅里,用沸水给煮杀了。这种做法所体现出的,或许是当时蒙古传统中使人不流血而死的高贵方式,不过也实在是骇人听闻。札木合手段之残忍,使得许多原打算投奔他的或已经投奔他的部众都心存畏惧。

"十三翼之战"后,铁木真虽军事上失利,却收获了人心。草原上的许多部众属民,纷纷倒向铁木真。随着力量的聚集,铁木真的视野也逐步扩大。此刻,他正放眼环视整个蒙古高原,试图寻找更多的机会来壮大自己。

1196年,塔塔儿部篾古真薛兀勒图叛金,金王朝出兵征讨。铁木真获悉这一情况后,以"为祖宗父亲复仇"的名义,征集属众,并联合克烈部王罕一起,出兵协助金人攻打塔塔儿部。塔塔儿人被击败,篾古真薛兀勒图则被捕杀。作为回报,金王朝赐王罕以"王"的称号,赐予铁木真"札兀惕忽里"之职。金王朝赐予铁木真的这一身份职衔,使得他可以更好地号令和统辖蒙古部众。

而地处蒙古部东南方向、占据着怯绿连河南面草原地带的强大部落塔塔儿部——曾长期为女真人所利用以控制漠北蒙古草原诸部,自此之后便一蹶不振。在攻入塔塔儿部营盘的时候,铁木真部下拾得一个戴着金圈环、穿着金绂丝貂鼠皮做里子的衣服的小男孩。铁木真把这个小孩送给母亲诃额仑收作养子,他就是后来著名的失吉忽秃忽。

正当铁木真在打击东部强邻塔塔儿人的时候,主儿乞人劫掠了铁木真的"老小营",就是他留在后方的老弱、孩童以及辎重。铁木真战胜塔塔儿人之后,随即挥兵讨伐主儿乞人,捕获领头的撒察别乞和泰出,并将他们处死。铁木真将主儿乞属众收为"梯己(私属的)百姓",其中就包括许兀慎氏人博尔忽、札剌亦儿人木华黎等。札剌亦儿部曾为海都汗所灭,札剌亦儿部事实上世世代代都是铁木真家族的奴隶。木华黎就是铁木真的门户奴隶。木华黎的父亲将他送到铁木真身边来做奴隶时说道:

> 教[木华黎]永远做奴婢者,若离了你门户呵,便将脚筋挑了,心肝割了。(《蒙古秘史》卷四)

木华黎雕像

铁木真对主儿乞氏的讨伐，是一场针对蒙古内部旧贵族势力权力地位的调整和削弱。原来的旧贵族地位下降到从属于铁木真的一般那可儿的地位，而在这个过程中，原本出身低微、但忠诚于铁木真的奴婢，则逐渐受到重用。

1200年前后，为进一步消灭蒙古诸部内的竞争对手，铁木真借助王罕的力量，对泰赤乌、合答斤、散只兀等部，先后展开攻击，并一一取得胜利。

1201年，蒙古人记为"鸡儿年"，札木合在合答斤、散只兀、弘吉剌、亦乞剌思、塔塔儿、泰赤乌等十一部残余的推戴下，被拥立为"古儿罕"，意为"众汗之汗"。铁木真将此消息报告给王罕，王罕对札木合称"古儿罕"的做法极为不满，因为此前拥有这一头衔的最后一位"古儿罕"，就是王罕的叔父。铁木真的父亲也速该勇士之所以与王罕结为"安答"，就是由于也速该曾出手帮助王罕击败他的叔父，从而夺得克烈部的首领地位。

铁木真与王罕再次联合起来，共同对付他们曾经的盟友札木合。推戴札木合为汗的十一部联盟，其实是一个松散的联盟，他们是由一批草原上败散的旧贵族所结合而成的。他们之所以共举札木合为汗，很大目的就是为了一起对付铁木真，以维持各自旧有的贵族地位。这个联盟一战即溃，诸部首领很快便作鸟兽散。此战的尾声是，王罕一支去追击札木合，迫使后者最终向王罕投降；而铁木真一支则去追击泰赤乌部的阿兀出把阿秃儿，并最终击败泰赤乌部，将其部众全部收纳。不过，追击泰赤乌的战斗异常激烈，铁木真颈部受伤流血至昏迷，幸好者勒篾帮他吸去瘀血，救得他一命。

1202年，蒙古纪年为"狗儿年"。铁木真继续巩固和占领蒙古高原的东部地带，并再次讨伐塔塔儿残余四部。在此次战争之前，铁木真颁布了一道重要的札撒（Jasaq，命令、法律）："若战胜时，不许贪财，既定之后均分。若军马退至原排阵处，再要翻回力战，若至原排阵处不翻回者斩。"（《蒙古秘史》卷五）这条立法被视为铁木真的第一次立法。它提高了大汗的权威，同时也约束了各支氏族贵族。这次战役之后，铁木真收纳了塔塔儿人的两位女子为妃，这就是也遂和也速干姐妹。

至1202年的时候，铁木真可以说已经控制了蒙古高原的东部地区，势力更加强盛。这种急速上升的势头，势必会让他与拥有强大势力的王罕发生冲突。这肯定是无法避免的。

铁木真自取篾儿乞人以来，就一直与王罕结盟，并凭借克烈部的支持得以壮大自己。铁木真对这位"汗父"，常礼敬有加，每有虏获，必呈送一份与之。据《蒙古秘史》记载，克烈部王罕曾遭乃蛮部伏击，铁木真立即派出手下"四杰"，出手援助王罕。为进一步密切两部关系，铁木真提出希望王罕能将女儿许配给自己的长子尤赤，而自己的女儿豁真则许配给王罕之子桑昆的儿子，以相换做亲。然而，此提议遭到桑昆的粗暴拒绝。

1203年春，投附王罕的札木合，在王罕、桑昆父子跟前挑拨，并策划以假许婚约的名义，邀铁木真出席许婚宴席，伺机捕杀。没想到铁木真提前得到密报，并未如期赴约。王罕自知事情败露，于是发兵袭击铁木真。双方在合兰真沙陀之地（今内蒙古东乌珠穆沁旗）展开激战。这是铁木真一生中所面对的最为艰难的一场战役，最后以铁木真失利告终。不过，铁木真的失败只是暂时的。铁木真带着十九位伴当，到达班朱泥河（今克鲁伦河下游附近一带），杀野马充饥，并汲取班朱泥河的浑水共饮。铁木真手举装满浑水的革囊发誓："使我克定大业，当与诸人同甘苦。苟渝此言，有如河水。"（《元史》卷一二〇《札八儿火者传》）这就是著名的"班朱泥河誓约"。后来大蒙古国建立后，这十九人犹如开国元勋般，备受宠渥。

铁木真很快整合起余部，率军偷袭王罕的驻地。王罕最终兵败，溃逃至乃蛮边界，被乃蛮边境的守将处死。王罕儿子桑昆，败逃远遁，最终也被杀掉。

铁木真击败这个主要驻牧于肯特山和杭爱山之间的鄂尔浑河和土拉河流域，占据蒙古高原中部地区并且人口众多、势力强盛的克烈部，预示着他距离成为"草原共主"，已为时不远。

此时，蒙古高原西部地区势力强大的乃蛮部，目睹了克烈部被吞噬的整个过程，首领太阳罕决定主动出兵攻打铁木真。乃蛮人自恃强大，而在铁木真崛兴之前，蒙古部相对于草原上的其他游牧部落来说，还处于落后不发达的状态，以至于乃蛮的妃子曾这样评价蒙古人："那达达百姓歹气息，衣服黑暗，取将来要做甚么？"（《蒙古秘史》卷八）可以说，当时乃蛮人打心眼里是瞧不起蒙古人的。

1204年，太阳罕统兵东进，与其结成同盟的有札木合的札答阑部，以及札木合所统领的朵儿边、合答斤、泰赤乌等残部。此前,太阳罕曾派使者到蒙古高原南边的汪古部,试图劝说汪古部首领阿剌忽失的吉惕忽里,联合出兵攻打铁木真。然而,阿剌忽失的吉惕忽里拒绝了太阳罕的合攻要求,相反却派使者到铁木真营地里,将太阳罕要进攻的消息告诉了铁木真。这实际上预示着汪古部对铁木真的归顺。

此时的铁木真正踌躇满志,他所统领的部众属民已为数甚巨。在迎战乃蛮部前夕,铁木真对蒙古部众进行了一次整编:"数自的行共数着,千那里千做着,千的官人,百的官人,十的官人那里委付了。"(《蒙古秘史》卷七)这次编组的千户、百户,对后来蒙古制定"千户百户制"影响十分重大。铁木真委派了各级那颜统领各千户、百户;同时,设立扯儿必官,任命六亲信那可儿担任;成立护卫军,设八十宿卫、七十散班,并从千户长、百户长以及白身人(具有自由身份的平民)的子弟中挑选身材技能好的担任大汗的护卫。铁木真通过此举,不仅提高了他个人的大汗权威,也使得他的军队纪律更严格,组织更集中,战斗力也更加强大。

整顿好军队之后,铁木真祭旗出征乃蛮。他们逆怯绿连河西行,在萨里川(今蒙古国境内克鲁伦河上游西)布好阵仗,并命令每人燃五堆篝火以迷惑乃蛮人。太阳罕原以为蒙古军队兵少马弱,没想到前方线报看到铁木真的军队如繁星般众多,顿感畏惧。札木合又临阵退出,乃蛮人军心立刻涣散。铁木真逼近乃蛮军,双方展开激战,乃蛮人大败而逃。太阳罕被擒杀,太阳罕的儿子屈出律,则向北投奔其叔父不欲鲁汗。对于那位鄙视蒙古人

"歹气息，衣服黑暗"的乃蛮妃子，铁木真则回敬她说："你说达达歹气息，你如何却来？"后来，铁木真将她收纳为妃子。征服乃蛮部后，蒙古高原的西半部已基本掌握在铁木真的手中。蒙古高原的统一，至此已基本完成。

1205年，逃到倪鲁山（今唐努山）的札木合，被他自己的五个伴当捆绑起来，送到铁木真的营地。他们打算邀功领赏。没想到铁木真当着札木合的面，将这五人全部处死。铁木真对于侵害自己主人的叛徒，是最为深恶痛绝的。铁木真对这位安答欲报以宽恕，不过遭到札木合拒绝。最后，铁木真赐札木合以"不出血死"。这是一种体面的处死方式。在蒙古人的原始萨满观念中，灵魂是流淌在血液中的，不流血而死是贵族的死法。

曾经争雄于草原上的塔塔儿、篾儿乞、克烈、乃蛮等部，至此已全部被铁木真所征服。铁木真成为草原上"毛毡帐篷下的人"的共主。铁木真之所以能在诸部混战中脱颖而出并最终统一蒙古诸部，除时代大势外（如金对漠北掌控能力的下降），与他个人恢廓的气度和非凡的大略，是密不可分的。铁木真主要依托的，是以忠诚为纽带、完全从属于自己的那可儿集团。它打破了长久以来存在于各部落内部的以血缘关系为基础而形成的身份和社会等级结构，摆脱了部族关系和出身差异的束缚，赢得了游牧部族各阶层的信赖。

1206年春天，铁木真召集诸弟、诸子、驸马、伴当以及诸部那颜，在斡难河河源举行忽里台（Quriltai，蒙古部落和各部联盟的诸王大会、大朝会），"建九脚白旄纛做皇帝"，即大汗位,并接受"成吉思汗"的称号。关于"成吉思"的含义,有人认为是"大海"的意思,颂扬成吉思汗如海洋般伟大;有人认为是"坚强有力"的意思;还有人认为是"腾格里"的音转,意为"天"。蒙古国家由此正式宣告建立。这个国家自号为"Yeke Mongol Ulus(也可·忙豁勒·兀鲁思)",意即"大蒙古国"。自此,"蒙古"这一名号成为塞北游牧人群的一种共名,并且也成为塞北地域的一种称谓,延续至今天。

漠北立国:成吉思汗建立大蒙古国

成吉思汗建立大蒙古国后,确立了三项最基本的游牧国家政治制度,这就是千户百户制度、怯薛制度以及兀鲁思分封制度。这类蒙古国家早期的政治制度,对于整个大蒙古国和元朝时代历史特殊性的形成,有着极为深远的影响。可以毫不夸张地说,这三项基本的政治制度,是我们理解大蒙古国和元朝一代历史的三把钥匙。

1206年,成吉思汗在1204年整顿军马、建立"千户"的基础上,进一步将蒙古高原各部百姓部众,按照"千户"的组织形式进行编组,将他们划分成九十五个千户,并且委任了千户长(蒙语称"敏罕那颜")。这些被委任的千户那颜,都是开国贵戚功臣,他们具有世袭管领之权。千户之下,每十户设一个十户长,又称"牌子头"(蒙语称"阿儿班那颜"),每百户设一个百户长

（蒙语称"札温那颜"）。千户的户数，并非整齐划一由一千户所组成，有时也许只有几百户。

除少数几个千户由同族结合而成外，大多数千户都混合了不同部族的成员。虽然千户百户制度一定程度上仍然利用了同族意识的凝聚力，不过它并不是对以血缘关系为纽带的氏族部落制的一种复制，相反却瓦解了草原上以血缘关系为纽带的部落组织形式。成吉思汗正是利用"千户百户"这种形式，牢牢掌握了对全体蒙古部众的领属权，全新的蒙古民族也由此而催生出来。成吉思汗在完成千户分封之后，随即又作出了严格的规定：

> 人们只能留在指定的百户、千户或十户内，不得转移到另一单位去，也不得到别的地方寻求庇护。违反此令，迁移者要当着军士被处死，收容者也要受惩罚。[1]

千户是草原上最基本的军事、行政和社会单位。千户之上有博尔术任右翼万户长，木华黎为左翼万户长；纳牙阿则为中军万户长，管辖"怯薛"军。千户那颜可以任命百户长，百户长则可任命自己的十户长，由此形成一个自上而下的等级制度。

---

[1] ［伊朗］志费尼著，何高济译：《成吉思汗制定的律令和他兴起后颁布的札撒》，《世界征服者史》，内蒙古人民出版社1980年版。

怯薛制度是大蒙古国和元朝政治制度的核心组成部分。所谓"怯薛（蒙古语：kešig）"，本义为"轮值"，即轮流值宿守卫。"怯薛军"，就是指成吉思汗的亲卫军。早在1203年的时候，成吉思汗就已组建了一支亲卫军，当时规模大约只有五六百人。1206年，成吉思汗将怯薛军扩充到一万人，主要由散班八千人、箭筒士和宿卫各一千人组成。怯薛成员称"怯薛歹"，主要来自万户、千户、百户那颜以及白身人的儿子。各级那颜将自己的儿子送到成吉思汗身边充当"质子"，因此怯薛军也可说是"质子军"。

成吉思汗任命他最信任的那可儿博尔忽、博尔术、木华黎、赤老温担任怯薛长，他们的身份可以世袭。四怯薛轮流值守，三天换一班，每次值守都由轮值怯薛长掌值。怯薛集团的职责首先是守卫大汗金帐，护卫大汗；其次，要负责大汗帐内几乎全部的日常生活事务，承担着类似于宫廷服侍的职能；此外，还要协助大汗处理日常军政事务，因而也起到很重要的行政职能。怯薛承担着饮食、服饰、车马、医药、巫卜、奏乐等生活所需的一切事务，具体分工主要有以下数种：火儿赤，为佩弓矢者；昔宝赤，为掌鹰者；必阇赤，为书记者；云都赤，为带刀者；札里赤，为书写圣旨者；宝儿赤，为厨师；速古儿赤，为提供衣服者；玉典赤，为门卫；阿塔赤，为牧军马者；火你赤，为牧羊者；烛剌赤，为掌灯火者；忽儿赤，为奏乐者；等等。

于大汗而言，怯薛地位很低，他们就是大汗的家臣或家奴。不过，因为怯薛是大汗近侍，也最易得到宠信，大汗也给予他们很高的地位。成吉思汗宣布，在外的千户长若与大汗的怯薛发生争斗，不必调查即可认定罪在千户长。怯薛出身的官员，具有"大根脚"的身份，最为显贵，他们往往也是军政官员的最主要的来源。

成吉思汗被推举为大汗，享有最高的权力和地位。同时，他"所有儿子、孙子、叔伯都分享权力和财富"（《世界征服者史》），成为草原上的"黄金家族"。依据史料记载：

> 太祖皇帝初起北方时节，哥哥弟弟每商量定，取天下了呵，各分地土，共享富贵。（《元典章》卷九《吏部三·官制三·投下·改正投下达鲁花赤》）

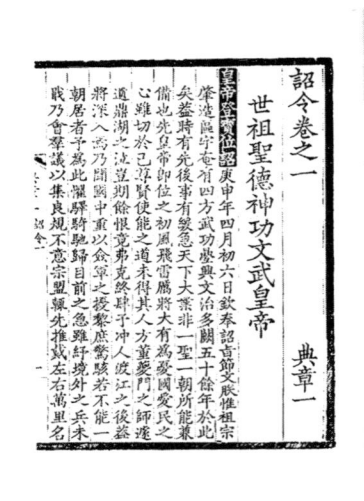

《元典章》书影

成吉思汗遵照草原游牧的家产析分传统，将整个蒙古国视为庞大的家产，在黄金家族内部进行分封，各支分封所得，可以世袭。这是蒙古游牧家产制国家的典型表现，也是大蒙古国和元朝"家天下"政治的基本内容。

成吉思汗将新编组的九十五个千户中的一部

分，分给了诸子、诸弟，其中尤赤、察合台、窝阔台各分得四个千户；诸弟们也分得数量不等的几个千户；幼弟铁木哥斡赤斤，则因为包括了母亲的份额在内，所得千户最多，大约有八个千户。被分封掉的千户有二十四个，除此之外，大部分都直属成吉思汗和他的幼子拖雷。拖雷所得最多，他继承了成吉思汗的大部分"家产"，这是蒙古"幼子守产"传统的典型体现，也是后来蒙古汗位由窝阔台系转移到拖雷系的关键所在。

草原游牧百姓（irgen，民人），被分封给成吉思汗的儿子、弟弟们。诸子、诸弟所分得的民户，被称作"忽必（qubi）"，汉语意思是"份子"。稍后又给诸子、诸弟划分封地，这就是"份地"，又称"禹儿惕（yurt）"。诸王所获得的民户、份地，形成一个个"兀鲁思"，它的意思就是"人众""国家"。诸王对自己兀鲁思内的属民具有绝对的支配权，而且可以依照游牧分封的传统，在自己的领地内，将自己的属民再进一步分封给自己的子弟。

大体说来，成吉思汗直接领有蒙古高原的中部地区，这块地区被称为"中央兀鲁思"，它是未被分封掉的黄金家族的共有财产，是一种"公产"。根据"幼子守产"的传统，拖雷继承了成吉思汗所领有的蒙古中部地区和大汗的四大斡耳朵[①]。此外，成吉思汗将蒙古高原东部地区，也就是大兴安岭地区，分封给弟弟

---

① 斡耳朵为蒙古语，意为宫帐或帐殿。成吉思汗设有四大斡耳朵，分别属于他的四个后妃孛儿帖、忽兰、也遂和也速干。

合赤温、铁木哥斡赤斤等,他们被称为"东道诸王";他的儿子尤赤、察合台、窝阔台则被分封在蒙古高原西侧,大体在阿尔泰山以西地区,他们被称为"西道诸王"。

非黄金家族成员的异姓功臣、驸马以及主动归降的部落首领等,则获得千户封授。不过,他们所获分封则被称为"莎余儿合勒",汉语意思为"恩赐"。他们世袭担任行政长官,替黄金家族管理各千户。每个千户有隶属于自己的人户,也有属于自己的"嫩秃黑(牧地、营盘)"。因此,"恩赐"也包括了人户和封地在内。不过,比起领有兀鲁思的黄金家族宗亲来说,他们的地位则要低得多。

各支宗王拥有自己的兀鲁思,他们成为一个个"宗藩之国",管理各自的家产。各支宗王尊奉大汗为宗主,他们拥有推举大汗、参与中央兀鲁思重大事务决策的权利;同时,各支宗王的王位继承,则需要得到大汗的认可。

在确立上述游牧国家的三大基本制度的同时,大蒙古国其他各方面的机构设施也逐渐建立和完备起来,在行政机构设置、法律和文字创制等方面,均建立起了初步的架构。

1206年,成吉思汗任命母亲的养子、他的弟弟失吉忽秃忽,担任大断事官(蒙古语称"札鲁忽赤")。这是最高行政长官,掌管刑法诉讼、民户分封等事务。失吉忽秃忽将分配给诸王和贵戚勋臣的民户数、所审定的案件和其他经他奏准的规定,都写在青册上,作为成例,后人不得擅自更改。大断事官类似于汉人官制中的"丞相",所以后来窝阔台时期失吉忽秃忽曾担任"中州断事官",汉人有时称他为"胡丞相"。

早在建立蒙古国家以前,蒙古人中间就已存在着一种被称为"约孙"的习惯法。"约孙"有"道理""规矩"等意思,其实就是一些约定俗成的社会习惯和行为规范。元代"约孙"又被称为"体例"。随着成吉思汗势力的发展,诸部纷纷前来归附。为更好地统合部众,大约在1203年战胜克烈部王罕之后,成吉思汗便开始制定"札撒"。这主要来自成吉思汗对部众所发布的命令和训言。建立大蒙古国后,成吉思汗的命令和训言,逐渐发展成为一种法律。在1219年西征花剌子模前,成吉思汗召集大会,重新确定了训言和法令,并全部写在纸卷上,名为《大札撒》。这样,每种场合,每个具体情形,每种罪行,都有相应的法律条文予以对应。《大札撒》制定后,颁发给宗王们,每遇到新大汗继位或诸王朝会商议国家大事时,都要捧出来先行朗读一遍。据说,窝阔台之所以能继承汗位,很大的原因就在于他十分熟悉《大札撒》。

《大札撒》今已不存,我们只能从13、14世纪东、西方的一些史料中,看到些片断的条律记载,由此获知《大札撒》的若干内容。

1204年,成吉思汗灭乃蛮部,俘获其掌印官塔塔统阿。当时,成吉思汗问他怀里所藏的印章有什么用处,塔塔统阿回答说,钱谷出纳、人才委任等一切事务,都要凭借印章以为信验。成吉思汗知道后,就把他留在身边,凡遇有诏旨要发布,都要使用印章以为凭信。成吉思汗知道塔塔统阿深通畏兀儿文,于是又命令他用畏兀儿字来书写蒙古语，并且教授太子、诸王和贵族子弟们。畏兀儿体蒙古文，由此得以创制。有了这种畏兀儿体蒙古文字后，成吉思汗就用它来发布命令、登记户口青册，以及编制《大札撒》等。文字成为统治部众的一种强有力的工具。

在宗教政策上，成吉思汗对他们传统的原始宗教萨满教，予以承认和保护，并给予萨满巫师"别乞（长老）"很高的地位。不过这些巫师的权力被限制在神权领域，对于干预政治并有可能危及其政权的萨满巫师，成吉思汗则予以严厉的打击。据《蒙古秘史》记载，有位萨满巫师叫帖卜·腾格里，在蒙古部落联盟中有自己的部众属民，家族势力一度很大，甚至连成吉思汗的弟弟们都招惹不起他们。后来，成吉思汗设计将帖卜·腾格里家族剪除，重新任命一位年长的萨满巫师来取代他。这位老人没有太多的政治野心，扮演着成吉思汗天命神话的宣扬者角色。成吉思汗不仅由此成为世俗权力的领导者，更由此而拥有了神的权力。

以上所说的是大蒙古国立国前后的制度建设。这套制度以及和它配套的国家机器，都是建立在游牧经济基础之上的，它符合蒙古社会的传统和习俗。大蒙古国的建立，标志着以"蒙古"为共名的一个全新的民族和政治实体，开始出现在亚洲乃至世界的历史舞台上。

通观成吉思汗的一生，我们可以发现他的性格特征是如何形成的。因不愿忍受异母兄弟别克帖儿的欺负，他竟然将其射杀；

面对劫掠盛行、世仇不断的草原部落社会环境，他又不得不选择过一种草原勇士式的生活，以求在人不安生的险恶环境中生存下去。至亲的血族兄弟别克帖儿并没有给他留下良好的印象，结拜盟誓具有一定血缘关系的"安答"札木合也背叛他，而有较近血缘关系的泰赤乌部族又抛弃他的家族，所有这些使得成吉思汗对视血缘关系高于其他一切社会关系的草原社会旧习俗，心生厌恶。他不再仅仅依凭血缘关系来分辨敌友，他更加重视的是朋友间的忠诚，就如博尔术和者勒篾那样，虽然没一点血缘关系，但他们却忠贞不贰。这些环境塑造了他的性格特征和行事风格，而这种性格特征和行事风格后来又投射到他的东征西伐中去，深刻地影响了整个世界。

征夏攻金：成吉思汗的对外扩张

成吉思汗在统一蒙古高原、立国漠北之后，将目光转而投向蒙古高原以外更为广大的外部世界。除1207年派遣长子尤赤向北方出征斡亦剌、吉利吉思等森林和驯鹿部落外，成吉思汗向外征服的主要方向有两个：一个是南方的农耕定居文明区，主要是西夏和金；另一个是往西征服中亚地区，主要针对的是花剌子模国。

西夏是由党项人所建立的一个政权，其统治范围以今宁夏地区为中心，包括今甘肃、青海、内蒙古等部分地区在内。该国地处河西走廊地区，正位于农牧交错地带。自1038年李元昊建立西夏政权以来，西夏利用自身有利的地缘优势，周旋于两宋、辽、金等大国之间，维持着独特的政治地位。

西夏统治的地域主要属于唐代河西节度使所统辖的范围，宋、辽、金多以"河西"之名来称呼西夏政权，蒙古人音讹而称之为"合申"。又由于宋人、契丹人、女真人多称党项人为"唐古"，蒙古人便称其为"唐兀惕"。

西夏曾先后六度遭蒙古人入侵。

1205年，成吉思汗击败乃蛮部，曾顺势率军攻破西夏边境堡寨力吉里（今宁夏中卫市沙坡头区），并突入落思城（今地不详），抢走不少西夏民众和无数的骆驼、羊、马等牲畜，后又迅速退回漠北。这是蒙古人第一次入侵西夏，属短暂劫掠性质，西夏损失不大。

1207年，成吉思汗以西夏不肯称臣纳贡为由，再次领兵入侵西夏，攻破克斡罗孩城（即兀剌海城，今内蒙古乌拉特前旗的"乌拉山"西北麓），大肆抢掠。西夏为之震动，挥兵抵抗。蒙古军未敢深入，第二年便撤军离去。

1209年，成吉思汗计划攻金，不过为了消除来自西南方向的可能威胁，他发动了对西夏的第三次入侵。此次进攻西夏，蒙古军一路遇到顽强抵抗，僵持数月后，才进抵西夏国都中兴府（今宁夏银川）。西夏守军严防死守，蒙古军队于是引黄河水灌城。西夏国主在求援金国无果的情况下，只好向蒙古人献女纳贡，表示臣服。成吉思汗达到了消除西南侧翼威胁的目的。自此，西夏常被蒙古人所役使，被迫协助出征金国，金、夏关系变得更加紧张。

通常，为了表示臣服，投降者都要向蒙古人尽几项基本的义务：一是要入觐，即每两三年定期赴漠北朝见蒙古大汗；二是要入质，即将自己的儿子送到大汗身边充当人质，这些"质子"被编入大汗的护卫军，轮番入值，不仅要保护大汗的安危，还要服侍大汗个人生活的方方面面，同时作为大汗身边的亲信，他们还参与国家大事的讨论，甚至作为"钦差大臣"被派往各地；三是要纳贡，即每年要向蒙古人缴纳一定额度的贡赋，还得随时应付蒙古人的"不时需索"；四是要从征，即派遣军队随从蒙古人出征。

1217年，成吉思汗计划进兵西域，就曾要求西夏出兵从征，不过遭到拒绝。成吉思汗随即派出一支军队突入西夏国境，并再次包围中兴府。西夏国主遵顼避走西凉（今甘肃武威）。成吉思汗无暇多顾，专注于西征之事。西夏虽未协从蒙古军队西征，不过木华黎经略中原时，西夏军队仍然常被征调。

西夏国主遵顼在位时，主要采取的策略还是附蒙抗金。由于这一政策屡屡为蒙古方面的强硬所扰，使得西夏认识到自己只不过是蒙古灭金中的一颗棋子而已。1223年底，遵顼将皇位传给次子德旺。德旺改变附蒙抗金策略，于次年（1224）与金议和，达成"兄弟之国"的盟约。这一举措自然遭到蒙古人的强烈回应。1224年秋，木华黎之子孛鲁合，受命率军攻击西夏，俘获西夏大将塔海，掳掠牲口数十万而去。

1225年，成吉思汗西征结束后，回到漠北蒙古本土。次年（1226），成吉思汗指责西夏违背臣服之约，拒绝送纳质子，也未派军队随蒙古人西征，于是再次领兵亲征西夏。西夏虽顽强抵抗，但仍逃脱不了失败的命运，无数城池遭到破坏。西夏国主德旺忧惧而死，其侄子睍继位，是为夏末帝。

1227年初，蒙古军队围困中兴府。当时成吉思汗认为西夏已唾手可得，于是留下部分军队继续围攻中兴府，自己则挥军攻打金临洮府（今甘肃临洮），并驻军于六盘山。这年七月，成吉思汗因病去世。他的临终遗言，就是希望灭掉西夏。于此可见，西夏人的抵抗是如此顽强，成吉思汗至死都没能完全灭亡西夏。不久之后，中兴府终被攻克，遭到屠城的命运。夏末帝睍被杀，西夏灭亡。

西夏文《大方广佛华严经》（局部）

西夏对于大蒙古国和元朝的影响不小。如元朝"国师""帝师"等名称，实即源自西夏，只是其具体所指和所管辖的对象有所差异而已。

很长一段时期以来，金王朝曾对蒙古高原各部有着较为有力的控制。各部要定期向金王朝纳贡，金蒙之间关系紧张。金王朝为防止各部壮大，曾对漠北各部实行"减丁"政策，每三年就要派兵北上进行一次剿杀。金人对蒙古人推行一种所谓"薅指之法"，据南宋末诗人郑思肖《心史·大义略叙》载：

> 昔金人盛时，鞑虽小夷，粘罕、兀术辈常虑其有难制之状，三年一征，五年一徙，用薅指之法，厄其生聚。薅者，言若刈薅也，去其拇指，则丁壮无用。

这种"薅指之法"，反映出金王朝对于漠北各部统治的残暴。蒙古人在蒙古高原势力日隆，而女真金国的势力则逐渐衰弱。金王朝注定要成为成吉思汗的下一个重要攻击目标。

1208年，金完颜永济继位，是为卫绍王。在完颜永济继位之前，他与成吉思汗曾

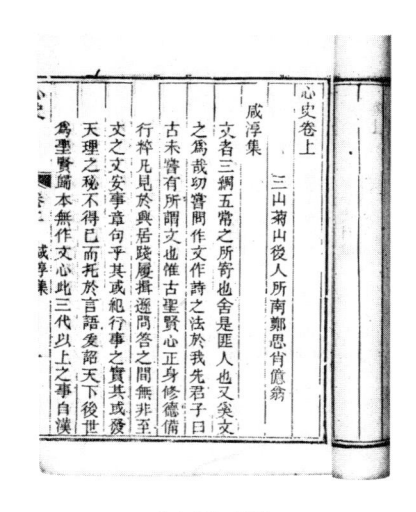

《心史》书影

经有过一次接触。当时永济受金章宗的委派，到静州（今内蒙古四子王旗）去接受蒙古诸部的朝贡岁币。成吉思汗见到永济，就故意轻慢他。永济十分气愤，回到金国之后就要请兵讨伐蒙古。恰巧章宗去世，永济得以继位，于是下发诏书到蒙古，要求成吉思汗跪拜受诏。当成吉思汗从金使口中得知新即位的金朝皇帝就是完颜永济时，很不屑地朝南方吐了口唾沫，并且说道："我谓中原皇帝是天上人做，此等庸懦亦为之耶！"（《元史》卷一《太祖本纪》）说完即跳上马背，扬长北去。卫绍王得知这一消息后大怒，命令加筑界壕边堡，意图伺机捕杀成吉思汗。成吉思汗也调整对金策略，当即宣布与金断绝关系，加紧备战。

1211年，成吉思汗挥师南伐金国。蒙古军一路南进，势如破竹。成吉思汗至抚州（今河北张家口市张北县），金朝方面陈兵三十万扼守野狐岭（今河北张家口市万全区境内）。最终，金兵大败而逃。经此一役，金军"死者蔽野塞川"，精锐尽失。蒙古军队进至居庸关，进围中都（今北京西城至丰台一带）。因未能攻破该城，蒙古方面退兵而去。

在接下来的两三年间，蒙古军队先后攻克今山西、河北、山东以及辽东诸地城池无算，黄河以北的州县尽遭残毁。每犯一城，蒙古军队往往虏获大量人口、牲畜以及物资而去，所谓"所过无不残灭，两河、山东数千里，人民杀戮几尽，金帛、子女、牛羊马畜皆席卷而去，屋庐焚毁，城郭丘墟矣"（《建炎以来朝

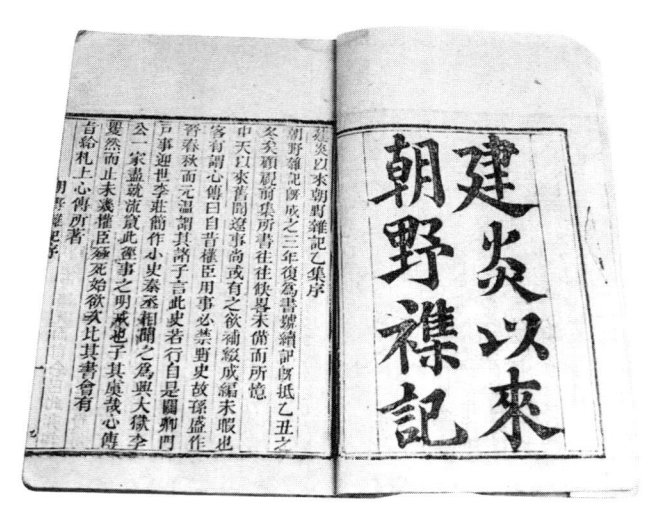

《建炎以来朝野杂记》书影

野杂记》卷一九"鞑靼款塞"条）。

1213年，金宣宗继位，改元贞祐。这年秋天，成吉思汗再度领兵南下，兵分三路，从紫荆关而下，席卷河北、辽东诸地。1214年春，蒙古军三路兵马会合于中都近郊。金宣宗献卫绍王女以及金帛、童男女等求和。成吉思汗遂解围而去，命令木华黎等领兵攻取辽东、辽西诸地。这年五月，金宣宗以中都缺粮、不能应变为由，迁都至汴京（今河南开封），史称"贞祐南迁"。不久，金中都附近发生哗变，原金守将石抹明安等引蒙古兵入中都，金留守中都主帅弃城而逃。

1215年，蒙古军队进占中都。成吉思汗派失吉忽秃忽到中都，将中都府库的帑藏全部运走，并命札八儿火者、石抹明安等

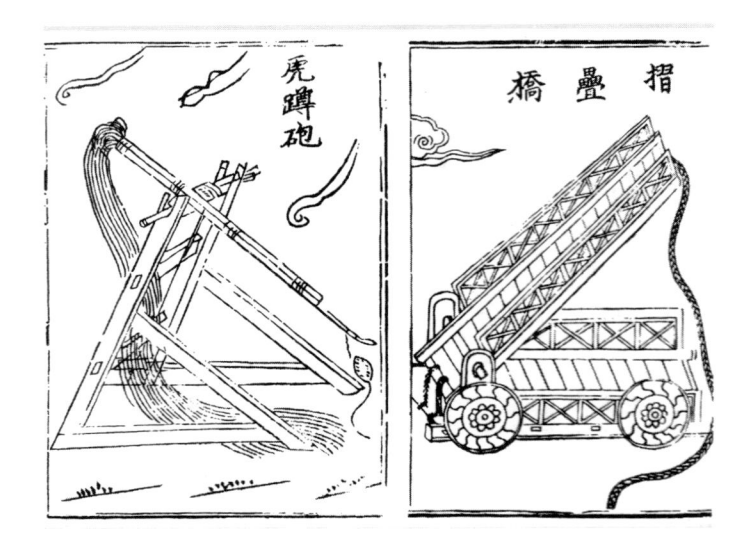

云梯和弹射器（引自成书于北宋仁宗中期的《武经总要》）。契丹和女真很快就将攻城技术用于他们擅长的骑兵作战，产生了极大的战斗力。

留守中都。1216年春，成吉思汗返回到怯绿连河的宫帐。蒙古大军退回漠北，木华黎等人则留在南方继续攻金。

1216年前由成吉思汗领导的对金战争，是蒙古灭金过程的第一阶段，它基本以掳掠为主，兵行而过，蒙古人并没有在所夺取的原金所属州县之上建立起有效的统治机构。蒙古军队撤离之后，部分州县守令由金朝方面重新任命，另有一部分州县则为所在地的地方武装势力所把持。这些占有州郡的地方武装势力，我们今天多以"世侯"来称呼他们。这些世侯或完全效力于蒙古人，或周旋于金、蒙之间，或游走于蒙、宋之间，逐渐发展成为金元之际华北地区的重要支配力量。

挥鞭西进：蒙古第一次西征

当蒙古人崛起于亚洲内陆东部地区并在大漠南北纵横驰骋的时候，在亚洲内陆的中部偏西地区，一个被称为花剌子模的强大帝国也在迅速崛起。1200年，花剌子模算端（伊斯兰教"苏丹"的别称，有"首领""王者"的意思）摩诃末继位，在他统治期间，花剌子模国家达到鼎盛。摩诃末成为当时伊斯兰世界的一个最为强大的统治者。他统治的地域以锡尔河和阿姆河流域为中心，其势力甚至延伸至今伊朗和阿富汗地区。

13世纪初，蒙古的成吉思汗与花剌子模的算端摩诃末，是亚洲内陆地区最具权势的两个人。摩诃末在伊斯兰世界声势日盛，意欲往东扩张；而成吉思汗在统一漠北、征服北方"林木中百姓"以及向南攻破西夏、金王朝之后，也很自然地将目光投向了西域地区。

1215年，摩诃末获悉成吉思汗攻打金国的消息后，为了证实这个信息并刺探蒙古的真实情况，派出使臣来到东方，并于1216年到达蒙古。成吉思汗接见了花剌子模的使臣和商队，表示承认摩诃末西方统治者的地位，并希望建立起贸易交往的渠道。作为对花剌子模国的回应，成吉思汗也派出自己的使臣前往花剌子模。蒙古使团于1218年春到达花剌子模，两国达成通商协议。

1218年，根据两国达成的通商协议，成吉思汗派出由四百五十人组成的使团和商队前往花剌子模。当成吉思汗的使臣和商队到达花剌子模的边境城市讹答剌（今哈萨克斯坦奇姆肯特市）时，讹答剌的守城长官（算端母亲的亲属）抢夺了他们的财物，并诬称他们为间谍。摩诃末命令将他们全部杀掉，仅有一人幸免于难。幸存者逃回到蒙古，向成吉思汗报告了这个骇人听闻的消息。这起外交事件的真实情况，我们今天已无从确切知晓，蒙古方面的真实意图，恐怕也并非通使、通商那么简单。

成吉思汗接到这一报告后，怒不可遏。据说他独自登上不儿罕山的山巅，将腰带搭在脖子上，光着头，将脸贴到地上，祷告、哭泣了三天三夜。当得到了上天给予的吉兆启示后，他就下山而去。成吉思汗决定展开西征，对花剌子模进行报复。（《史集》第一卷第二分册，第260页）这可能是他在遵循着一种萨满的传统，向神祷告和请示。在此之后的两年时间里，成吉思汗都在为西征做积极的准备工作。

1217年，成吉思汗封木华黎为太师、国王，授意木华黎经略金国，并嘱咐道："太行以北，朕自经略，太行以南，卿其勉之。"（《元史》卷一一九《木华黎传》）同时，他还派遣速不台往西，进剿篾儿乞的残余势力。1218年冬，成吉思汗又派哲别率先遣部队，进击西辽屈出律的残存势力。至此，蒙古的兵锋已西向直指花剌子模国了。

1219年，成吉思汗令幼弟斡赤斤留守蒙古本土，自己则率领一支近二十万人的大军向西进发。这是蒙古历史上的第一次西征。它历时六年，在第七年的时候，成吉思汗才返回到蒙古本土的斡耳朵。当时，花剌子模国拥有的军队数量约是四十万人，两倍于蒙古的军队。不过军队数量多，并不意味着就能取得战争的胜利。

1219年夏，成吉思汗驻营于也儿的石河（额尔齐斯河）一带。在全面展开战争之前，成吉思汗还曾派出三名使臣前往花剌子模国，要求摩诃末将讹答剌的守臣引渡给蒙古方面处置，若不满足要求，就只有兵戎相见。摩诃末强硬地回绝了成吉思汗的要求，并将三名使臣中的正使处死，另两位副使剃光胡须放回。被他人剃去胡子，对于蒙古人而言是种极大的羞辱。战争已完全不可避免。

1219年秋，蒙古军队进抵花剌子模边境城市讹答剌，兵分四路对花剌子模国展开攻击。成吉思汗与幼子拖雷率领主力军队，悄然渡过锡尔河，越过六百公里宽的基吉尔库姆沙漠，直趋花剌子模国重镇不花剌（亦称"布哈剌"，今乌兹别克斯坦布哈拉城）；成吉思汗二儿子察合台、三儿子窝阔台组成的一路军队，围攻讹答剌城；长子朮赤带领的一路军队，偏师北上，进取毡的城（今哈萨克斯坦克孜勒奥尔达东南）；阿剌黑那颜、撒黑秃等将领则率领另一路军队，向东南方向攻打忽毡城（即列宁纳巴德，今塔吉克斯坦北部旧城）、别纳客忒城（今乌兹别克斯坦塔什干北）等地。

讹答剌城守军坚持抵抗了五个月之久，最后援绝粮尽，讹答剌城陷入蒙古军队之手，惨遭屠城。守城主伊那儿只克（《元史》作"哈只儿只兰秃"）则被抓获，押送至成吉思汗处。因为他的贪欲和残酷，蒙古人从他的口、耳等处灌以银液，残酷地将他处死。

尤赤率领的大军进展顺利，很快攻破毡的城。成吉思汗任命阿里火者为该城长官，并遣军西进，进攻养吉干（今哈萨克斯坦卡札林斯克）等城，锡尔河下游诸城尽被蒙古军队所占领。阿剌黑等将领所率领军队的进攻则遭到顽强抵抗，忽毡城抵抗尤为激烈，这迫使成吉思汗不得不向该城派遣援军，最后才将该城征服。

1220年初，成吉思汗和拖雷所率领的主力军，攻克不花剌城，给花剌子模以致命打击。不花剌是花剌子模的腹心城市，地处新都撒马尔干（今乌兹别克斯坦撒马尔罕）和旧都玉龙杰赤（今土库曼斯坦乌尔根奇）之间。不花剌陷落之后，花剌子模新、旧两都之间的联系被斩断，两城互失支持，花剌子模国陷入一片混乱。这座繁荣城市遭到严重的破坏，成吉思汗进入该城，他在不花剌民众前声称自己是"上帝之鞭"，之所以领军前来惩罚花剌子模国，是算端摩诃末的抗拒和不义行为所致，他对不花剌的民众说：

> 大家该知道，你们犯下了大罪。你们的大臣都是罪魁。在我面前颤抖吧。我凭什么这么说呢？因为我是代表上帝来惩罚你们的。如果你们没有犯下大罪，伟大的主决不会让我来惩罚你们的！（《史集》第一卷第二分册，第283页）

攻取不花剌城之后，成吉思汗向花剌子模国都城撒马尔干进军。蒙古人起初以为该城必然是守军众多、城堡牢不可破，做好了打硬仗的准备。不过，由于花剌子模算端摩诃末听闻蒙古军队的到来，临敌远遁，撒马尔干很快便被蒙古军队攻克。成吉思汗派遣哲别和速不台两位大将，继续追击算端摩诃末。摩诃末逃到宽田吉思海（今里海）的一个小岛上，最后病死在那里。

占领撒马尔干之后，成吉思汗驻牧于此，进行了很长一段时间的休整，伺机再往呼罗珊（今伊朗东北部及与阿富汗、土库曼斯坦接壤地区）方向进发。与此同时，成吉思汗又派遣长子朮赤和次子察合台去攻打花剌子模旧都玉龙杰赤城。成吉思汗派他们出征该城，目的是希望两个儿子能在共同的战斗中修复彼此间业已破损的关系。出乎成吉思汗预料的是，他初始的目的非但没能达成，反而使得兄弟间的矛盾更加激化。由于成吉思汗有意在攻

被蒙古军俘虏的花剌子模王摩诃末的母亲帖耳坚合敦（引自《世界征服者史》）

成吉思汗追击西亚军队（引自《史集》）

克玉龙杰赤城后，将该城分封给尤赤，这引起了察合台的不满。兄弟两人因为攻城策略问题而产生重大分歧。尤赤想尽力保全该城不被摧毁，进攻显得保守；而察合台则竭力毁坏该城，因此不惜任何手段。玉龙杰赤城久攻不下，花剌子模守军坚持抵抗长达七个月。最后，成吉思汗意识到他们之间因不和而导致了困难战局，于是下令由窝阔台担任全军统帅，指挥诸兄和全军作战。很快，玉龙杰赤城便失陷于蒙古人之手。

1221年，成吉思汗和拖雷率领的主力军兵分两路。成吉思汗出征巴里黑（今阿富汗北部巴尔赫一带）、塔里寒寨（今阿富汗木尔加布河上游北面）等地区，这在很大程度上是为了追击花剌子模嗣王札兰丁。拖雷则奉命领军渡过阿姆河向呼罗珊进发。呼罗珊是当时整个伊斯兰世界的文化名城。他们的进攻均取得了胜利。成吉思汗一路追击，于当年年底在印度河畔击溃札兰丁的军队。1222年，札兰丁逃入印度地区，成吉思汗遣两万蒙古军继续追击，后因酷暑难耐，进攻受阻。1223年初，成吉思汗不得不主动退兵，开始班师，这年冬天驻营于撒马尔干。

这次西征还有另外一支重要的军队由哲别和速不台统领，他们先后抄掠阿哲儿拜占（今阿塞拜疆）、谷儿只（今格鲁吉亚）等地。1223年，他们追击摩诃末的势力，进入高加索地区，讨伐阿速、钦察等部，破坏了斡罗斯南部地区。

蒙古这次西征的主要目标是花剌子模国，可以说取得了巨大的胜利。蒙古军队纪律严明，协调一致，机动性强，攻击形式多样。在草原上作战，他们不是与对手列阵厮杀，而是娴熟于兵不厌诈的策略，诱敌深入，适时反击；在攻城战中，他们不仅使用弹射器、抛石机和火药等攻城武器，还善于应用心理战来摧垮敌人的意志，如采用突袭的战术、制造并散布恐怖的信息等。

花剌子模国失败的原因是多方面的。首先，就领导层而言，算端摩诃末在得知成吉思汗军队来袭的时候，完全乱了阵脚，弃城远遁。其次，从军事战术上来看，花剌子模算端摩诃末的失误在于，诸城各自防守，无法形成有效的联防局面，被成吉思汗的军队分割包围，逐个击破。最后，若从更大的历史背景来分析的话，花剌子模国的迅速崩塌，与其内部的政治不稳定、宗教矛盾激烈以及统治的残酷密切相关。当蒙古军队来袭时，这个中亚大国刚刚完成统一不过二三十年的时间，它自身内部的矛盾和问题还没来得及解决。因此，面对外部势力的侵入，它很快便陷于四分五裂的局面。

1225年底，成吉思汗回到蒙古本部，蒙古第一次西征宣告结束。蒙古第一次西征战果累累：河中和呼罗珊地区①遭到严重破坏，花剌子模国几乎灭亡；同时，成吉思汗派遣长子术赤偏师越过高加索山脉北进，侵扰了南俄草原地区。不过，成吉思汗挥师东返蒙古的时候，长子术赤留在了哈萨克斯坦草原地区，此后再也没有回到过蒙古本土。这埋下了蒙古帝国终将分离的最早种子。

然而此次西征主要是扫荡式的，基本是得地不守，除派遣达鲁花赤监督治理外，并没有在中亚建立起稳定而有效的统治秩序。

蒙古帝国之所以能横扫欧亚大陆，与当时的整个世界形势有关。在12和13世纪之交，世界政治版图上并无类似汉、唐那样强大的帝国存在。蒙古人能在中亚地区如此迅捷地获得战果，也可以说得益于花剌子模对当地的征服和统治。然而，花剌子模的征服和统治引发了无数的矛盾和问题，作为外来势力的蒙古介入其

---

① 河中地区指中亚锡尔河与阿姆河中间的区域，大致包括今乌兹别克斯坦全境和哈萨克斯坦西南部。呼罗珊是霍拉桑的旧称，大致包括今伊朗东北面、阿富汗北面和土库曼斯坦南面接壤地区。

中，为调整这些矛盾和问题提供了契机。当蒙古军队进入花剌子模国时，有些地区甚至还欢迎蒙古人的到来。因此，可以说花剌子模在中亚的征服与统治，是为蒙古人作了"嫁衣裳"。

自蒙古高原由东往西的征服，可以说在蒙古人之前已有一系列的人群作为先导，一次次地进入到中亚以及西亚地区。其中最为突出的是突厥人，他们早就从蒙古草原地带西进至欧亚草原地带的中、西部地区，其中较早的有西突厥汗国；11世纪，突厥人西进逐渐建立起一系列突厥化的伊斯兰王朝，如塞尔柱王朝就是典型。至12世纪初叶，契丹人又被迫西进，建立西辽（哈喇契丹）政权。他们对当地征服和统治的经验，蒙古人无疑会从中得到启示。

第三章 蒙古帝国的扩张及其崩解

窝阔台继承汗位

1225年,成吉思汗返回到蒙古本土。1226年,他又整兵勒马南下,试图彻底灭亡西夏。然而,直到1227年夏天在灵州(今宁夏灵武)去世之前,成吉思汗始终未能彻底灭亡西夏。

关于他去世时的详情,我们今天已不太清楚。据说他是因为坠马受伤,加上天气原因,导致身体不适,而遽然去世。如果我们接受他出生于1162年的说法的话,那么到1227年去世的时候,他已六十五岁。

早在1219年西征中亚期间,成吉思汗就曾派遣侍臣刘仲禄前往山东,延请长春真人丘处机赴中亚觐见。此次征召丘处机的主要目的,就是为了获取长生不老之药。丘处机对成吉思汗说:"有卫生之道,无长生之药。"他向成吉思汗进言,长生之道,在于清心寡欲;并且谏言成吉思汗,应不嗜杀伐,敬天爱民。成吉思汗对丘处机礼敬有加,尊称他为"丘神仙"。不过,丘处机的进言显然没起什么作用,成吉思汗依然纵横驰骋,四出征伐。

成吉思汗去世之后,遵照其"密不发丧"的遗诏,他的遗体被秘密运回漠北安葬。他的陵墓至今未被找到。成吉思汗的陵寝

太宗孛儿只斤·窝阔台像

究竟位于何处？这仍是七百多年来的一个未解悬案。学者们倾向于认为，成吉思汗很有可能安葬在今天蒙古国境内的肯特山、杭爱山一带。不仅如此，后来十多位大蒙古国和元朝帝王的陵墓，也从未被发现。这当然与蒙古人的秘密安葬制度有关。

据称，成吉思汗的遗体由心腹将领护送回漠北，沿途凡是见到护送队伍的人，都被杀掉。成吉思汗被安葬之后，为首的将领命令八百名士兵将建造陵墓的工匠全部杀死，而这八百名士兵随即又被外围的士兵们处死，以此保证成吉思汗陵寝的核心秘密不被人们所知晓。遗体被深埋之后，成千上万匹马又将墓地反复踏平，直至与其他地块一般无异，然后再广植树木。南宋使臣彭大雅曾描述过蒙古人的葬制习俗："其墓无冢，以马践蹂，使如平地，若忒没真（铁木真）之墓，则插矢以为垣，阔逾三十里，逻骑以为卫。"（彭大雅《黑鞑事略》）这个"三十里"的地域范围，大抵就是所谓的"大禁地"（Yeke Quruq）。它不准任何人进入到安葬成吉思汗的地方。

成吉思汗去世了，那他留下的大蒙古帝国由谁来接掌呢？

在西征花剌子模前，成吉思汗的宠妃也遂，曾向成吉思汗提出过汗位继承人的问题。她对成吉思汗说道，生命无常，大汗坚如磐石的身体一旦坍塌的话，蒙古的百姓万众应该交给谁来掌管呢？大汗的四个儿子中，究竟该托付给哪位呢？这事应该早点确定下来，以让大家都知道。

成吉思汗随后便召集诸子、诸弟以及众勋贵将领，就汗位继承人的问题征求大家的意见。成吉思汗首先询问长子术赤的意见，没想到性情刚烈的二儿子察合台，以为成吉思汗是有意要把汗位传给兄长术赤，于是立即提出激烈的反对意见。察合台竟称自己的兄长为"篾儿乞野种"。术赤的出身一直备受争议，他的母亲孛儿帖曾被篾儿乞人掳去，差不多一年之后才被成吉思汗夺回蒙古部。不久，术赤就出生了。成吉思汗给他取名"术赤"，蒙古语中"术赤"的意思就是"客人"，这或许多少是有些暗示的成分。

当兄弟二人争得面红耳赤的时候，成吉思汗默然无语。当时受命辅助察合台的阔阔搠思站了出来，他带有几分偏袒性地训斥了察合台一番。随后，成吉思汗缓缓地说，诸子之中术赤最长，今后谁也不可在这个问题上再说三道四。察合台接过父亲的话说道，自己和术赤两人最为年长，能力不相上下，必定会在疆场上全力协助父亲，并着重指出："窝阔台敦厚，可奉教训。"察合台的意思是希望窝阔台能留在大汗身边，接受继位者的教育。成吉思汗转而询问术赤的意见，术赤只好附和，同意由窝阔台继承汗位。成吉思汗当即要求两人要恪守推戴窝阔台的承诺。最后，成吉思汗又征询幼子拖雷的意见。拖雷表态说，自己将枕戈待旦，随时听从兄长窝阔台的召唤。由此，窝阔台的汗位继承资格得以确立。

成吉思汗的四个儿子各有优缺点。长子尤赤，温厚善良，性格偏柔弱。次子察合台刚毅勇猛，却缺乏气度。三子窝阔台处世沉稳，有谋略，颇有城府。幼子拖雷则精明能干，可惜资历太浅。成吉思汗对四个儿子的职务各有安排，尤赤掌管狩猎，察合台执掌"大札撒"，窝阔台主理朝政，拖雷则随侍成吉思汗左右为统军事。兄弟四人中，拖雷虽最受成吉思汗钟爱，不过窝阔台却是最被看重的。此外，窝阔台又与兄弟三人关系都比较融洽，由他继承汗位，可以说是各方都乐于接受的。

有一段小插曲，在蒙古西征花剌子模国的时候，尤赤、察合台、窝阔台兄弟三人合力攻下了玉龙杰赤城，兄弟三人竟然私自将该城的百姓分了。成吉思汗得悉这一情况后，怒不可遏，严厉地训斥了这三兄弟。因为按照惯例，所有战争俘获，必须要经由大汗统一分配。此事件正折射出，大蒙古国在尚未进入第二代统治的时候，就已经开始孕育着某种分裂的种子了。

第一次西征结束之后，尤赤没有跟随成吉思汗东归蒙古本土，而是选择了留在也儿的石河西面的营地里，直到1225年初去世。因为西征战功卓著，成吉思汗将也儿的石河和阿勒台一带的所有地区以及四周的冬、夏游牧地都赐给尤

孛儿只斤·拖雷像

赤管理，并且命令朮赤将钦察草原诸地区以及周边各国征服，并入他的领地。虽然如此，西征前确定窝阔台为继承人的事情，显然在朮赤心中留下了阴影。他跟父亲的关系也渐渐疏远起来。他时常自行其是，不听成吉思汗的命令，以至于成吉思汗愤怒地说："我要毫不留情地把他杀掉。"1224年，成吉思汗在锡尔河召开了一次忽里台（大蒙古国和元朝的诸王大会，源于蒙古部落议事会），在朮赤赶来之前，忽里台就举行完毕了。这次忽里台很可能确定了诸子分封的领地，成吉思汗将海押立（哈萨克斯坦塔尔迪库尔干）和花剌子模地区，以及延展到撒哈辛（伏尔加河下游）、不里阿耳（伏尔加河中游）边境方向的所有地区都分封给了朮赤。朮赤的领地距离蒙古本土最为遥远。朮赤对此明显感受到了那种疏远感。所以，当成吉思汗返回蒙古的时候，朮赤以生病为借口，没有随成吉思汗东归，留在了自己的禹儿惕（营盘）里。朮赤比成吉思汗去世得要早。朮赤死后，他的位子由其次子拔都继承。1242年，拔都在那里建立了金帐汗国。

察合台获封的领地，大致位于畏兀儿以西直至阿姆河之间的广大草原地带，正好处在蒙古本土与朮赤领地的中间地区。他的夏营地位于阿力麻里（今新疆霍城西北）附近的虎牙思，冬营地位于马拉什克亦拉，两地均在伊犁河流域内。1226年，成吉思汗出征西夏时，察合台受命留守蒙古大斡耳朵，可见其深受成吉思汗的信任。察合台对父亲也十分敬畏，不敢违背父亲的命令。成吉思汗驾崩后，察合台遵照成吉思汗遗命，拥戴窝阔台继承大汗之位。窝阔台即位时，作为诸王之长，察合台持窝阔台右手，他

耶律楚材像

们的叔父斡赤斤则持窝阔台左手，共同扶持窝阔台登上汗位。为确立窝阔台的权威，维护大汗尊严，在耶律楚材的建议下，察合台亲执臣属之礼，率黄金家族成员及臣僚拜于窝阔台帐下。察合台熟悉札撒，执法严峻；素守臣下礼节，维护大汗威严。窝阔台对察合台也极为尊重，每遇国家大事，必先遣使咨商，征询他的意见。诸如第二次西征以及在整个大蒙古国境内广立站赤等事，察合台都给予支持。1241年5月，察合台病逝，他的后裔子孙世袭察合台汗国的汗位。因为窝阔台称他为"阿哈"（"兄"的意思），后来历代蒙古大汗都称察合台的继承人为"察合台阿哈"。察合台有八子，第二子抹土干原被定为继承人，由于他战死疆场，抹土干第四子哈剌旭烈便被定为继承者。贵由汗时期，因察合台第五子也速蒙哥与贵由关系近密，最终也速蒙哥被改命为察合台汗国的可汗。

拖雷是幼子，一直随侍在成吉思汗左右，时常随从出征。成吉思汗将他视为"那可儿"（伴当）。由于拖雷功勋卓著，他还常被称为"也可那颜"，即"大那颜"（大官人）的意思。蒙古人有"幼子守产"的习俗，就是说幼子继承父业，年长诸子则析分出去，自谋生计。幼子继承大部分的家庭财产，不过却担负有守护家庭炉火不熄以及赡养父母的责任。成吉思汗分封诸子、诸弟,拖雷则留在父亲身边,继承了父亲几乎所有在斡难河和怯绿连河流域的斡耳朵、牧地和军队。因此,拖雷具有非常独特的地位。也正是由于拖雷掌握有大部分的军队,日后他的子嗣们才得以在黄金家族内部的权力斗争中脱颖而出,获得大汗之位。在成吉思汗去世之后,窝阔台登上汗位之前,拖雷曾经行使"监国"大权。1229年,成吉思汗去世两年之后,窝阔台才在一场忽里台上被正式推举为大汗。至此,拖雷结束监摄国政的使命。为何成吉思汗去世两年之后才再度召开忽里台而正式推举窝阔台为大汗?其中究竟有何玄机?现在已不可得其详。根据记载,这次忽里台持续时间很长,支持拖雷一方的势力,与支持窝阔台一方的势力,互相之间有所争执。

拖雷对于窝阔台继承汗位,态度并不明确。窝阔台在被诸宗王劝进登位的忽里台上,按照惯例谦让再三。不过,他的谦让之辞十分明显地指向了拖雷。他说:

窝阔台即位图(引自《史集》)

尽管成吉思汗的命令，实际上是这个意思，但是有长兄和叔父们，特别是大弟拖雷汗，比我更配被授予大权和担当这件事，因为按照蒙古人的规矩和习俗，幼子乃是家中之长，幼子代替父亲并掌管他的营地（禹儿惕）和家室，而兀鲁黑那颜（意为"大官人"，此即指拖雷）乃是大斡耳朵中的幼子。他在规定和非规定的时刻日夜都在父亲左右，闻知规矩和札撒。我怎能在他活着时，并当着他们的面登上合罕之位呢？（《史集》第二卷，第29—30页）

窝阔台对于幼弟拖雷的顾忌，于此可窥一斑。

成吉思汗庙（内蒙古乌兰浩特）

窝阔台即位后，1231年秋天，窝阔台与拖雷分道伐金。1232年初，蒙古军队取得了三峰山战役的重大胜利后，窝阔台与拖雷会合。在同返漠北的途中，拖雷突然暴亡。有关拖雷的死因，历史叙述多隐晦不明。许多记载说拖雷是病死的。《史集》则记载了拖雷妻子唆鲁禾帖尼的话："我那心爱的伴侣是为了合罕（指窝阔台）而死的，是为了他牺牲了自己。"（《史集》第二卷）最为真实的细节或许可从《蒙古秘史》中进行析解。《蒙古秘史》是这样记载的：

> 斡歌歹合罕（即窝阔台）驻营于龙虎台。在那里，斡歌歹合罕得了病，口不能言。得病难过时，（人们）让巫师、占卜者占卜，他们说："金国的土地神、水神，因为他们的百姓、人口被掳，各城被毁，所以急遽为祟。"占卜时，许（神）以百姓、人口、金银、牲畜、替身禳之，（神）不答允，为祟愈急。占卜时，又问（神）："可以用亲人作替身吗？"这时，（作祟放慢了，斡歌歹合罕）睁开了眼睛，索取水喝，问道："怎么啦？"巫师奏禀说："金国的土地神、水神们，因为他们的地方和水被毁，百姓、人口被掳，急遽作祟，占卜时许（神）以别的什么为替身禳之，（神）作祟愈急。又问：可否用亲人作替身，作祟就放慢了。如今听凭圣裁。"（斡歌歹）降旨说："如今朕身边的宗王有谁？"宗王拖雷正在他身边，就说："神圣的父汗成吉思汗像选骟马、择羯羊般地在诸兄弟之中选中了合罕兄长你，把他的大位指给了你，让你担当了统治百姓的重任。让我在合罕兄长身边，把你忘记的事提说，在你睡着了时唤醒。如今如果失去了我的合罕兄长你，我向谁去提说忘记的事，谁睡着了要我去唤醒呢？如果合罕兄长你真有个不测，众

多蒙古百姓将成为遗孤,金国人必将快意。让我来代替我的合罕兄长吧。我曾劈开鳟鱼的脊,横断鲤鱼的背。我曾战胜亦列,刺伤合答。我面貌美好,身材高大。(可以侍奉神。)巫师你来诅咒吧!"说着,巫师就诅咒了,把诅咒的水让拖雷大王喝了。拖雷坐了片刻,说道:"我醉了,等我醒过来时,请合罕兄长好好照顾孤单年幼的侄儿们、寡居的弟媳吧!我还说什么呢?我醉了。"说罢出去,就去世了。(《蒙古秘史》续集卷二)

拖雷之死,或许就是出于窝阔台与萨满巫师之间的共谋。

拖雷和妻子唆鲁禾帖尼(引自《史集》)

它折射出大蒙古国内部争斗的危机和矛盾。蒙古人中有谚语说："两个羊头，一口锅里煮不下。"掌握大量军队的拖雷，与治理朝政的窝阔台，就是这样的两个"大羊头"。

拖雷去世之后，窝阔台曾经建议拖雷妻子唆鲁禾帖尼改嫁给自己的长子贵由，这当然是符合蒙古社会传统的。然而，唆鲁禾帖尼以子女尚未长大成人为由，回绝了窝阔台的建议。窝阔台的意图当然十分明显，他试图借此吞并掉拖雷家族的势力。唆鲁禾帖尼对此自是心知肚明。

窝阔台合罕的文治武功

窝阔台登上大蒙古国的"大位子（yeke oron）"后，在许多场合下，他被尊称为"合罕（qahan）"。这一头衔，也逐渐成为对他的一种习惯性专称。"合罕"含义比较清晰，它有"众汗之汗"的意思。不过，这一称号很可能是后来所赋予的，正如《元史》用他的庙号"太宗"来称呼他那样。

窝阔台是一位合格的统治者，无论是作为蒙古部众的大汗，还是作为汉地臣民的君主，他对蒙古国家的治理都是富有成效的。

在内政建设方面，面对漠北本土、中原汉地以及广大的西域地区，他进一步完善国家制度，强化国家机器，提高大汗权威。

窝阔台推行一系列政策，在漠北草原实行"新制"：开始建立朝仪，规定黄金家族诸宗王在觐见大汗时，需行跪拜礼节；对宫禁和护卫制度，也作出了具体的规定，如"凡当会不赴而私宴者，斩。诸出入宫禁，各有从者，男女止以十人为朋，出入毋得相杂"等；颁布《大札撒》，宣布对成吉思汗既有成规的遵循，同时对违反法令者则严惩不贷；确定牧民赋税额度，要求"蒙古民有马百者输牝马一，牛百者输㹀牛一，羊百者输羒羊一，为永制"（《元史》卷二《太宗本纪》）。这就是"百取一"的标准，也常被称为"羊马抽分"例。像这样的税制，在成吉思汗的时代，是不曾出现过的。

随着蒙古在中原汉地征伐的继续以及统治的巩固，窝阔台采纳汉地谋臣的许多建议，进行了一系列政治、经济方面的改革。他在即位次年（1230），就于中原汉地设置具有地方财务行政区划性质的"十路课税所"。1231年，窝阔台采纳耶律楚材的建言，设立中书省，以耶律楚材为中书令，粘合重山为左丞，镇海为右丞。1234年，他任命失吉忽秃忽为中州断事官，"主治汉民"，以燕京为治所，时称为燕京行尚书省。1235年，窝阔台下令检括中原户口，根据蒙古的分封传统，将检括所得的民户，分封给诸王、贵族和勋臣，并在此基础上制定出新的税法，主要是税粮和科差两项：税粮一般规定民户纳丁税，每丁两石，驱口五斗；科差则每两户出丝一斤交政府，五户出丝一斤，输于投下（即封主，指蒙古诸王、贵戚等），称"五户丝制度"。丙申岁（1236），蒙廷又"析天下为十道，沿金旧制画界"，以整顿中原地区的地方行政区划。丙申年还有一项十分重要的政策，就是在各路、府、州、县守令之上，普遍设置达鲁花赤（原意为"掌印"者，即督官），以加强对各地的直接统治。

此外，在加强对汉地的军事控制方面，庚寅岁（1230），蒙古汗廷开始将成吉思汗时期所授予的万户、千户符节收回，并予换授，这就是所谓"庚寅，有旨收诸将金符"。这一年，蒙廷召集汉地将帅赴漠北朝觐，以便换赐符节，进一步确立窝阔台对中原汉地各武装势力的有效掌控。当年，窝阔台开始整饬兵马，预备亲征金朝："庚寅，先帝新登基，将亲举兵南伐，乃大集诸将问以方略。"

在整个大蒙古国范围内，窝阔台还广置仓廪，遍设驿站，并且任命契丹人耶律楚材管理汉人赋税，牙剌瓦赤掌领西域赋税。

窝阔台统治时期的另一大功业是建立新的都城。成吉思汗的大斡耳朵设在怯绿连河上游的曲雕阿兰之地（今蒙古国肯特省）。1235年，窝阔台开始于鄂尔浑河上游旁建国都喀拉和林，并在和林周围建立行宫。喀拉和林成为大蒙古帝国的首都。

喀拉和林的宫殿是模仿中原的宫殿来建造的，其中以万安宫最为典型。喀拉和林所在的周边地区，自突厥时代以来就一直是草原游牧政权的中心所在。成吉思汗时期，喀拉和林起初是作为蒙古西征统帅部的所在地，因此有汉文史籍记载认为，是太祖（成吉思汗）定都和林。实际上，这并不准确。真正大规模营建和林城并将其定为首都的是窝阔台。当然，这也可以说是在成吉思汗的基础上所确立的。喀拉和林不仅是蒙古帝国的都城，在当时也是一座国际性的城市，往来东、西方之间的传教士，对这个城市留下了深刻的印象。后来，大元立都于大都之后，和林地位下降。元灭亡之后，喀拉和林更是逐渐衰落。今天，曾经辉煌的都城已只剩残存地表的一些石柱以及基址痕迹了。

在对外扩张方面，作为大蒙古帝国的第二任大汗，窝阔台对于蒙古帝国的持续扩展，也充满了野心。其中，最为重要的对外征服战争就是灭金和发动第二次西征。

成吉思汗西征前夕，曾命令木华黎及其家族全权经略华北。成吉思汗西征归来后，灭金的行动一直在持续推进。不过，终其一生，他并没有完成灭金的宏图伟业。成吉思汗寄望于后世子孙能最终消灭金国，他在"临终遗言"里指示："金精兵在潼关，南据连山，北限大河，难以遽破。若假道于宋，宋金世仇，必能许我，则下兵唐（河南唐河）、邓（河南邓州），直捣大梁。金急必征兵潼关，然以数万之众，千里赴援，人马疲弊，虽至弗能战，破之必矣。"（《元史》卷一《太祖本纪》）这是一个富有远见的"联宋灭金"战略计划。窝阔台继承汗位之后，遵循成吉思汗的遗训，采取了联宋、直捣汴梁的攻金策略。

1231年，蒙古分三路攻金，由今山东、河南、陕西三个方向展开。其中东路军由斡陈那颜统领，从山东一翼展开攻击；窝阔台领中路军，强渡黄河，由洛阳挺进，以求正面突破；拖雷则率领主力西路军，绕过陕西军事重镇潼关，强行借道宋境南下，再经由唐、邓迂回北上。

1232年正月，蒙古军与金军在三峰山展开决战，金军大败；

四月，蒙古军进围汴京。1233年初，汴京城破，金末帝哀宗逃至蔡州（河南汝南）。此时，南宋与蒙古结盟出兵，合围蔡州。1234年春，蔡州城破，金王朝宣告灭亡。窝阔台灭金之后，蒙古人在华北确立起切实的统治秩序。

灭金次年（1235），为进一步获取武功以巩固地位，窝阔台召集诸王、大臣，商议大蒙古国的对外征战计划。蒙古的矛头指向了中亚、中亚以西以及南宋和朝鲜半岛等地区，其中主要的目标在蒙古帝国的西面，蒙古历史上的第二次西征由此揭开序幕。

早在1229年的时候，窝阔台就曾派遣绰儿马罕率领三万蒙古军征讨以札兰丁算端为首而重建起来的花剌子模国。至1231年，札兰丁败亡，花剌子模国由此宣告彻底退出历史舞台。

1235年，窝阔台召开忽里台，与诸王决议征讨钦察部、斡罗斯诸公国以及孛烈儿（波兰王国）等未臣服的国家和地区。此次西征主要由各支宗室居长者统兵出征，万户以下的各级那颜，也派出长子随军出征，因此这次西征又被称为"长子西征"。拔都虽为尤赤嫡次子，但因受其兄斡儿答的推戴而继承尤赤汗位，成为此次西征诸王之长。察合台系的居长者为拜答儿，长孙不里也随同出征。窝阔台系长子贵由、拖雷系长子蒙哥等，也都领兵出征。

此番西征以拔都汗为首，实际作战统帅则由成吉思汗的"四狗"之一、老将速不台担任。窝阔台合罕原本渴望御驾亲征，不过在宗王们的强烈要求下，他留镇漠北蒙古本土，享受大汗尊贵而悠闲的生活。这次西征的蒙古军队的规模大约在十五万人,当然这并不包括那些随时随地加入的协从部队。

1236年春,蒙古诸王与主将速不台等领军出发。当年秋天,各路蒙古大军齐会于伏尔加河畔。冬,蒙古军队计划分两翼展开攻击:左翼由蒙哥率领,主要负责攻取伏尔加河下游钦察草原西部地区;老将速不台则率领右翼军队,攻取不里阿耳(位于伏尔加河中游)等地。最后,全部军队集中力量对付斡罗斯诸公国。在差不多一年的时间里,两翼进攻即大获全胜。

1237年秋,西征诸宗王召开忽里台,商议征服斡罗斯诸地。1238年初,征服斡罗斯的焦点,主要是以围攻基辅城而展开的。至1240年秋季,蒙古各路西征军聚集于基辅城下。在拔都、蒙哥、贵由等指挥下,蒙古军队昼夜不停轮番攻城,基辅很快便落入蒙古军队之手。

1241年初,斡罗斯诸公国被完全征服。蒙古西征军队经过休整之后,又分兵侵入孛烈儿国和马札儿国(今匈牙利),并向西里西亚地区进军。1241年年中,蒙古西征军的先头部队甚至曾一度进抵维也纳附近的诺伊施达,不过由于遇到激烈抵抗,很快便又撤离。这年年底,窝阔台合罕在汪吉河附近冬猎之后,欢庆宴飨,彻夜狂饮,至次日黎明时暴崩。当时,西征军还在西进的狂飙突进中,拔都甚至领军越过多瑙河。

1242年初,窝阔台的死讯传到西征的蒙古军队中,军队开始人心动摇,已无心继续攻城略池。窝阔台长子贵由、拖雷长子蒙哥等人,急于东还蒙古本土争夺汗位,其他蒙古宗王也需返回漠北参加忽里台，推举新汗。于是，拔都汗不得不下令蒙古军队停止进攻。当蒙古宗王都在迅速返回蒙古本土的时候，拔都本人却领军缓慢东还，于1243年回到伏尔加河下游地区。蒙古第二次西征由此宣告结束。

蒙古第二次西征横扫西亚和中亚地区，抄掠东欧、中欧诸地，整个西欧呈现束手就擒之势。蒙古人击败了钦察人、不里阿耳人、斡罗斯人、孛烈儿人、马札儿人等，并且再次刺激了西欧的贵族们。当时的教皇和欧洲基督教国家的统治者们，将蒙古的入侵视为是上帝给予的"天惩"。他们根本无力应对，只能暗自祈祷。《诺夫哥罗德编年史》记载了蒙古入侵所带来的那种震撼："由于我们的罪恶，我们不知道的部落来到了。没有人知道他们是什么人，他们是从哪里来的，也不知道他们的语言是什么，他们是什么种族，他们信仰的宗教是什么——只有上帝知道他们是什么人，他们是从哪里跑出来的。"正是由于基督教世界对蒙古人的恐惧，他们借用突厥人对蒙古人的叫法"鞑靼（Tatar）"来称呼蒙古人，因为这一语词使他们联想到"地狱（tartarus）"一词。此后这一语词也成为西方人称呼东方的蒙古人及其同类的常用代名词。

作为第二次西征的重要结果之一，窝阔台合罕把钦察草原和斡罗斯地区的主体部分分封给了术赤的后裔们。拔都汗以亦的勒河（伏尔加河）下游的萨莱城为中心，最终建立起一个独立的汗国。这就是蒙古四大汗国之一的钦察汗国，又称"金帐汗国"。

窝阔台被元世祖忽必烈追尊庙号为"太宗"，谥号"英文皇帝"。关于窝阔台的历史评价,《元史》卷二《太宗本纪》称:"帝有宽弘之量,忠恕之心,量时度力,举无过事,华夏富庶,羊马成群,旅不赍粮,称时治平。"显然,这全是溢美之词,也是中国历代正史对帝王的一种典型性评价。蒙古人自己书写的历史,又会作何评述呢?《蒙古秘史》保存了一段窝阔台对自己一生的评价。

窝阔台总结了自己的四项业绩:一是完成成吉思汗的夙愿,征服了金朝;二是在整个大蒙古国境内设立驿站,便利了使臣往来、军情传达和货物流通;三是在草原上无水的地方掘井,以使广大百姓能获得丰美的水草,生活更加富足;四是在各城池内设立探马赤军镇守,确保一方百姓的安全。此外,窝阔台又自我批评,认为自己做了"四件"坏事,简单归结起来就是好酒色、听信谗言。

比起那些自我宣称有"十全大武功",或自称"有功无过"的帝王们来说,窝阔台对自己作出了"功过参半"的评价,这是值得人们敬佩的。他敢于自我检讨,对自己的"功过是非"有深切的自知之明。

窝阔台合罕是位宽厚仁道的大汗,拉施特的《史集》记录了他的四十八则逸事,这些逸事在汉文正史里是几乎见不到踪影的,也不太为当时其他汉文文献所记录。以下数则逸事可使我们更深入而立体地看到一位有趣的大汗形象:

[五]一个否认神圣的木速蛮(穆斯林)信仰的

阿拉伯人来见合罕，跪禀道："我在梦中看见了成吉思汗，他说：'告诉我的儿子，让他尽量多杀些木速蛮，因为他们很坏。'"合罕略加思索问道："他是亲自对你说的，还是通过怯里马赤（翻译者）对你说的？"那人回答道："是亲口说的。"合罕问道："你懂蒙古话吗？"那人答道："不懂。"[于是合罕]说道："你无疑是在撒谎，因为我确实知道我的父亲除了蒙古语外不懂得任何其他语言。"便下令将他杀了。

[八]有一个人一再请求从国库中给他五百巴里失（一种货币单位）的现金，用它们去做买卖。[合罕]吩咐给予。近臣们[向他]报告说，这个人没有可靠的担保，一个钱也没有，并且还欠多少多少的债。[合罕]吩咐给他一千巴里失，让他把一半付给债主，而用另一半去做买卖。

[十二][合罕]在打猎时，有个人献给他一个香瓜。他在那里[身边]没有任何现钱和衣服，他就向木哥哈敦（"哈敦"意为"妃子"，木哥为窝阔台的宠妃）说，让她把她耳上戴的两颗大珍珠给那个人。人们[告诉合罕]说："这个穷人不了解珍珠的价值，让他明天来从国库领取所吩咐给予的钱和衣服吧。"合罕说道："穷人没有耐性等候。这些珍珠反正会回到我们这里来的。"那些珍珠就按照吩咐给予了他，穷人便欢欢喜喜地回去了，并以不大的价格把它们卖了。购买者自言自

语说："这样稀有的珍珠适宜给皇帝用"，于是在另一天把它带给了合罕。［合罕］说："我不是说过吗，［珍珠］会回到我们这里来的，穷人也没有受委屈。"他又把它们给了木哥哈敦，同时奖赏了献珠者。

汗统的转移：从贵由汗到蒙哥汗

1241年，窝阔台合罕死于盛年之期。在他去世之后，被称为"乃马真六皇后"（也有人指出"六"字可能是"大"字之讹，认为"六皇后"应是"大皇后"）的脱列哥那，临朝称制摄政，时间长达五年。新的大汗之所以迟迟未能产生，主要是因为黄金家族内部对于继承人的人选问题，存在重大分歧。

窝阔台生前原本已指定由"皇孙"失烈门作为自己的继承人。失烈门是窝阔台所钟爱的第三个儿子阔出的长子。阔出早在1236年便战死疆场，窝阔台对失烈门也就宠爱有加。然而，由于脱列哥那的反对，失烈门没能继承汗位。脱列哥那更倾向于由自己的儿子贵由继承汗位。不过，此举遭到黄金家族内部的激烈反对，其中以拔都为首的术赤系诸宗王的反对尤为突出，而与拔都关系近密的拖雷系诸宗王，也并不支持脱列哥那。成吉思汗的幼弟、窝阔台的叔父铁木哥斡赤斤，意图领兵西进首都喀拉和林地区，觊觎汗位。不过，当他听闻贵由已领兵回到叶密立（今新疆额敏）时，斡赤斤知趣地回到了自己在东方的营地。

贵由为窝阔台长子，曾受命征伐辽东有功，后又同拔都等参加"长子西征"。在进讨钦察、斡罗斯诸城池的战役中，贵由屡立战功。因此，无论从资历还是从战绩等方面来看，贵由都具有一定的优势。

为让贵由顺利登上汗位，脱列哥那派出使臣游说各支宗王和各派将领，并召集他们前来喀拉和林参加选汗大会。拔都以患脚病为由，拒绝参加推举贵由为大汗的忽里台。拖雷之妻唆鲁禾帖尼及其诸子，在审时度势之后，大概意识到对抗窝阔台家族的时机尚未成熟，于是同意推举贵由为大汗。

1246年，诸道宗王和将领们会聚喀拉和林附近夏营地的答兰答八思之地，参加忽里台，共同推举贵由为大汗。

贵由汗虽登上汗位，脱列哥那却仍手握大权，所谓"朝政犹出于六皇后"。不过两三个月之后，她就去世了。脱列哥那摄政期间，对于帝国的管理十分混乱。她重用一个名叫法蒂玛的女臣，打击窝阔台时期的异己大臣，并任命奥都剌合蛮为理财大臣，四处敛财。帝国大小事务，悉听奥都剌合蛮裁决。更有甚者，脱列哥那将起草诏书用的印玺和白纸交由奥都剌合蛮自行处置，而不必向她报告。等到贵由汗权力和地位巩固之后，他首先提审法蒂玛并将她处死，对奥都剌合蛮则处以腰斩之刑。

贵由汗与拔都汗之间的矛盾，早在第二次西征的时候就已产生。这次拔都又不参加推举贵由为汗的忽里台，两人之间的矛盾进一步激化。贵由汗继承汗位后，为加强对帝国西部地区的控制，派遣心腹野里知吉带全权处置帝国西部阿姆河以西地区的军事、赋税征收等诸多事务。当地的军队和各被征服地区的统治者，均需听命于野里知吉带。此举最为明显的意图是针对拔都汗的。据西方史料记载，野里知吉带其实是奉了贵由汗的密令，以清除拔都派驻在高加索地区的将领为主要任务。

1248年初，贵由汗以叶密立的空气更适合他的身体状况、那里的水土也更适宜他养病为理由，率领大军浩浩荡荡离开喀拉和林向西进发。拖雷妻子唆鲁禾帖尼察觉贵由汗"西巡"十分仓促，猜测他或许别有用意，于是暗中派遣使者密告拔都："请作好准备，贵由汗已率领大军向[你们]那边推进。"拔都汗接获密报后，随即整饬军队，准备迎战。(《史集》第二卷) 贵由汗与拔都汗之间的冲突似乎已迫在眉睫。然而，贵由汗西行至横相乙儿（今新疆乌伦古河上游河曲处）之地时，突然去世，他与拔都之间的战争也就戛然而止了。这就是史家们所说的"定宗（贵由汗）征拔都"事件。

贵由汗暴崩，疑窦丛生。根据蒙哥汗时期出使蒙古的西方传教士鲁布鲁克的记载来看，拔都汗与贵由汗之死关系密切。不过，我们今天已无法弄清事实真相了。鲁布鲁克记载的这则传闻，或许还应该从当时整个黄金家族内部各支之间新的政治斗争中去进行理解。

贵由汗去世后，他的遗孀斡兀立·海迷失护送他的灵柩到他自己的封地叶密立的斡耳朵那里，并按照蒙古惯例，斡兀立·海迷失临朝称制。拔都汗以年老、体弱、脚疾为由拒绝奔丧，并以年长者的身份，对窝阔台后裔的那些"幼辈宗亲"发号施令。一方面他敦请斡兀立·海迷失摄政，另一方面他又四处派出使臣，召集蒙古诸宗王和各级那颜、将领，到他位于中亚草原的驻地召开忽里台，商议推举新大汗。

拔都支持拖雷之子蒙哥继承汗位。拔都十分清楚，自己家族早在父辈时代就得不到大部分人的支持，在竞争大汗宝座上处于劣势，而且与察合台系关系不和，如今与窝阔台系的关系又僵持不下；此外，自己和诸兄弟的封地处在辽阔的钦察草原地带，远离漠北蒙古本土，可以形成自己独立的王国。因此，拔都及诸兄弟并无意争夺大汗之位，而是选择支持拖雷家族，以最大限度地获取自身利益。拖雷家族从成吉思汗那里继承了大部分的家产，实力非同凡响，再加上当时拖雷妻子唆鲁禾帖尼与以拔都为首的尤赤系关系密切，且拥有超凡的政治谋略和远见。因此，拖雷家族在新一轮的汗位争夺中，具有十分明显的竞争优势。

1250年，推举新汗的忽里台在阿剌脱忽剌兀（巴尔喀什湖东岸某处）召开，唆鲁禾帖尼虽极力劝说察合台系与窝阔台系的宗王们参加大会，不过他们中的大多数都拒绝与会。斡兀立·海迷失则派出了自己的使臣八剌参会。唆鲁禾帖尼命蒙哥带领诸弟及家臣前去参加忽里台。拔都在这次忽里台上极力称赞蒙哥：他完全具有大汗所必需的禀赋和才能；他曾率军参加西征立有大功，攻城略池无数，窝阔台合罕以及其他诸多宗王都是有目共睹的；成吉思汗家族中唯有他才具有统御国家和军队的清晰思维和能力；而且，按照蒙古札撒和习俗，蒙哥的父亲拖雷是成吉思汗的幼子，成吉思汗的"位子"只有拖雷家族才有资格继承。

当时，斡兀立·海迷失的使臣八剌提出了反对意见。他指出，窝阔台合罕曾指定由失烈门继承汗位，这是众所周知的事实，如今失烈门仍健在，你们将把他置于何地？八剌的意见遭到蒙哥弟弟木哥的驳斥。木哥说，窝阔台合罕的命令，谁也不敢违背，然而你们在议定贵由为汗时，就已经违背了窝阔台合罕的遗命了。八剌顿时语塞。

在这次忽里台上，拔都和蒙哥同盟获得了胜利，蒙哥被推举为大汗。由于此次忽里台不是在蒙古本土召开的，并不具有十分合法的地位，窝阔台和察合台家族不予承认。唆鲁禾帖尼和蒙哥又邀集各支宗王到斡难河畔的传统之地阔帖兀阿阑召开忽里台。拔都指派弟弟别儿哥率大军随同蒙哥前往，为其助阵。东、西道诸宗王以及诸大将，如铁木哥斡赤斤的后裔塔察儿、大将速不台之子兀良合台等，都到会推举蒙哥登位。窝阔台和察合台家族的不少宗王仍坚持不愿参会，导致大会拖延许久未能召开。

唆鲁禾帖尼凭借自身威望，精心谋划，最终还是动员到部分窝阔台系和察合台系的宗王参加了大会。1251年六月，在斡难河畔的忽里台上，蒙哥被正式推举为大汗。按照蒙古人的习俗，每当新汗继位，大家便一起宴饮作乐，时间持续一周至一个月不等。据说当时负责宴饮服务的饮用库和厨房，每天要供应两千车的酒和马湩（马奶酒）、三百头牛马以及三千只羊。

蒙古汗统终于完成了由窝阔台系到拖雷系的转移。然而，这种转移是以牺牲整个黄金家族内部的团结为前提的。它为此后大蒙古帝国的分裂，以及

推选蒙哥汗的忽里台（引自《世界征服者史》）

元代所谓蒙古诸王的"叛乱"问题，埋下了祸根。

从窝阔台去世（1242）至蒙哥汗登位（1251）的十年间，除贵由汗短暂当政外，在长达七八年的时间里，蒙古人没有大汗，只有皇后摄政监国。大蒙古国的政局动荡不安，当时形势是"中外恟恟"。在此期间，蒙古诸王与守旧勋贵，利用西域商人肆意敛财，致使朝政紊乱，百姓不堪。蒙哥汗虽登上汗位，但他需要面对的是一个所谓"法度不一，内外离心"的窘迫局面。他将如何收拾这个混乱的局面呢？

极盛的帝国：蒙哥汗对东、西方世界的统治

蒙哥是拖雷长子，他出生时，萨满巫师观天象预言他"后必大贵"，因此取名"蒙哥"，意为"长生"。

蒙哥汗甫一登位，就面临复杂局面。当蒙哥汗还在与参加忽里台的诸王们宴饮欢庆的时候，窝阔台系的后裔失烈门、脑忽和忽秃黑等，就以前去参加朝会为名，率军向大斡耳朵进发，企图袭击蒙哥汗以及其他与会的诸王。蒙哥汗的鹰夫发现了他们的图谋，并及时报告给了蒙哥汗。蒙哥汗派出旭烈兀、忙哥撒儿等人前去拦截，并将意图叛乱的人带到蒙哥汗处。经过拷问审讯之后，蒙哥汗将意图谋乱的部将全部处死，失烈门、脑忽等宗王，则被发配汉地从军。为进一步巩固汗位，蒙哥汗对反对者们毫不留情地予以清除。针对贵由汗遗孀斡兀立·海迷失试图策动窝阔台系诸宗王反叛之事，蒙哥汗毫不犹豫地下令将她投入河中溺毙。历史经验一再表明，每当新汗（君）即位，都会对原来的旧势力进行重新洗牌，对异己的力量予以严厉打击。

蒙哥汗在铲除政敌、

宪宗孛儿只斤·蒙哥像

稳定政局之后，随即"改更庶政"，整顿统治机构，以加强对蒙古本土以及各征服地区（主要是中原汉地和西域地区）的统治。他任命忙哥撒儿担任大断事官，掌管全国具体事务；以孛鲁合为大必阇赤，掌宣发号令、朝觐贡献及内外闻奏等事；大皇弟忽必烈则领治蒙古、汉地民户事务。

在以晃兀儿为首、阿蓝答儿为副手留守喀拉和林并管理蒙古本土事务的同时，蒙哥汗在各征服地区设立了三大行政机构：以牙剌瓦赤等掌管燕京等处行尚书省事，驻燕京（今北京），主要处理中原汉地事务；以讷怀等主持别失八里等处行尚书省事，驻忽毡（位于今塔吉克斯坦列宁纳巴德州），主要管辖畏兀儿地区事务；以阿儿浑等充任阿姆河等处行尚书省事，驻徒思城（今伊朗马什哈德附近），主要面对的是河中地区的事务。在蒙哥汗的治理之下，所谓"国中各种事务"，都井井有条。

如同他的前任大汗们那样，蒙哥汗即位之后也需要获取武功，这是作为蒙古大汗的一种历史使命。大蒙古国四出征伐的脚步不可能停顿下来，因为一旦征伐停止，蒙古游牧贵族获取物质财富的通道就会出现大的问题，进而影响到这个巨型的游牧政治集团的统一。蒙古新一轮的对外征服战争，变得无法避免。

1252年，蒙哥即位次年，派遣大皇弟忽必烈南征大理（云南地区），二皇弟旭烈兀则西征西域诸国；命令秃儿花撒里等出征印度；并且诏谕南宋荆襄地区的守将，前来降附蒙古。

忽必烈出征云南，一向被视为是蒙古灭南宋大战略中的关键一环，南宋人将这个行动视为"斡腹之谋"。所谓"斡腹"，就是迂回包抄，直捣敌人腹心。有言声称，自成吉思汗时代以来，蒙古军队就已逐步形成一种"欲借路云南，图我（南宋）南鄙"的战略谋划，至蒙哥汗时代，假道吐蕃南下大理的各种条件已经成熟。不过值得注意的是，拉施特《史集》的记载告诉我们，蒙哥汗起初是命忽必烈去征服和防守东方诸城和乞台（指汉地）诸地的，并非一开始就选定云南作为主要的攻击目标：

> 忽必烈合罕出发后，他从途中派遣急使［奏告说］，沿途没有食物，进军极为困难："若蒙颁降圣旨，我们就到哈剌章地区去。"圣旨准许后，忽必烈合罕就去攻打以罕答合儿之名著称的地区，洗劫了那里以后，他回到了蒙哥合罕处。……
>
> 忽必烈［合罕］出发了，但他并未取道直趋南家思（指南宋），因为该处的君主已经把途中各地的［一切］食物弄得精光，向那方面进军很困难，他便向蒙哥合罕派去急使奏告情况，请求允许先征服哈剌章和察罕章地区，为军队取得粮食，然后再向南家思前进。那两个地区，在汉语中称作"大理"，意即"大国"，忻都语作"犍陀罗"，我国［伊朗］则称作"罕答合儿"。……［蒙哥］合罕认可了他的奏告。忽必烈遂于鲁亦勒，即相当于伊斯兰教历654年［龙年］1月，攻

掠那些地区，擒获其君主摩诃罗嵯，此名意谓"大算端"，远征归来时［将他］带了回来。(《史集》第二卷，第265和288页）

由此可见，蒙哥汗当时要进攻的主要目标其实是南宋。忽必烈由陕西出发，临时改变攻击对象，转而借道川西地区，先行攻打云南，并最终将这个存续三百余年的地方政权攻灭。大理国至此并入大蒙古国的版图，国王段兴智投降。1256年，段氏赴漠北喀拉和林觐见蒙哥汗，被任命为大理总管，子子孙孙世袭。

说起藏地，这里不得不提及蒙古是如何完成对吐蕃各部的控制的。根据蒙古人自己的说法，1206年铁木真宣布即大汗位的时候，蒙藏之间就已有了接触和联系，不过这在藏文文献中找不到依据。清代蒙古人自己的作品《黄史》和《蒙古源流》记载，1206年铁木真曾领兵征伐土伯特的古鲁格多尔济汗，迫使古鲁格多尔济汗遣使进贡骆驼以表臣服。不过这种说法已被学者们否定，这很可能是将1207年铁木真第二次出征西夏的事情张冠李戴了。此后，蒙藏之间或许开始有接触了，但也只局限在川、甘、青等地的藏地边缘地带，记载也并不十分确切。蒙古真正开始经略藏地，应该要到13世纪30年代。1236年，窝阔台次子阔端派兵着手经略吐蕃之地，降服甘南地区的几个藏族部落。1240年，阔端派出部将深入吐蕃本部地区，拉萨附近地区的热振寺受到严重冲击。当时在藏传佛教诸派中尚未占据主导地位的萨迦派的法王萨迦班智达，被寄予厚望，受到各派推举，于1244年代表各派前去与蒙古人接触。1246年，他终于到达凉州。1247年，他与阔端在凉州会面，商谈西藏归顺蒙古等事宜，并取得积极进展。阔端赐予萨迦派首领们以符节，赋予萨迦派管领藏地的权力。自此，萨迦派在藏地获得了主导的地位，开启了蒙藏关系的新局面。1250年，蒙哥和阔端又派军进入藏地，征讨未降服地区，最终完成了对吐蕃各部所属地区的全面掌控。1252年，蒙哥汗对吐蕃地区进行人口统计，并将所得人户分封给忽必烈、旭烈兀等黄金家族成员。

　　旭烈兀出征西亚地区，被视为蒙古历史上的第三次西征。当时，蒙哥汗吩咐给旭烈兀的主要任务是打击里海南部的"山老（恐怖主义性质）"组织，以消弭西亚亦思马因派的暗杀恐怖活动，保护蒙古商旅的往来；进而向阿拔斯哈里发帝国进军，迫使哈里发投降；并在征服阿拉伯帝国之后，继续向西推进。蒙哥汗对临行前的旭烈兀训示道："你要带着大军，带着无数的战士通过土兰边地（今所谓'图兰低地'，指哈萨克斯坦西南部和乌兹别克斯坦、土库曼斯坦西北部的广袤低地，南邻伊朗高原，北邻图尔盖高原，东南邻帕米尔高原，西抵里海东岸）进向伊朗地区。事无巨细都要遵守成吉思汗的习惯和法令。从阿姆质浑河（阿姆河）到遥远的密昔儿国（Misr，即埃及）都要加以爱抚，对顺从你的命令和禁令者要赐予恩惠、礼物，而对于固执顽抗、桀骜不驯者，要把他们连同妻妾、全家老少和族人一起推倒在受暴力压制和屈辱的沙漠中。要摧毁从忽希思

旭烈兀汗即位典礼（引自《世界征服者史》）

丹（Qohistan，今伊朗霍腊散省南部）和呼罗珊起的各处堡寨。扫荡了这些地方后，就准备好向伊拉克进军……"（《史集》第三卷，第30—31页）

自花剌子模算端残余札兰丁于1231年被消灭后，此后的二十余年间，蒙古军队虽留驻在西亚地区进行征伐，但位于该地区的诸如木剌夷国（又称"亦思马因国"，今伊朗北部地区）和报达

阿拔斯王朝早期的军队及装备

（巴格达）的阿拔斯哈里发帝国等，并未被征服。1253年底，旭烈兀率领十万蒙古大军西征，将"上帝之鞭"挥向了西亚地区。

1254年，旭烈兀驻军突厥斯坦地区；1255年秋，扎营撒麻耳干；1256年初，渡过阿姆河。在渡过阿姆河后，蒙古大军几乎所向披靡。1256年6月，旭烈兀进抵木剌夷国境内，至1257年初，该国被完全平定。盘踞当地的宗教极端势力，遭受毁灭性打击。旭烈兀此举客观上为维护西亚地区的和平秩序，起到了积极的作用。

1257年底，旭烈兀又将兵锋直指报达的阿拔斯哈里发。旭烈兀先对哈里发发出劝降警告："对于全世界和人类，从成吉思

第三章 蒙古帝国的扩张及其崩解 | 099

阿剌模忒堡投降后遭到破坏，旭烈兀登临该堡所在的山上视察。（引自《世界征服者史》）

汗时代以迄于今，由于蒙古军队发生了些什么，由于长生天神的力量，花剌子模家族、塞尔柱家族、迭亦列木篾力、阿答毕等家族，这些家族的威武伟大的君主，他们全都辱没身份到何等地步。报达没有对这些家族中任何一个关上大门，那里有他们的京城。但我们拥有强大的力量，他们怎能躲开我们？我们过去曾劝告过你，现在再对你说：不要和我们敌对，不要以拳击箭，不要用泥巴去涂抹太阳，这只能自讨苦吃……如果你服从我们的命令，那就不要和我们敌对，国土、军队、臣民仍将留下给你。如果你不听我们的劝告，想反抗我们，和我们敌对，那就部署军队，指定战场吧，因为我们现正停驻着，进行准备和配备必需装

拜占庭圣索菲亚教堂外景

备。一旦我动了怒，率领军队进向报达，那末尽管你躲到天上或地下，我要从天上把你抛下，把你像鸿毛般地从下往上抛起，把你的王国不留任何一人活下来，把你的城市、国土付诸一炬。"（《史集》第三卷，第48—49页）不过，哈里发忽视了旭烈兀的警告，他轻蔑地认为年轻而无经验的旭烈兀，根本奈何不了他。

1258年初，蒙古军队各翼汇集报达城下，旭烈兀驻营于报达城东郊。二月初，报达城破，哈里发最终投降。然而，由于哈里发之前的拒不投降与强硬抵抗，报达惨遭屠城。哈里发本人则被处死。不过，为了表示对哈里发身份地位的一种尊重，旭烈兀命令对其处以不流血的死刑，将他放置进一个麻袋里，然后纵马践踏而死。这个曾经在中亚战场上与鼎盛时期的大唐王朝军队交锋并将唐军击败的阿拔斯哈里发王朝军队，此刻在蒙古军队面前，显得如此脆弱不堪；这个在历史上存续长达五百余年（750—1258）的强大的阿拉伯帝国阿拔斯王朝，汉文史籍所称的"黑衣大食"，至此覆灭。

遵照蒙哥汗的训示，旭烈兀下一阶段要征服的目标是叙利亚和埃及。1259年九月，旭烈兀率领蒙古军队从阿哲儿拜占（今阿塞拜疆）出发，进军叙利亚。1260年初，蒙古军队攻灭叙利亚地区的伊斯兰阿尤布王朝，同时遣军向小亚细亚地区挺进。紧接其后，旭烈兀军队直接对垒的将是埃及马穆鲁克王朝。然而，由于蒙哥汗去世的消息传来，旭烈兀征战的脚步不得不停顿下

马穆鲁克王朝的骑兵

旭烈兀进攻巴格达图（引自《史集》）

来。他将一支规模约万人的军队留驻在叙利亚之后，便率领主力大军东还。

旭烈兀西征是对伊斯兰世界的一种严重破坏，伊斯兰世界的两大文明中心巴格达和大马士革遭毁，伊斯兰世界的中心暂时转移到了埃及的马穆鲁克王朝。然而，对于东方基督教世界而言，旭烈兀西征则意味着是一种胜利，它在不经意之间为基督教徒们复了仇。旭烈兀的母亲和妻子是基督教聂斯脱利教派的信徒，他在西亚地区所实行的政策明显是亲基督教的。旭烈兀攻占报达城时，曾给予基督教徒以某种程度的庇护，并将穆斯林所占据的原拜占庭的教堂归还给基督徒们。也正是由于这些原因，不久之后，旭烈兀及其所建立的伊利汗国曾一度与基督教世界组成为一方，与伊斯兰世界展开新一轮的较量。

蒙哥汗起初授命忽必烈"总领漠南军国庶事",镇守中原并统兵专意攻宋。忽必烈在金莲川之地设立幕府,广揽人才,任用汉人儒士。针对中原地区混乱无治的状况,忽必烈设立邢州安抚司、河南经略司、陕西宣抚司作为试点进行整治。忽必烈实施的"新政",取得了十分显著的成效,加上他平定云南的"不世之功",忽必烈声势日隆,功高震主。正因如此,忽必烈引起了蒙哥汗对他的猜疑。1257年,蒙哥派遣阿蓝答儿和刘太平到陕西等地,以"勾考"钱谷为名,对忽必烈进行巡视审计;同时,解除了他的兵权。忽必烈在谋臣的建议下,带着妻子、儿女一起回到蒙古本土,以换取蒙哥汗对他的信任。

正是由于忽必烈在南方取得了重大的军事功绩和治理成绩,蒙哥汗本人也跃跃欲试。他说:"我们的父兄们,过去的君主们,每一个都建立了功业,攻占过某个地区,在人们中间提高了自己的名声。我也要亲自出征,去攻打南家思。"(《史集》第二卷,第265—266页)不过,这件事情背后透露出的更为重要的信息是,其实忽必烈领受攻宋任务之后,攻宋行动迟迟未能展开,最后蒙哥汗不得不完全将忽必烈撇在一边,御驾亲征南宋。

1258年,蒙哥汗决意御驾征宋,所谓"帝自将伐宋,由西蜀以入"。他选择的攻击方向是易守难攻的巴蜀之地,而非与南宋军队相持不下的荆襄地区。他将幼弟阿里不哥留在喀拉和林,统领漠北的蒙古军队和斡耳朵,由他负责管理蒙古兀鲁思,并且将儿子玉龙答失也留在了喀拉和林。二月,蒙哥汗、塔察儿以及大将兀良合台,兵分三路攻宋。四月,蒙哥汗驻军于六盘山(今宁夏固原地区），就是成吉思汗当年征西夏时病故的那个地方。从这年秋天开始，蒙哥汗统领的主力部队由陕西入川，一路攻城略池，所遇皆克，进展十分顺利。

1259年初，蒙古军队在合州钓鱼城（今重庆市合川区）下受阻。在钓鱼城一带，南宋军队占据有利地形，与蒙古军队展开了激烈的战斗。蒙哥汗在钓鱼城之战中被流矢所中，身负重伤；加上南方天气炎热，蒙古军队中又痢疾流行，蒙哥汗身染此疾。1259年七月，蒙哥汗便去世了。因此，钓鱼城被视为"上帝折鞭"之处。今天，钓鱼城的展厅里还有许多当年的文物。那些圆滚滚的石头，一向被视为南宋军民抵抗蒙古军队的武器，然而事实或许恰恰相反，这可能正是蒙古军队使用抛石机来攻击南宋军民的利器！

至1259年，蒙哥汗统治下的蒙古帝国横跨亚欧大陆的大部分地区，其版图之辽阔，亘古所无。蒙哥汗时代的蒙古帝国，可谓臻于极盛。不过由于他的遽然崩逝，蒙古帝国向外征伐的脚步由此停顿了下来。所谓"盛极而衰"，这是人类历史亘古不变的规律。

蒙哥汗时期，由于蒙古人对东、西方世界征伐的持续扩展，他们卷入各地区地方性事务的程度也必然会日益加深；蒙古帝国对东、西方世界的统治愈来愈面临着一种"地方化"（即"当地化"）的趋势。美国蒙古史学者T.爱尔森（Thomas T. Allsen）在针对蒙哥汗时期蒙古帝国在中国、俄国和伊斯兰地区的统治政策所作的比较研究中指出："考虑到帝国疆域的广阔和文化的差异，蒙哥与其大臣们所制定的管理制度广泛综合了诸种不同的要素，这点毫不足奇。帝国的赋税制度融合了蒙古与中亚突厥的税收惯例，户口检括则采纳汉地的经验，军事机构则遵循具有悠久草原传统的模式。尽管帝国的管理制度具有某种匀称性，但绝不意味着整个帝国尤其是其基层制度上的无差异性。它不可避免地要适应当地的实际和传统。由于蒙古人既无统治经验，自身又缺乏必需的官僚人员，他们不得不依靠熟谙当地状况和语言的臣民来充当各级统治官员。尽管这不可避免地导致采用各种地方传统的管理方法，但在绝大多数情形下，这对于控制和开发新征服的领土而言，乃是唯一切实可行的办法。"

正是由于这种"地方化"趋势，蒙古人统治下的东、西方各地（通常被理解为中国、中亚、伊朗地区以及南俄草原这几块区域），必然将呈现出各自的区域特性。随着蒙古人的进入，蒙古帝国曾经统治过的那些区域，会发生各种各样的变化，它们之间既会有共性，也会有各自的特性。如何理解这些共性与特性，这是直到今天我们仍然在试图回答的问题。

《元史》对蒙哥汗的评价是："刚明雄毅，沉断而寡言，不乐燕饮，不好侈靡"，"凡有诏旨，帝必亲起草，更易数四，然后行之"。蒙哥汗"自谓遵祖宗之法，不蹈袭他国所为"。由这些记载来看，蒙哥汗是个十分严肃而又严谨的人，这对于国家具体方针政策的推行是件好事。不过，由于他过于固守蒙古旧制而不愿变通，从更宏大的层面来看，就显得缺乏雄才大略和审时度势的灵活性了。

蒙古帝国的崩解及其世界性意义

蒙哥汗时代,以首都喀拉和林为中心,蒙古帝国的版图涵盖了差不多整个内陆亚洲地区——从淮河流域向西,由河西走廊至新疆、河中地区、呼罗珊、伊朗以及幼发拉底和底格里斯河的两河流域等区域,尽在蒙古人的掌控中。

蒙哥汗的突然崩逝,是蒙古帝国趋向崩解的标志性事件。帝国内部的争斗再次显现,蒙古帝国的对外扩张也由此停顿了下来:旭烈兀统帅的第三次西征突然终止,他停顿了在叙利亚方向的战争;金帐汗国对东欧的新一轮进攻也停顿了下来;与此同时,蒙古人对东部伊朗以及印度边境地区的作战也相应地搁置起来。

蒙古帝国东、西部爆发的两场战争,最终导致了蒙古帝国的分崩离析。一场战争是发生在蒙古帝国东部的蒙哥汗幼弟阿里不哥与大弟忽必烈之间的汗位争夺战;另一场战争则出现在蒙古帝国西部地区,主要是由旭烈兀(伊利汗国)与基督教世界联合而组成的一方,同金帐汗国与埃及马穆鲁克同盟军所组成的另一方,因为分封领地的争执以及宗教上的原因,展开的一场厮杀。这两场战争都可以说是黄金家族内部的"同室操戈"之战,其结局注定是没有赢家的。

忽必烈被解除兵权后,由塔察儿代领其职。忽必烈在重新取得蒙哥汗的信任之后,作为攻宋三路军之一,又受命取代塔察儿,来到了蒙、宋前线的鄂州(今武汉)城下。当蒙哥汗殒命钓鱼城下的"凶讯"传来时，忽必烈正在与南宋军队作战。忽必烈很可能是诸兄弟之中较早得到蒙哥汗死讯的，前来传达信息的是他的异母兄弟木哥，而木哥是支持忽必烈的实力人物。当时，旭烈兀远在西亚地区，阿里不哥则留戍数千里之遥的漠北蒙古本土。这或许为忽必烈谋划争夺汗位赢得了先机。汉文史籍一再叙述称，忽必烈得知蒙哥汗死讯后，仍决意要与南宋继续作战，而无心北返蒙古本土争夺汗位；在其妻子察必和汉人谋臣的反复进谏之下，忽必烈才与贾似道订立媾和条约，挥军北上争夺蒙古大汗之位。与之形成鲜明对比的是，汉文史籍一再强调阿里不哥此时的种种作为：他迅速派遣人员赴漠南诸州以及燕京、关陇诸地，括兵筹饷，企图为争夺汗位而抢占先机。这样的历史描绘，当然是值得我们注意的。

蒙哥汗本人或许是有意让阿里不哥继承汗位的，命他留镇喀拉和林，统领蒙古军队和斡耳朵，这些举措从一定程度上就表明了这一点。据现有史料记载，得知蒙哥汗去世的消息后，身处喀拉和林的阿里不哥，立即召集诸臣会议，采取措施，试图控制大局。

1259年底，忽必烈在与南宋达成和议之后，即率大军迅速北归争夺汗位。1260年三月，忽必烈在开平（后更名"上都"，位于今内蒙古正蓝旗境内）召集东、西道诸王，抢先宣布即大汗位。次月，阿里不哥于和林按坦河营地召开忽里台，也宣布即大汗位。

若按照蒙古习俗，历任大汗都只有在和林召集的忽里台上即

元上都遗址（内蒙古锡林郭勒盟正蓝旗上都镇）

位,才具有正统性,从这方面而言,阿里不哥的合法性程度似乎要比忽必烈高。忽必烈在即位的汉文诏书中称:"太祖嫡孙之中,先皇母弟之列,以贤以长,止予一人。"事实上,以蒙古旧俗而言,"幼子"的身份才更具有继承的合法性!只是历史从来都是由胜利者所书写的,阿里不哥成了"僭号"的不合法者。

忽必烈和阿里不哥均有自己的支持集团。阿里不哥起先得到蒙古旧贵族的支持较多,其中以察合台系以及蒙哥诸子阿速台、玉龙答失等为主;忽必烈则获得东道诸王,以及汉地丰富而充分的物资支持。正所谓"天上没有两个太阳,人间怎能有两个大汗呢"?忽必烈与阿里不哥之间势必要展开一场你死我活的争斗。至元元年（1264）,经过长达五年的汗位之争后,阿里不哥向忽必烈投降。

阿里不哥投降后,追随他的蒙古宗王未被追究,但是一些非黄金家族成员的谋臣则被处死。据《史集》记载,阿里不哥与忽必烈见了面,相拥而泣。忽必烈擦去眼泪问阿里不哥:"我亲爱的兄弟,在这场纷争中谁对了呢?是我们还是你们?"阿里不哥回答道:"当时是我们,现在是你们。"(《史集》第二卷)至元三年(1266),也就是阿里不哥向忽必烈投降之后的第三年,阿里不哥死了。他的死因至今仍是一个谜。现有资料表明,蒙古帝国西部今俄罗斯境内曾发现铸有阿里不哥汗名字的钱币,显示出帝国西部对于阿里不哥的大汗汗统身份的支持和承认。

另一场战争则发生在蒙古帝国的西部。

中统元年(1260)初,旭烈兀率领的蒙古西征军攻占叙利亚后,蒙古兵锋指向的下一个目标就是埃及的马穆鲁克王朝了。旭烈兀得到蒙哥死讯后,随即率主力东返,试图争夺汗位,仅留下先锋怯的不花所率领的约万人的军队镇守叙利亚。当到达阿姆河时,他得到了兄长忽必烈已宣布即大汗位的消息,于是就留驻在阿姆河地区观望,不再东返。当时,忽必烈给旭烈兀写信,告知自己已

伊利汗国大汗的登基典礼(局部,德国国家图书馆藏)

宣布即大汗之位的事实，约定将阿姆河以西之地授予旭烈兀自主，希望以此换取旭烈兀的支持。旭烈兀接受了忽必烈的建议，伊利汗国由是得以逐渐形成，后发展成为一个拥有实际独立地位的兀鲁思封国。据西方史料记载，旭烈兀西征时常写信回东方，不过收件人不是蒙哥汗，而是忽必烈汗。这似乎表明忽必烈与旭烈兀之间，有不寻常的亲密关系。

中统元年（1260）秋天，埃及马穆鲁克王朝乘机攻入叙利亚，蒙古镇守将领怯的不花拒不投降，最后被杀。这一战，标志着蒙古帝国向西方扩张的终结。旭烈兀愤怒至极，不过由于他与钦察汗国别儿哥汗因争夺高加索地区的阿塞拜疆领地而爆发了战争，此时的他已无暇对马穆鲁克王朝展开复仇行动了，他要全力对付的是兄弟之国——钦察汗国。

在蒙哥汗时代，拔都汗在蒙古帝国西部地区所拥有的威望越来越高，以至于传教士在前往蒙古地区时，都必须先行到拔都驻地去觐见，而后才由拔都汗指派人员护送前往东方的蒙古本土。这与其说是出于地缘关系或者惯例，倒不如说是拔都汗所拥有的一种独特的权威。为何拔都汗在帝国西部能有这么大的影响力？一方面，拔都汗帮助蒙哥汗取得大汗位子，拔都汗的势力得到进一步扩张，在中亚地区，许多尤赤系的宗王得到了蒙哥汗的任命；另一方面，自窝阔台汗时代以来，尤赤兀鲁思就拥有钦察以及南高加索地区的广大区域，因此拔都汗在蒙古帝国西部地区拥有很大的支配权。可以说，在蒙古帝国的西部，蒙哥汗所拥有的权威是比不上拔都汗的。

拔都汗于1255年去世之后,术赤系与拖雷系之间的关系不再如以往那么亲密,其中突出的表现之一,就是当时蒙哥汗曾试图阻止拔都汗的弟弟别儿哥继承钦察汗国的汗位。不过事与愿违,别儿哥后来顺利继承了术赤兀鲁思,成为钦察汗国的可汗。别儿哥与拖雷家族关系生变,也就可想而知了。与此同时,别儿哥是蒙古诸王当中最早皈依伊斯兰教的宗王,旭烈兀进攻伊斯兰世界自然会激起别儿哥的强烈反对和敌视,因此他们之间的冲突是不可避免的。

别儿哥与埃及马穆鲁克王朝关系近密,他派遣钦察人和俄罗斯人到埃及帮助马穆鲁克王朝作战,有些埃及人甚至视他为宗主。旭烈兀与别儿哥之间的战争互有胜负,不过最终还是以旭烈兀失利告终,蒙古帝国向西征伐的脚步也由此停止了下来。他们对帝国东部汗位争夺的双方,也各持相反的立场:旭烈兀支持忽必烈为大汗,而别儿哥则支持阿里不哥。

如果说上述两场战争是导致蒙古帝国瓦解的最为直接的原因的话,那么还有没有更为深层次的,或者说更为根本的缘由呢?

汗位继承危机是导致黄金家族内部斗争不断的根源,而这种内斗又是导致蒙古帝国瓦解的重要缘由。从前四汗时期汗位继承的危机中,我们可以十分明显地发现,蒙古传统的继承制度"幼子守产",与一般的权力继承中普遍流行的长辈优先原则(如所谓的"嫡长子继承制",或"兄终弟及、叔侄相继"),始终存在矛盾,这是无法从根本上予以避免的。

蒙古帝国必然瓦解的最为根本的缘由,是它的统治方式存在一种内在的结构性危机。大蒙古国建立之后，随着蒙古对外征服区域的不断扩大，他们对所征服地区的控制，必然要从军事管制逐步迈向正常的统治秩序。蒙古人最初采用的是间接统治的方式来管理各征服地区，即委任当地的有力人物来管理当地，这类人物只要向蒙古人履行入觐、纳质、贡赋和从征等几项基本义务，就可享有对各自地区完全的统治权，从而"专制一地"。他们通常被称为"世侯"或者"篯力克"等。当蒙古人要摆脱这种间接统治局面而逐渐转向直接统治的时候，为确保正常的统治秩序，他们势必要建立起一种统一的层级式管理体系，于是就需要建立起一种统一的行政区划体系。到蒙哥汗时代，整个蒙古帝国主要分为五大区域：燕京行尚书省、别失八里等处行尚书省、阿姆河等处行尚书省以及蒙古本土的中央兀鲁思和术赤兀鲁思。随着蒙古统治的愈趋深入，各个区域不可避免地向当地化发展，各地区的制度体系的差异也就会变得越来越大，而蒙古帝国仍然要在内部维持一种统一的体系也就随之变得越来越困难。蒙古帝国的这种内在统治的结构危机，必然会导致帝国的崩解。①

若从经济层面考虑的话，我们也会发现，蒙古帝国最终趋向瓦解也是必然的，因为"距离的远近也会影响政治的整合"。美国蒙古史学者窦德士提出这样一个观点：蒙古帝国的大汗只能艰难地维系对距离和林都城半径在九百英里（每英里约1.6公里）

---

① 姚大力：《重铸河山一统的洪业——元朝在中国历史上的意义》，载上海博物馆编《青花的世纪》，北京大学出版社2013年版。

范围内的经济资源的控制,若超过这个范围,那么"运输费用使得经济上整合整个体系就会昂贵得无法承受"。① 若以喀拉和林都城为中心,围绕着它的四个经济资源区域,分别就是叶尼塞地区(距离约五百英里)、今新疆(即别失八里,距离约七百英里)、前西夏帝国(距离约六百五十英里),以及中国北部地区(距离约七百五十至九百英里)。蒙古帝国以喀拉和林为首都,它可以比较有效地加以直接控制的区域就包含上述四大区域,离开这个区域那就必须有其他的统治中心去加以控驭了。如帝国西部的钦察汗国,它以伏尔加河下游的萨莱城(今俄罗斯阿斯特拉罕附近)为都城,也有在相同距离范围内的几大经济区域来支撑其"经济的独立性",包括莫斯科(距离约七百英里)、基辅(距离约六百英里),以及花剌子模(距离约八百英里)等。察合台汗国与窝阔台汗国则以中亚草原为中心,围绕着的农业区则是伊斯兰地区及新疆部分绿洲地区。因此,在前现代的历史时期,蒙古帝国显然无法维系一片太过广阔的国土,它最终走向土崩瓦解,实属必然。

蒙古帝国具有世界性的意义是不言而喻的。

一方面,从内陆亚洲地区的人群构成面貌上来说,大蒙古国的统治对内陆亚洲民族分布的影响,东、西部不一样。粗略而

---

① John W.Dardess, *From Mongol Empire to Yuan Dynasty: Changing Forms of Imperial Rule in Mongolia and Central Asia*.(窦德士:《从蒙古帝国到元王朝:帝国在蒙古和中亚统治形式的变化》)

言,阿尔泰山以东(或可包含更西面的准噶尔盆地),从此蒙古化(直到清代),蒙古人占据支配地位。阿尔泰山以西,无论是草原还是其南方农业区,蒙古人虽在政治上占支配地位,但因在人数上是绝对的少数,它未能改变突厥化浪潮的结果,西迁的蒙古人也最终突厥化。东部以蒙古语为主,西部则以突厥语为主。

另一方面,对于整个欧亚世界的政治版图而言,蒙古帝国带来的影响更是空前的。蒙古三次西征极大地改变了欧亚内陆的政治格局,影响了世界历史的发展进程。成吉思汗依靠着超凡魅力而建立起的统一大帝国,因为它的大规模对外征伐,以及蒙古的分封体制,最终被分解为若干相对独立的政治实体。除大汗所在的大兀鲁思(yeke ulus,亦称"中央兀鲁思")外,有四个特殊的"藩属",这就是"四大汗国":尤赤的钦察汗国,又称金帐汗国,主要以钦察草原为主;察合台汗国,占据伊犁河流域及其以西的游牧地区,后来长期控制河中农耕区,14世纪初分裂为东、西两部;窝阔台汗国,最初封在尤赤和察合台所属封地之间,这个汗国较小,后来被察合台汗国所吞并;旭烈兀所建立的伊利汗国。可以说,今天中国、俄罗斯、伊朗,以及中亚、西亚、中东等许多国家和地区,都受到过蒙古帝国统治所带来的影响。

成吉思汗及其后世子孙所建立的蒙古帝国,横跨整个欧亚大陆,它对于今天世界的影响仍十分深远。帝国境内广立的驿站,便利了诸文明间的交流。帝国对各种宗教持开放的态度,以蒙古为代表的东方势力,与西方教廷之间有了第一次真正意义上的接触。蒙古军队摧残各地的同时,在文化交流、贸易拓展和文明进步诸方面,均起了一定程度上的促进作用。蒙古人给欧洲带去了巨大的震动,欧洲人在接受东方先进科技知识的同时,也开始重新去发掘自己的优秀文化,文艺复兴就是这样被慢慢催生出来的。从以上这些层面言之,成吉思汗及其后世子孙,对今日世界的形成可以说确实是扮演了重要的角色。[1]

---

[1] [美]杰克·威泽弗德:《成吉思汗与今日世界之形成》,重庆出版社2006年版。

第四章 元统治的确立：忽必烈及其时代

1260年，是蒙古帝国和元朝历史转变的分水岭。在此之前，原金、西夏、大理国以及吐蕃各部等所统辖的区域，在先后被纳入蒙古帝国的统治之后，它们的历史其实都应视作蒙古世界性帝国历史的一部分；而在此之后，随着蒙古帝国瓦解、元朝建立，元王朝的历史才应当被视为真正意义上的传统中国历史的一部分。严格来说，蒙古帝国（1206—1259）的历史与元王朝（1260—1368）的历史应该有所区分。元史的叙述，理应从1260年开始算起。然而，由于元代是由蒙古黄金家族所建立的大一统王朝，蒙古早期的历史与中原汉地，以及今日中国版图内其他区域的历史交错在一起，它们之间具有不可分割的联系。因此，只有在厘清蒙古早期发展历史的基础之上，我们才能更深入地理解和认识元代的历史。

建元中统：1260年的转折

　　忽必烈是元王朝的建立者。他出生于1215年，有关他早年的历史信息很少。《史集》记载说，忽必烈刚出生不久，成吉思

世祖孛儿只斤·忽必烈像

汗就注视着这个新生儿，说他不像自己的其他子孙们那般红润，相反却黑黝黝的像他的舅父们那样。另有一条记载说，成吉思汗西征归来，忽必烈与弟弟旭烈兀前往迎接，在他们分别将自己第一次捕获猎物的血涂在成吉思汗手指上以示敬意的时候，成吉思汗责怪旭烈兀出手太重太粗鲁，而忽必烈则捧着祖父的手轻轻涂抹，深得成吉思汗的欢心。这些或许都是在预示着他的与众不同。

早在1260年之前，忽必烈就十分关注中原汉地的事情，并逐步积累起了治理中原汉地的丰富经验。

忽必烈尚在漠北王府的时候，就怀有"思大有为于天下"的宏愿。1242年，中原禅宗高僧海云法师及其弟子刘秉忠，应忽必烈之征召赴漠北觐见。海云法师早在此前已先后受到窝阔台等蒙古贵族的敬重，他很可能是忽必烈最早接触的汉人之一。

忽必烈向海云法师问询"佛法大意"以及"古今治乱兴亡之道"。海云法师告诉他要尊贤使能、庇佑天下苍生，这才是佛法大意；并建议忽必烈要寻求"天下大贤硕儒"，向他们征询治国方略，方可明白兴亡之道。当时刘秉忠随侍在一侧，忽必烈每有询问，他都应对自如，"论天下事如指掌"。海云法师南返时，将刘秉忠留在了忽必烈身边。自此，刘秉忠作为忽必烈身边最早的汉人参谋和顾问，向忽必烈讲述汉、唐明君治国方策，屡屡向他进言"以马上取天下，不可以马上治"的道理；同时，他还积极为忽必烈搜寻和推荐汉地的各色人才。

北京庆寿寺双塔。忽必烈邀请海云法师担任庆寿寺的住持。

海云法师师徒两人对此后忽必烈倾向于采行中原汉地的制度和经验，起了十分重要的影响。忽必烈对汉文化的接近，还表现在他请海云法师给他的二儿子取了个汉名，唤作"真金"。真金后来被立为太子。

蒙哥汗即位不久，就将漠南汉地的军国庶事全交付给忽必烈管领："诏凡军民在赤老温山南者，听世祖（忽必烈）总之。"不过，在谋臣姚枢的建议下，忽必烈向蒙哥汗"自请唯掌军事"，以免自己因权势过大而引发猜忌。

1251年，忽必烈正式受命统领漠南诸事，南进驻扎在金莲川（河北沽源至内蒙古正蓝旗一带）之地，开府建衙。金莲川曾

郭守敬雕像

经是辽、金皇帝们的避暑胜地，又邻近大兴安岭南端的森林地带，因此又是帝王们狩猎的好地方。忽必烈正是在这个地方建立起了金莲川藩府，藩府里各族知识分子和各方面人才都相当齐备，包括王鹗、赵璧、窦默、姚枢、郝经、廉希宪、郭守敬、张易、商挺、阿合马等人。他们中既有术数家、理学家、文学家，也有经邦理财者、宗教僧侣、宿卫群体等。

正是在这些人士的辅佐下，忽必烈逐渐倾心于"以汉法治汉地"，并适当变通蒙古旧俗，开始奠定起"立国中原"的基石。忽必烈领悟到汉人谋士们提出的"能用士而能行中国之道则中国主"的涵义。他在自己的封地京兆、邢州等地采行"汉法"，设立一些汉式的机构加以管理，取得了良好的效果。1253年，忽必烈远征大理，姚枢随军访求儒、道、释、医、卜等类人才，并建议忽必烈效法北宋名将曹彬取南唐不杀一人的故事，顺利攻灭了大理国。1257年，政绩颇丰的忽必烈受到猜疑，蒙哥汗派员到他治理下的河南、京兆等地进行审计。在姚枢的建议下，忽必烈带领妻子、儿女全部回到蒙哥汗身边，以此表明自己并无二志，并最终获得蒙哥汗对他的重新信任。

忽必烈经营汉地近十年，不仅锻炼了他的执政能力，也塑造了他的宏观政治眼光，深刻地影响了他日后的治国理念。忽必烈广受汉地臣民推戴，当时郝经在写给南宋丞相贾似道的书信《复与宋国丞相论本朝兵乱书》中是这样评价忽必烈的："主上虽在潜邸，久符人望。而又以亲则尊，以德则厚，以功则大，以理则顺，爱养中国，宽仁爱人，乐贤下士，甚得夷夏之心，有汉、唐英主之风。加以地广众盛，将猛兵强，神断威灵，风蜚雷厉，其为天下主无疑也。"

1260年，可谓转折之年。

这一年的三月，忽必烈于开平抢先宣布即大汗位；四月，他对外发布即位诏书；五月，又发布"建元中统"诏书。这两份诏书的内容我们今天仍可以在《元史》等书中找到。

《即位诏书》内写道：

> 目前之急虽纾，境外之兵未戢。乃会群议，以集良规。不意宗盟，辄先推戴。左右万里，名王巨臣，不召而来者有之，不谋而同者皆是。……求之今日，太祖嫡孙之中，先皇母弟之列，以贤以长，止予一人。（《元史》卷四《世祖本纪一》）

忽必烈在诏书中为自己即大汗位作出说明：自己受到宗亲大会推戴，具有完全的合法性；宗亲们来自四面八方，又具有广泛的代表性。所谓"不意宗盟,辄先推戴",这显然是遁辞。忽必烈之所以抢先于阿里不哥宣布即位,当然有他自己的政治考虑。当时他的谋臣廉希宪曾对他说:"先发制人,后发人制。天命不敢辞,人情不敢违。事机一失,万巧莫追。"忽必烈自然明白其中所包含的意思。

然而,诏书中所云"以贤以长,止予一人",则显得有些不太恰当了。于汉地传统来说,这是再正当不过的言辞;不过对于蒙古传统而言,这其实与"幼子守产"习俗相背离。1219年,成吉思汗西征时将幼弟铁木哥斡赤斤留在了漠北镇守祖宗根本之地;尤赤、察合台和窝阔台的幼弟拖雷,则继承了成吉思汗的大部分军队和斡耳朵;1258年,蒙哥汗御驾征南宋,将自己的幼弟阿里不哥留在了漠北镇守和林。这几位"幼弟"都对"大汗"之位抱有"想法",之所以如此,是因为他们占据了蒙古传统所赋予的独特的地位。

这份汉文文言诏书,完全出自汉族儒臣之手,忽必烈是以"皇帝"的身份在对他的汉地臣民说话。至于作为草原部众的"大汗",他又说了些什么呢?我们今天已不得而知。不过,我们必须要区分的是,忽必烈既是汉地臣民的皇帝,也是草原族众的大汗,他的身份具有二重性。

另一方面,《即位诏书》还对蒙古过去几十年的国策提出批评,所谓"武功迭兴,文治多缺",一味武力征伐,虽略地广阔,却疏于治理。忽必烈宣称要对此作出改变:"爰当临御之始,宜新弘远之规。祖述变通,正在今日。"这几乎就是忽必烈的政治宣言，他要对蒙古原来的统治方式进行某种程度上的变革。

那么，忽必烈要进行怎样的变革呢？这在《建元中统诏》里表露无遗：

> 祖宗以神武定四方，淳德御群下。朝廷草创，未遑润色之文；政事变通，渐有纲维之目。朕获缵旧服，载扩丕图，稽列圣之洪规，讲前代之定制。建元表岁，示人君万世之传；纪时书王，见天下一家之义。法《春秋》之正始，体大《易》之乾元。炳焕皇猷，权舆治道。可自庚申年五月十九日，建元为中统元年。惟即位体元之始，必立经陈纪为先。故内立都省，以总宏纲；外设总司，以平庶政。仍以兴利除害之事、补偏救弊之方，随诏以颁。於戏！秉策握枢，必因时而建号；施仁发政，期与物以更新。敷宣恳恻之辞，表著忧劳之意。凡在臣庶，体予至怀！（《元史》卷四《世祖本纪一》）

这份诏书的字里行间无不透露着"革新"的意味，而"革新"的关键是要推行"汉法"。所谓"汉法"，指的是中原汉地王朝的典章制度和统治经验。事实上，忽必烈"建元中统"，正式颁行汉地传统的纪年名号，这本身就是采用汉法的一件标志性举措。所谓"中统"，从字面去解析它的话，或有"中华开统""中原正统"之意。我们知道，自汉武帝设立年号以来，年号成为帝王正统的标志，所谓"奉正朔"即指此。而在此以前，蒙古诸汗没有年号，蒙古人传统的纪年方式是以十二生肖来表示的，所谓"鸡儿年""马儿年""羊儿年"等等。

忽必烈中统元年的"即位"和"改元"诏书，宣告蒙古政权的统治政策发生了巨大的转变。它由原来以漠北蒙古本土为重心的草原本位政策，逐渐转向以汉地为重心而推行"汉法"。在中统、至元之交，忽必烈大刀阔斧地进行了一系列改革，推动了大蒙古兀鲁思向元王朝的转型。忽必烈推行"汉法"的标志性举措，主要体现在以下几个方面：建都邑、立国号、制朝仪、定制度、重农业、崇儒学。

建都邑。

忽必烈曾命刘秉忠择桓州建筑开平城（位于内蒙古正蓝旗境内）。中统元年（1260），忽必烈于此地宣布即大汗位；中统四年（1263）五月，升开平为上都。忽必烈受蒙哥汗之命经略漠南汉地时，木华黎后裔霸突鲁曾建议他定都燕京："幽燕之地，龙蟠虎踞，形势雄伟，南控江淮，北连朔漠。且天子必居中以受四方朝觐，大王果欲经营天下，驻跸之所，非燕不可。"（《元史》卷一一九《霸突鲁传》）忽必烈采纳了霸突鲁的建议。至元元年（1264），忽必烈将燕京改名为中都；至元九年（1272），又将中都改为大都。元代最终形成了大都与上都之间的两都巡幸制度。夏秋间驻扎于上都避暑，冬春间则驻扎大都。大汗所属兀鲁思的政治中心南移，标志着蒙古统治重心的南移。

在此以前的前四汗时期，喀拉和林为蒙古首都，是蒙古人的祖宗根本之地。漠北本部就是当时的"内地"，所谓"太祖皇

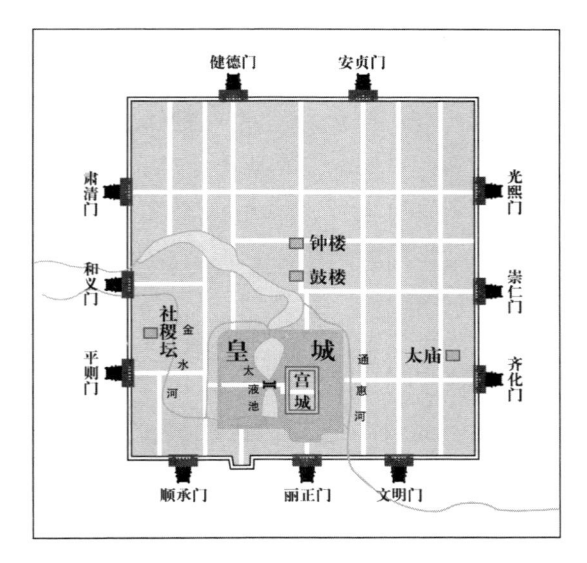

元大都城示意图

帝（成吉思汗）肇定区夏，视居庸以北为内地"（袁桷《华严寺碑》）。大蒙古国是以草原本位为主而保持草原游牧国家政治体制的原有形态的，外围地区的中原汉地、新疆与河中，祃桲答而（今伊朗北部马赞德兰省）、呼罗珊及其以西地区，它们都只是蒙古帝国一隅。

忽必烈建元以后，将中原汉地视为"内地"，逐步接纳汉地的各项制度与设施，蒙古草原本位的传统逐渐让位于中原传统汉制，并由此形成一种蒙古制度与汉地制度杂糅的综合形态。在元朝人的意识中，已逐渐出现"中州内地"、"河洛、山东，据天下腹心"等观念，和林、云南、回回、畏兀、河西、辽东等类地区则为边徼之地。漠北地区虽地位仍特殊，但已不是内地了。和

元大都城墙遗址

林虽为"重镇","常选勋戚大臣以镇,重之至",不过,已被视为边要之地:"朔漠穷处,地沍寒,不敏艺植,禽鸟无树栖,而畜牧逐水草转徙。举目莽苍,无居民……和林非内地。"(张养浩《送田信卿上和林宣慰司都事序》)所谓"和林百年来,生殖殷富埒内地",和林(岭北行省)常与甘肃、云南、辽阳等并视为边远之地,它不同于"内地"的地位常常被体现了出来。

立国号。

至元八年(1271),忽必烈采纳刘秉忠等汉人谋臣的建议,建国号为"大元"。《建国号诏》中说:"诞膺景命,奄四海以宅尊;必有美名,绍百王而纪统。肇从隆古,匪独我家。"这很清楚地表明,立国号乃是遵循中原汉地的古老制度,以确立自身的正统地位。所谓"大元"的含义,《建国号诏》内有非常明确的说明:"可建国号曰'大元',盖取《易经》'乾元'之义。兹大冶流形于庶品,孰名资始之功?"查考《易·乾卦》:"乾,元亨利贞。……彖曰:大哉乾元,万物资始,乃统天。"所谓"大哉乾元""元亨利贞","元"有"大""始"的意思。可见,"元"国号的建立,源于儒家经典。这当然是出自汉儒们的建议。忽必烈对于儒家经典究竟有什么具体的理解,我们并不知道,不过他对于"大"和"初始"的概念是十分看重的。纵观元代以前中国历代各主要王朝的名称,我们可以发现一个有趣的现象,元虽是一个北方游牧民族所建立的大一统政权,不过它却毫不含糊地使用了汉地儒家传统的观念来建立自己的"国号"。"汉"是刘邦原来的封号"汉王";隋、唐出于原来的封号"隋国公""唐国公";宋则取自"宋州节度使"之"宋";契丹建"辽",是因其居于辽河上游之地;女真建"金",是因其出自"按出虎水"地,"按出虎"女真语意为"金",也是因河为号。只有"大元"国号是与儒家经典结合起来的。无论如何,蒙古大汗政权全面采取了汉式的建号模式,这反映了蒙古从游牧国家到中原王朝转变的完成。在忽必烈至元八年(1271)采行"大元"国号之前,蒙古政

刘秉忠像

权在汉地的国号一般被写作"大朝",其上限不迟于赵珙出使蒙古的1221年。[①]所谓"大朝",与蒙古人的"也可(yeke)兀鲁思"概念,其实是相通的。

制朝仪。

所谓"朝仪",就是官员们觐见皇帝时的仪式或礼仪。前四汗时代,甚至到忽必烈继位的时候,蒙古人并无固定的朝廷礼仪。忽里台宴飨王公群僚,人多嘈杂,秩序混乱。忽必烈即位后,他起初对立朝仪一事并不以为然。曾有儒臣援引汉代叔孙通为刘邦制朝仪为前例,向他进言设立朝仪的必要性,没想到忽必烈回答说:"汉高(刘邦)眼孔小,朕岂如是!"不过,忽必烈后来还是改变了态度。至元六年(1269),刘秉忠、许衡等再次向忽必烈建议制定朝仪时,他终于同意了。至元八年(1271),在刘秉忠等儒士的主持下,遵循汉制的朝会仪式正式确立,自此,"元正、朝会、圣节、诏赦及百官宣敕,具公服迎拜行礼"(《元史》卷七《世祖本纪四》)。不久,忽必烈大概也体会到了刘邦的那种感受,此即所谓"吾乃今日始知为皇帝之贵也"。至元九年(1272),他宣布:"不拣什么田地里,上位的大名字休提者,那般胡提着道的人,口里填土者。"(《大元通制》卷八《仪制》)他要求自己统治下的所有臣民都明白,皇帝(大汗)的名字,是不能随意乱叫的。这当然可以说是汉地避讳制度带给他的影响。

[①] 萧启庆:《说"大朝":元朝建号前蒙古的汉文国号——兼论蒙元国号的演变》,《汉学研究》1985年第3卷第1期。

定制度。

所谓"定制度",就是指忽必烈恢复设立省、院、台等汉式中央机构,制定相关的制度。《中统建元诏》里说:"内立都省,以总宏纲;外设总司,以平庶政。"所谓"都省",即指中书省。中统元年(1260),在刘秉忠、许衡等人参酌前代旧制的基础上,忽必烈采用汉地旧制,建立中书省为全国最高行政机构,总领全国政务。它的最高长官为中书令,由忽必烈次子真金兼任,其下又设有右丞相、左丞相、平章政事、右丞、左丞等宰执官员。中书省之下设立左三部(吏部、户部、礼部)和右三部(兵部、刑部、工部),各部置有尚书、侍郎等职衔。所谓"总司",它所指的应是总管、宣慰司以及后来普遍设立的中书省的派出机构"行省"等地方机构。中统四年(1263),遵循宋、金旧制,忽必烈又设立枢密院,以掌管全国军事事务。他任命皇子真金兼任枢密使,由其全面负责军队的管理和调度等事宜。至元五年(1268),忽必烈采纳廉希宪等人的建议,设立御史台,负责监察各级政府机构人员的贪赃枉法行为,以

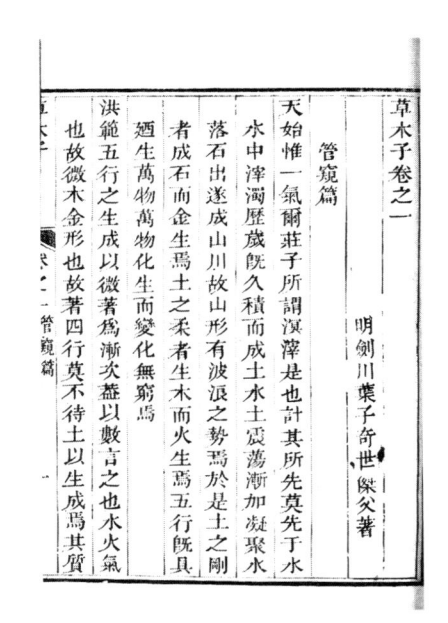

《草木子》书影

及提供各种谏言。监察机构的重要性是不言而喻的，忽必烈当初在设立御史台时就已深刻地认识到了这一点，他说："中书朕左手，枢密朕右手，御史台是朕医两手的。"（叶子奇《草木子》卷三）最终，元王朝完成了汉式中央集权机构的设置：中书省掌行政，枢密院管军事，御史台负责监察。

重农业。

自窝阔台汗以来，蒙古人对汉地农业重要性的认识开始得到加强，已逐渐抛弃了那种"汉人无补于国，可悉空其地以为牧地"的想法。忽必烈即位后，面对百业待举的局面，首要的任务就是劝农桑、宽民力、兴水利，以"使百姓安业力农"。他清楚地认识到："国以民为本，民以衣食为本，衣食以农桑为本。"（《元史》卷九三《食货志一》）中统元年（1260），忽必烈设立十路宣抚司，同时又设立十道劝农使。中统二年（1261），忽必烈置劝农司，任命姚枢出任大司农，后来又改设司农司。忽必烈招集逃亡，鼓励开荒，以"户口增、田野辟"作为衡量官员是否称职的重要标准。正如拓跋北魏时代出现了我国第一部农书《齐民要术》那样，元代重视农桑之业，出现了《农桑辑要》《农书》《农桑衣食撮要》三部重要农书。游牧部族统治的时代，居然出现了我国历史上最为重要的农书，这实在发人深思。当然我们可以认为，这是我国农业知识发展的必然结果；但更为重要的是，这与游牧统治者开始重视和支持农业是分不开的。

崇儒学。

忽必烈即位前的潜邸幕府里，很早就云集了一批儒士精英。受这些人的影响,他对汉文化颇为倾心。1252年,原金遗老元好问与汉人儒士张德辉一起,奏请尊忽必烈为"儒教大宗师",他欣然接受。忽必烈在中统元年(1260)的诏书内宣告要"法《春秋》""体《大易》",着力推行"汉法"。"汉法"的思想来源就是儒学,推行"汉法"就必然要尊孔崇儒。中统二年(1261),忽必烈先后作出指示,"诏令祭祀孔庙""命开平守臣释奠于宣圣庙";至元四年(1267),又"敕上都重建孔子庙"(《元史》卷六《世祖本纪三》)。忽必烈先后恢复建立中央国子学、各级地方官学;同时推行儒户制,给予儒户以各种优免待遇。他本人对儒家经典也大致知晓,对《大学》《论语》《中庸》《孟子》《孝经》《书》《易》《大学衍义》《资治通鉴》等都耳熟能详。应该说,忽必烈尊崇儒学的诸多举措,对于保存汉文化是有积极意义的。虽然忽必烈一朝没有推行科举制度,但并不能因此而否定他在推崇孔孟之道和程朱理学方面的贡献。

由上述几个方面看来,中统建元确实意味着一种巨大的转向。忽必烈将大蒙古国的中央兀鲁思(或谓"大汗兀鲁思")引向了大元王朝之路,将它转变成为一个传统的汉式中央集权的王朝,开启了大元时代。

至元三年(1266),忽必烈极为倚重的汉人幕僚姚枢,对忽必烈中统年间的政绩作了十分重要的评价:"自中统至今五六年间,外侮内叛,继继不绝。然能使官离债负,民安赋役,府库粗实,仓廪粗完,钞法粗行,国用粗足,官吏转换,政事更新,皆

元好问《遗山集》书影　　　　　　　　《元文类》书影

陛下克保祖宗之基，信用先王之法所致。"（姚燧《中书左丞姚文献公神道碑》，《元文类》卷六〇）

中统元年（1260），忽必烈以"祖述变通"的原则强力推行改革。于汉地以及其他地区的人们而言，他是位不折不扣的变革者；不过于蒙古旧贵族们而言，或许忽必烈就变成了对蒙古传统的"背离者"。我们应该看到，忽必烈采行汉法、实施文治的同时，并不意味着他完全抛弃了蒙古旧有的传统，虽然中原传统的体制得到推行，但蒙古的旧俗也同样得到尊重，它呈现出一种"蒙汉二元相杂糅的体制"。它是"祖述"与"变通"的绝好体现，我们不能笼统地以"汉化"之类语词来给它贴上标签。忽必烈推行"汉法"，这在中原汉地社会是占据主导地位的，而在吐蕃、漠北蒙古本土等地区，则并非如此。因此，当我们在评述忽必烈推行汉法的时候，要时刻注意"大元兀鲁思"内部是有分别的，不可僵化地以为，所有的事情都可按"汉法"去裁制。

整顿中原：罢"世侯"，行"迁转法"

中统建元之时，蒙古帝国已四分五裂。蒙古各汗国立足于自身实际状况，展开各种统治和治理。各个汗国统治所面临的一个突出问题是，原来由蒙古人委托各地的地方实力阶层实施间接统治的局面，现在需要扭转到由蒙古人自身来进行直接统治的格局上来了。这就意味着要从当地的地方统治阶层的手中，收回原来所赋予他们的各种权力。忽必烈之所以要"整顿中原"，就是因为面临着该如何处置中原地区的实力阶层——汉人世侯的问题。

所谓"汉人世侯"，是指那些投附蒙古的汉人地方武装集团的首领。蒙古人南下经略中原地区，很早就依照汉地制度，采取"置侯牧守"的统治策略。蒙古人对中原地区所展开的争夺战，被视作是一场"大朝革命"。它造成当地"州县尽废"、世侯纷纷崛起的混乱局面。世侯们不仅配合蒙古军队攻城略池，还在自己所属的区域内荡平各种势力。他们各自为政，逐渐发展成为专制各地的地方军政长官。当时，蒙古人对于投附的世侯作出规定："北人（指中原地区人士）能以州县下者，即以为守令，僚属听自置，罪得专杀。"郝经《郝文忠公陵川文集》卷二五《万卷楼记》曾对各地世侯兴起有过这样的描述：

> 拥兵者万焉，建侯者万焉，甲者、戈者、骑者、徒者各万焉，鸠民者、保家者、聚而为盗贼者又各万焉，积粟帛金具子女以为己有者，断阡陌、占屋宅、跨连州郡以为己业者，又各万焉。

当日中原地区的大世侯主要有天城刘氏、真定史氏、保定张氏、东平严氏、益都李氏、济南张氏以及藁城董氏等。彭大雅于壬辰岁（1232）随南宋使节前往北方时，曾描写到中原汉地的世侯分布："汉地万户四人，如严实之在郓州，则有山东之兵；史天翼（按：为史天泽之误）之在真定，则有河东河北之兵；张柔之在满城，则有燕南之兵；刘黑马之在天城，则有燕蓟、山后之兵。他虽有领众者，俱不若此四人兵数之多、势力之强也。"（彭大雅《黑鞑事略》）当时最为显赫的三大汉人世侯包括了史天泽、严实与张柔。

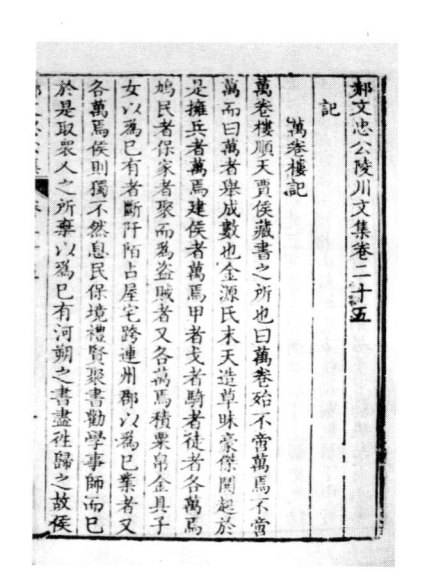

《郝文忠公陵川文集》书影

这几大世侯基本控制着原金所属的河北东西路、山东西路以及中都路等主要地区。

汉人世侯对其所攻占的地区或向其投诚的州县，具有很强的领属权；在灭金以前，蒙古汗廷对于汉人世侯占据各地的情形基本不会太多地关注，更多的是将各块地方给予各地世侯，由世侯们自行治理。灭金之后，蒙廷开始着手恢复中原地区遭破坏的州、县，所谓"诏天下郡县各治其故"。

太宗窝阔台汗八年，即丙申岁（1236），蒙廷逐步加强对汉人世侯统治的控制，在州、县守令之上，设置达鲁花赤进行监督。同年，"太宗命五部将分镇中原，阔阔不花镇益都、济南，按察儿镇平阳、太原，孛罗镇真定，肖乃台镇大名，怯烈台镇东平"，以加强对中原世侯们的武力威慑。与此同时，蒙廷又对汉人世侯所辖的地域逐步进行调整，推行著名的"画境之制"："丙申岁，析天下为十道，沿金旧制画界。"（王磐《蔡国公神道碑》）所谓"画境"，它所指向的就是对世侯们的辖境重新进行调整。我们知道，仅山东世侯严实就曾占据有近百个州、县之地。世侯势力之大，于此可见一斑。太宗丙申年间，蒙古统治中原汉地的各项政策，都具有标志性意义，推行"画境之制"对于汉人世侯们的权力而言，也是个转折点。

中原地区实行"画境之制"以后，世侯在各自辖地内大体仍是各自为政的。蒙廷对中原汉地的统治，更多意义上也还只是一种"间接统治"的格局。这种格局所反映出来的是一种类似于承包制的性质，即各地世侯分别负责治理当地，向蒙古朝廷缴纳赋税。简而言之，一方面，蒙古汗廷派遣大断事官行使中原地区地方的最高行政权力，并在各州县遍置达鲁花赤，由此维护蒙古人在中原汉地的统治和各种利益；另一方面，汉人世侯在向蒙古统治者履行纳赋、从征、献质以及觐见的四项基本义务的前提下，获得"署僚自辟""刑赋专擅"的权力。世侯们享有军事、行政、财政、司法大权，世袭专权，维持着中原地方上的统治秩序。蒙古人在中原汉地所维持的这种局面，就是"草原游牧国家对被征服的定居农耕区居民的间接统治的格局"[1]。

蒙古人对中原地区的统治由"间接"向"直接"发生转变，则要等到忽必烈于中统、至元之际罢黜"世侯"、推行"迁转法"时，忽必烈为什么要这么做呢？

中统三年（1262），山东益都（今山东青州）汉人世侯李璮，乘忽必烈与阿里不哥争夺汗位之机，起兵反元，意图推翻忽必烈的统治。李璮是金朝末年山东红袄军首领李全的义子，任山东益都行省长官、江淮大都督。李璮所占据的地盘位于蒙古与南宋的交接之处。李全、李璮父子利用自身特殊的地缘条件，在蒙、宋两大势力之间周旋。当李全自度无力抵抗蒙古的时候，他选择了向蒙古人投诚。不过，李氏父子虽投诚蒙古，但仍与南宋暗通款曲。蒙古人为了笼络益都李氏，将蒙古宗王塔察儿

---

[1] 内蒙古社科院历史所《蒙古族通史》编写组：《蒙古族通史》（修订版）上卷，民族出版社1991年版，第190页。

的妹妹嫁给李璮为次妻。李璮的岳父王文统,则被忽必烈提拔为中书省平章政事,主要负责中原汉地的政务,尤其是国家的财政事务。王文统的理财能力极为突出,为忽必烈的经济财政税收问题,作出过贡献。

李璮凭借独特的地位,养精蓄锐,屡次拒绝蒙古朝廷让他出兵从征的要求。

《前闻记》书影

中统三年(1262),当忽必烈正集中精力全力对付幼弟阿里不哥的时候,原本在京师作为质子的李璮儿子李彦简,秘密潜逃回山东。李璮随即起兵反元。他首先将海州(今江苏连云港市海州区)、涟水(今江苏淮安市涟水县)等城献与南宋示好,以免去腹背受敌的威胁;同时挥兵进占济南。忽必烈从北方前线调集蒙古、汉军予以镇压。不到半年时间,李璮便被围困在济南。他最终选择投湖自尽,不过未死被俘。当时参与围剿的汉人大世侯史天泽、严忠济(严实次子)等人,在捕获李璮之后,担心自己因曾与他有过某种关联而受到牵连,未待忽必烈批准,便立即将他处死。据明代祝允明《前闻记》记载:

> 严相公（指严忠济）首问曰："此是何等做作？"王（指李璮）答曰："尔每与我相约，却又不来。"严就肋下刺一刀。史丞相（指史天泽）问之曰："何不投拜？"王不答。又问曰："忽必烈有甚亏尔处？"王曰："尔有文书约俺起兵，何故背盟？"史唤黄眼回回斫去两臂，次除两足，开食其心肝，割其肉，方斩首。

史天泽等汉人世侯擅杀李璮，引起忽必烈的不满。他对汉人的猜疑也随之增加。李璮事件表明，中原地区"尽专兵民之权"的世侯，犹如唐末藩镇，强横难制。这对于一心要加强专制集权统治的忽必烈来说，无疑是个让他头痛的问题。为解决汉人世侯的问题，忽必烈不得不对中原地区进行一番整顿。然而，鉴于当时北有阿里不哥、南有南宋的不稳定因素，忽必烈并没有采取极端的措施。他处死了李璮的岳父王文统，因为王文统是此次事件牵涉最深的人物。对于汉人世侯擅杀之事，忽必烈则没有采取过激的手段。他十分清楚，对汉人世侯应恩威并举。

李璮事件后，有大臣上奏有关"诸侯权重"之事，矛头直接指向世侯。史天泽返京后，自知擅杀李璮的罪责，为了向忽必烈表达忠诚，他主动提出："兵民之权不可并在一门，家有一人居官，其余宜悉罢遣。行之，请自臣家始。"此举正中忽必烈下怀。同日，史天泽子、侄被解除兵权的多达十七人。中统三年（1262）十二月，忽必烈先后两次下诏："各路总管兼万户者，止理民事，军政勿预。""诸路管民官理民事，管军官掌兵戎，各有所司，不相统摄。"(《元史》卷五《世祖本纪二》)从诏书可以看到,忽必烈明确要求各地实行兵、民分治。管民官只处理民事庶务,管军官则掌兵戎军务,以避免地方长官集军权、民事权于一身。依据此项规定,每一个世侯家族,或军或民,或将或相,不可兼任。张柔之子张弘略、张弘范,严实之子严忠嗣等,都被罢掉了万户头衔,削去军权。

中统四年(1263)春,"朝议选宿卫之士监汉军"。元廷设置监战万户,主要目的是加强对各地汉人万户的监视。监战万户多由皇帝身边的蒙古宿卫士出任,以强化皇帝对各地世侯的直接监管。与此同时,忽必烈又采取"易将而兵"的策略,以互相调换将领的方式,切断世侯与旧部之间的联系,如真定史氏掌管原属顺天张氏的军队,而真定史氏所属的军队则又交由藁城董氏来掌管等。

至元元年(1264)年底,元廷"始罢诸侯世守,立迁转法"。它的具体举措就是,废除各地管民官的世袭制度,世侯的子孙们可按照荫叙法授予官职,不再直接承袭父辈的职务;实行"迁转法",即管民官实施三年一迁转的原则;收缴世侯符节,实行易地为官,防止其坐大。

至元二年(1265)二月,元廷又确定地方官员成员族群来源的具体配置,"以蒙古人充各路达鲁花赤,汉人充总管,回回人充同知,永为定制"。这一方面是为了加强对汉人的防范,但另一方面也透露出,忽必烈开始在各族群势力中寻求一种平衡。

在解决汉人世侯问题的基础上,为改变官制混乱无序的状况，重新调整华北地区的地方行政建置，以便确立汉地传统的中央集权官僚制度，元廷又着手实行"并郡县，转官吏"的政策，亦即所谓"省并州县，定六［部］官吏员数"。至元二年（1265）闰五月，元廷正式下诏省并州县。至元三年（1266），元王朝"合并江北州县"，并依户口多寡对州、县定等。这轮州县省并的浪潮主要发生于至元二年（1265）至至元七年（1270），它所席卷的范围，则集中在中原地区。

蒙古南下略地中原，将具有草原游牧文化传统的军政合一性质的"千户百户"制度也带入中原汉地，这一制度强烈地冲击了中原地区原有的官制系统。当时路府、州郡长官多系有万户、千户之衔，它的军政合一性质较突出。世侯（或部分当地长官）

《元世祖出猎图》（局部，元代刘贯道绘，台北故宫博物院藏）。图中骑黑马、衣白裘的，应为元世祖。他的面容与该院所藏《元历代帝后像》册中元世祖半身像相似，足证两图的写实。

系有万户、千户等军事职衔，或佩虎符、金符。若跟他们所占据的路府、州郡的具体情形结合起来加以比较的话，我们可以发现蒙古的千户百户制度与华北路府州郡体制之间存在着对应性关联，即中原汉地的一个"万户"往往对应于一个路、府单位，"千户"则基本对应于一个州、郡单元，形成一种"万户路""千户州"的格局。不过，当蒙古统治渐趋稳固之后，草原制度又逐渐让渡给传统的汉制官僚体系，千户百户制度则又逐渐消退。

中统、至元之交，元廷罢黜"世侯"，推行"迁转法"，解决了中原地区世侯专制各地的局面，正式确立了地方路府州县的行政体系。自此，元廷逐渐走上了唐宋式的中央集权制的传统体制，元王朝也完成了从兀鲁思草原国家向中原汉地中央集权王朝的转变。

灭亡南宋：江南若破，百雁来过

南宋对蒙古的了解，最初来自出使金朝的使者所带回的信息；蒙古人对于南宋的了解，也是通过金朝。因为金朝一直称南宋为"南家"，蒙古人只是在它后面加了个复数的形式，称南宋为"南家思"。

成吉思汗时代，蒙古与南宋之间最初的较量就已在川、陕边境地区出现。双方之间的冲突和矛盾，也主要体现在对金境内各路义军和民间武装势力的争夺上。当时，蒙古军队的主要目标是西夏和金，南宋还不是它最为主要的敌人。

1230年，蒙古军队强行"假道"南宋攻金，迂回包抄金王朝所属的河南地区。双方多次出现冲突，不过都以南宋方面的失利而告终。1231年，蒙古又派出使臣到南宋，"约夹攻金"。

南宋对于蒙古方面提出的要求，态度是矛盾的。一方面，南宋当然明白"唇亡齿寒"的道理。一旦金灭亡，南宋则危矣。金哀宗就曾遣使向南宋直言："蒙古灭国四十，以及西夏。夏亡及于我，我亡必及于宋。唇亡齿寒，自然之理。若与我连和，所以为我者，亦为彼也。"（《金史》卷一八《哀宗本纪》）另一方面，南宋对于当年宋徽宗、宋钦宗二帝被金北掳的仇恨，以及宣和二年（1120）因"联金灭辽"而痛失中原的教训，仍耿耿于怀，此刻正想伺机报仇雪耻。

最终，南宋接受了蒙古方面的要求，决定联合出兵攻金。当然这主要是迫于形势。1232年，蒙、金三峰山决战之后，金朝精锐尽失，已无力回天。南宋派出名将孟珙，与蒙古军队一起合围蔡州（今河南汝南）。南宋端平元年（1234）正月，宋、蒙联军攻入金临时都城蔡州，金朝灭亡。

金亡之后，蒙、宋便已形成直接对峙的局面。宋、蒙之间的短暂结盟，很快就宣告瓦解。

蔡州城破之后，作为胜利雪耻的象征，南宋将领孟珙将金哀宗的遗骨运到了临安（今杭州）。南宋举国为之欢腾。宋、蒙间曾经约定，灭金之后双方应各自撤退。不过，双方并未就胜利之后河南地区的归属问题作出具体约定，河南地区成为暂时无人控制的空白区域。南宋端平元年（1234）六月，南宋方面欲抢占先机，主动出兵，试图收复包括东京开封、西京洛阳和南京归德（今河南商丘）在内的"三京"地区。然而，此举遭到蒙古方面的强烈反对。起初，南宋军队北上，来势汹汹，收复了汴梁等地，兵锋直指洛阳。不过，蒙古军队在将领塔察儿的率领下，很快就在洛阳地区击败了南宋军队。南宋不仅未能取得洛阳，甚至连原本获得的汴梁等地都相继失去。

1234年，正是宋理宗端平元年，故而这次事件被称为"端平入洛"。南宋试图恢复中原、收复故都的最后一次努力，由此宣告失败。蒙、宋之间长达四十多年的对峙，也由此揭开序幕。

太宗窝阔台时期对南宋的战争，主要在巴蜀、荆襄以及江淮地区展开。端平二年（1235），窝阔台以南宋背盟为借口，分遣三路大军大举攻宋：西路军由二子阔端率领，重点进攻陕甘南部以及巴蜀地区；中路由三子阔出及宗王口温不花等统率，重点进攻南宋荆襄地区；东路则由大将阿术鲁负责，重点进攻徐州、邳州等江淮地区。南宋军队凭借"长江天堑"，从长江上游的巴蜀之地，一直到长江中下游的江淮之地，全线应对蒙古军队的进攻，蒙古军队并未占得太大的便宜，双方僵持不下。

宪宗蒙哥汗时期，蒙古对南宋的攻势有所加强，不过双方争夺的重点仍然是荆襄和巴蜀之地。蒙哥汗即位之初（1251），即诏命"以茶寒、叶了干统两淮等处蒙古、汉军，以带答儿统四川等处蒙古、汉军"，"皆仍前征进"（《元史》卷三《宪宗本纪》），保持对南宋的攻势。次年，蒙哥汗派遣两个弟弟分道出征。忽必烈作为大弟，背负南征的重大任务，首先要进攻的对象应当就是南宋。由于南宋实行坚壁清野的政策，并且利用长江天险严防死守，忽必烈自度无可乘之机，于是转而绕道先行攻取位于今云南地区的大理政权。

南宋宝祐六年（1258），蒙古分三道进军南宋，蒙哥汗御驾亲征，领西路军攻巴蜀；塔察儿率东路军攻荆襄地区；另一路则由在云南的兀良合台带领，自南北上，配合长江沿线的进攻。不过，由于南宋军民的顽强抵抗，蒙古军队未能取得决定性的胜利。蒙哥汗本人也殒命于合州钓鱼城下。虽然南宋遭到重大压力和损失，但并没有失去大局。

忽必烈起初并没有参与蒙哥的灭宋行动，因为他当时正受到蒙哥汗的猜疑，以脚病为辞，留在了北方。后来由于塔察儿率领的东路军在荆襄地区进展不顺，蒙哥汗才决定临时派遣忽必烈前去取代塔察儿。

忽必烈在荆襄前线的时候，见识到南宋江防的严密。在鄂州，贾似道以木栅环城，一夜间就建成了。忽必烈曾环顾扈从诸臣僚说："吾安得如似道者用之？"（《元史》卷一二六《廉希宪传》）他对贾似道称赞不已。郝经对南宋的江防力量也大加赞赏："右师满湖湘，左师溢巴峡，江浒连大屯，淮南拥骁甲。"（郝经《陵川集》卷四《渡江书事》）面对这种状况，忽必烈在荆襄前线毫无斩获。当身边大臣劝他赶紧北返争夺汗位的时候，他仍不甘心，声称大丈夫既然来到前线，怎能鸣金收兵、无功而返呢！不过，他最终还是与贾似道签订了和约，匆匆结束这次短暂的出征之旅，便挥军北上争夺汗位去了。

忽必烈即位之初，在心理上对南宋仍存有余悸，并无灭宋雄心。当然最为重要的是，忽必烈面临阿里不哥争位的威胁，以及中原世侯的问题，在中统、至元之交，蒙古与南宋之间边境地区的局势趋于和缓，沿江前线各战区处于战略相持阶段。

南宋朝廷对贾似道与忽必烈订立媾和条约并不了解实情。贾似道向朝廷邀功，谎称"江汉肃清"，蒙古退兵。由于权臣当道，南宋朝政紊乱，各派系之间互相倾轧。南宋景定二年（蒙古中统二年，1261），镇守四川泸州的大将刘整，虽屡立战功，却受到南宋四川制置使俞兴和策应大使吕文德等将帅的构陷，最后转而投降蒙古。刘整投降蒙古事件，是宋元战争整体局势开始发生巨大转变的关节点。

元廷从刘整那里获得重要军事情报，对于南宋虚实有了比较充分的掌握，作出了重大的战略调整。忽必烈将攻宋的战略重点，从蒙哥时代的川蜀地区，转移到了荆襄地区。这也就是刘整所提出的："攻蜀不若攻襄，无襄则无淮，无淮则江南唾手下也。"此后，襄樊成为元灭宋战争的战略突破口。

至元五年（1268），忽必烈命刘整、阿术督率各路军马围攻襄樊。当时南宋方面负责镇守襄樊的是名将吕文焕，他是吕文德的弟弟。由于南宋方面的失误，襄樊被死死围困住，始终无法获得外援。吕文焕多次派人向南宋朝廷告急，无奈当时权臣贾似道根本不当回事，甚至还在杭州城里与众妻妾斗蟋蟀为乐。

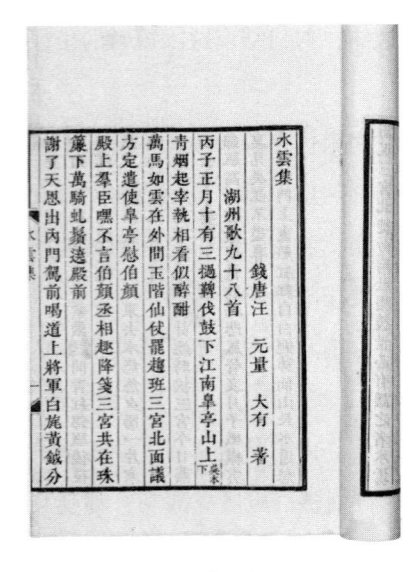

汪元量作品书影

至元九年（1272），元军对樊城发动总攻。为了确保胜利，元军甚至从波斯（今伊朗地区）调来了工匠，制造攻城用的巨型抛石机和石弩。樊城最终陷落，吕文焕退守襄阳城。至元十年（1273）初，吕文焕孤绝无援，举城投降。南宋诗人、琴师汪元量对于襄阳失守之事评论道："吕将军在守襄阳，十载襄阳铁脊梁。望断援兵无信息，声声骂杀贾平章。"（汪元量《增订湖山类稿》卷一《醉歌》其一）持续五年之久的襄樊战役，至此宣告结束。襄樊之战的失败，意味着南宋防御战略已趋于土崩瓦解。

元攻下襄樊后，忽必烈在众多将领的建议下，准备乘破竹之势，席卷三吴之地。然而，此时的忽必烈对于能否最终灭宋，其实仍心存疑虑。据称，他曾派遣近臣秘密到江西龙虎山，向张天师求符命。在获得吉兆的预示之后，忽必烈才最终下定灭宋的决心。

至元十一年（1274）六月，忽必烈正式下诏，兴师问罪于宋。他任命丞相伯颜、平章政事阿术为统帅，领二十万军马顺江东下。长江沿岸重要江防地区的将领，多为吕氏子弟及其旧部，他们大多闻风归附。汉江流域、长江中游地区，很快大都被元军控制。

至元十二年（1275）七月，忽必烈命令元军分三路灭宋：左丞相伯颜率领主力部队，直接向南宋首都临安进发；右丞阿里海牙则领一路大军驻守湖北，并南下取湖南；蒙古万户宋都带，汉军万户武秀、张荣实、李恒，兵部尚书吕师夔等将领，率领另一路大军，直取江西地区。元军兵分三路，各路均由北向南进发，它最终也奠定了长江以南三大行省（湖广、江浙、江西）的分布格局。

至元十三年（1276）正月，伯颜率领的军队已驻扎在临安郊外，随时准备进入临安。当时临安城里已有民谣在传唱："江南若破，百雁来过。"所谓"百雁"，就是"伯颜"之意。

此时的南宋朝廷，已日薄西山，摇摇欲坠。宋廷派大臣到伯颜军前乞求罢兵，表示臣服。南宋方面甚至提出：愿意对元称侄；如果不答应的话，也可以称侄孙；如果还是不答应的话，那只乞求封得一小国就可以了。然而，此时元灭宋的意志已不可逆转，南宋几乎没有任何谈判的筹码。

谢太后致信恳求伯颜，称自己处境艰难，"孤儿寡母"维持局面。当时的宋恭帝年仅五岁，谢太后希望元军能给予怜悯。伯颜毫不含糊地回答说："尔宋昔得天下于小儿之手，亦失于小儿之手，其道如此，卿何多言？"（刘敏中《平宋录》卷中）意思是说，你宋的政权就是从人家孤儿寡母手中夺来的，现在大宋江山也丢在幼儿之手，没什么值得同情的。这确实是历史的吊诡之处：五代后周世宗柴荣病逝前,将七岁幼子柴宗训托孤给大臣,没想到赵匡胤黄袍加身,逼迫柴宗训禅位,夺取后周政权。伯颜确实是个厉害的角色,他曾作词称"山河判断,在俺笔尖头",倨傲形态跃然纸上。

最终,临安城下,全太后和宋恭帝被掳至大都,所获得的优待就是"免牵羊系颈"的羞辱。谢太后则因为有病在身,暂留临安,不过最终还是被押解到大都,不久即死去。

《平宋录》书影

南宋凭借"长江天堑",阻缓了蒙古铁蹄南下的进程。蒙古军队以及中原的汉人武装,几乎没有水上作战的经验;而面对南方特殊的地形和气候所形成的酷热和湿气,他们显然是极不适应的。因此,蒙古攻宋的战争,也完全不像他们在欧亚草原地区纵横驰骋那般顺畅。欧亚草原东、西两端均为大陆性气候,蒙古人更适应那里的地形、气候。

南宋成为13世纪对抗蒙古军事势力最为长久的国家,若从端平元年(1234)蒙古灭金算起,至德祐二年(至元十三年,1276)正月元军入临安,南宋军民抵抗了蒙古军队四十多年。这绝非偶然。南宋是蒙古人所攻打的国家当中实力最为强大的。它不仅人口众多，经济发达，而且它的军事力量，尤其是水上的军事力量十分强大。那些说南宋太过文弱的说法，其实并不符合历史事实。

南宋最终难逃灭亡，其实也主要归咎于其自身。当日权臣当道，政治腐败，南宋有识之士曾评论道："无一事之不弊，无一弊之不极。"（《宋史》卷四〇七《杜范传》）

南宋虽然已亡，不过许多忠诚于南宋的遗民，仍然不能接受南宋已亡的事实，甚至发出"此地暂胡马"的呼吼，表达出一种南宋必再复兴的期待。然而，这只是一厢情愿的幻想而已。

文天祥之死：元廷对南宋遗留问题的处置

在伯颜进入临安之前，文天祥和张世杰等大臣，曾经请求皇太后、皇后和皇帝往沿海地带或者到海上去，以躲避元军锋芒，不过遭到拒绝。为保存赵宋余脉，在部分大臣的保护下，南宋度宗的两个儿子益王赵昰（xià）和广王赵昺（bǐng），秘密逃出摇摇

文天祥雕像

欲坠的都城临安。两位皇子在陈宜中等大臣的护卫下，辗转经婺州（今浙江金华）、温州等地，最后到达福建地区。

德祐二年（至元十三年，1276）五月，先后抵达福州的南宋大臣陆秀夫、张世杰、陈宜中等，拥立益王赵昰为帝，是为宋端宗，随即改元景炎。宋端宗封广王赵昺为卫王，任命陈宜中为左丞相兼枢密使，张世杰为枢密副使，陆秀夫为签书枢密院事；原本追随宋恭帝北上的文天祥，后来也从伯颜处逃脱南来，被任命为枢密使同都督。

流亡福建的南宋小朝廷，打算以福建、广东等地为基地，伺机北上收复江西和两浙部分地区。然而，元军很快进逼闽广地区，这个南宋小王朝根本无力抵抗。陈宜中等人不得不于景炎元年（至元十三年，1276）十一月，又护送端宗赵昰与卫王赵昺浮海由福州逃往泉州、潮州、惠州等地。

至元十四年（景炎二年，1277）初，忽必烈因为北方有叛王骚扰，对南方的注意力有所减弱，南宋方面曾经主动出击江西、广东地区，但很快遭到元军的反击，南宋方面以失败告终。为最后消灭南宋残余势力，元军派出水师循海追击端宗与卫王昺。

景炎三年（至元十五年，1278）初，端宗等逃至雷州半岛一带。由于元军追击紧迫，南宋小朝廷仓皇失措，端宗所乘"龙舟"曾一度倾覆。端宗因惊吓、疲劳过度，于这年四月病死于碙洲（位于今广东省雷州湾，即今硇洲岛）。五月，张世杰与陆秀夫等大臣，又立即拥立卫王赵昺为帝，并于是年改元祥兴。当时，赵昺仅八岁。六月，张世杰、陆秀夫等带着小皇帝昺逃至广东新会南面的崖山,坚守抵抗。而此时的陈宜中则逃亡至占城(今越南地区),继续抗元,后客死他乡。至元十六年(祥兴二年,1279)正月,元军大将张弘范挥军直向崖山,张世杰兵败溺亡。最终,陆秀夫在四面楚歌声中,背负着小皇帝昺投海而死。至此,南宋彻底覆灭。

早在景炎元年(1276)底的时候,文天祥并没有与陈宜中、张世杰等一起护送小皇帝沿海南下。他由闽西北进入赣南,计划回到家乡募兵,组织军队继续抗元,并欲北上收复故土。文天祥转战闽赣两地,曾经一度有些战绩。然而,景炎二年(1277)八月,文天祥在江西兴国一带遭遇惨败,损失近二十万人,妻女被元军抓走。他随后转入岭南地区,带领残存的军队,继续抗元。

至元十五年十二月二十日(1279年2月2日),文天祥最终在广东五坡岭被张弘范统领的军队捕获。元代刘岳申撰写的《文丞相传》记载了文天祥被抓时的详细情景:当天中午,文天祥正在一个名叫五坡岭的地方准备生火做午饭的时候,元军步骑突然出现。文天祥知道已无法逃脱,于是赶紧从怀里取出早已备好的毒药樟脑丸子吃下。为让药效尽快发挥作用,以免生擒受辱,他仰头喝了很多水。令人意外的是,或许是由于喝下去的水不干净,引起腹泻,樟脑丸根本没起作用。文天祥没有死去,最终被元军生擒。

文天祥一见到张弘范,就慷慨陈词,大骂不已,唯求速死。不过,张弘范却以礼相待。张弘范是被誉为灭金第一功臣的河北汉人世侯张柔的儿子。张弘范极力劝说文天祥投降元朝。然而,文天祥意志坚决，始终不肯屈服。

至元十六年（1279）正月，张弘范试图让文天祥写信给仍在抵抗中的南宋大臣张世杰，帮忙劝降。文天祥写下《过零丁洋》一诗予以回绝，由此留下了"人生自古谁无死，留取丹心照汗青"的千古名句。这年的二月二十六日，文天祥被押解北上，当年十月一日抵达大都（今北京）。文天祥自视为"楚囚"，被押解北上途中曾被"系颈絷足"。不过，由于他身份特殊，北解途中待遇似乎还是不错的。从至元十六年（1279）十月抵达大都，到至元十九年十二月（1283年1月）被忽必烈下令处死，文天祥被囚禁于大都监狱长达三年零两个月之久。文天祥在狱中的生活待遇并不算太差，狱中不仅可见客会友，弹琴论道，还有棋琴笔墨书册等可供消遣。我们今天能读到的许多文天祥诗作，大多写于狱中，辗转而流传下来。当时，有吉安老家来的伙夫，在看押文天祥的监狱附近搭起简舍，天天为文天祥烧菜送饭，直到文天祥被杀。

从文天祥被元军抓获，到其被处死的三年多时间里，文天祥是不是从来都是"只求一死"呢？他究竟有没有"不死"的想法，或者说存有一种"求生"的本能意识呢？这是一个难以捉摸，却又不得不让我们思考的一个问题。这对于我们更全面地认识英雄人物的内心，是有帮助的。

我们知道，文天祥在被俘之初就毫不犹豫地选择自杀，希望能"速死"，以保全自己始终忠于南宋的志节。不过遗憾的是，当时并没能如愿。在被俘最初的那一年（1279）里，他祈求"速死"的态度十分坚决；不过在"速死"不得、"求死"不能之后，文天祥的心态似已有微妙改变。

据《宋史·文天祥传》记载，元廷对文天祥的劝降意图，一直没有改变。元廷非常希望文天祥能出来做元朝的大官，当然最主要的目的是获得南宋的人心，减少抵抗的力量。大概在忽必烈亲自出面劝降文天祥之前，元廷派出原南宋官员王积翁等人前去狱中游说文天祥降元，仍然许以高官厚禄，希望文天祥能为元王朝服务。当时天祥回答说："国亡，吾分一死矣。傥缘宽假，得以黄冠归故乡，他日以方外备顾问，可也。"这句话的意思非常明确：只要不强求他出仕元朝，他可以选择不死，并愿作为一个方外道士，或可为元廷顾问。

然而，这一说法又备受质疑，有论者以为，这话是王积翁等人从狱中带出来的，经过他的转述，已不可信。曾与文天祥一同被押解北上、关系近密的邓光荐，后来著有《文丞相传》，对于此事，他曾指出，所谓"方外备顾问"的说法，其实只是王积翁等人向忽必烈提出的一种建议而已，目的是希望能最终释放文天祥。

邓光荐《文丞相传》的说法，或许是实情，也或许是为英雄讳言。文天祥一直与道教有非常深密的关系，他早年的许多诗作都与道教有关，即便身系牢狱，他仍"静传方外学，晴写狱中诗"。元廷还曾派遣当时有名望的道士到狱中与文天祥见面，表面是为探讨道教，实则也是劝降。

文天祥若真有悠游方外、以求不死的想法，并非绝无可能。

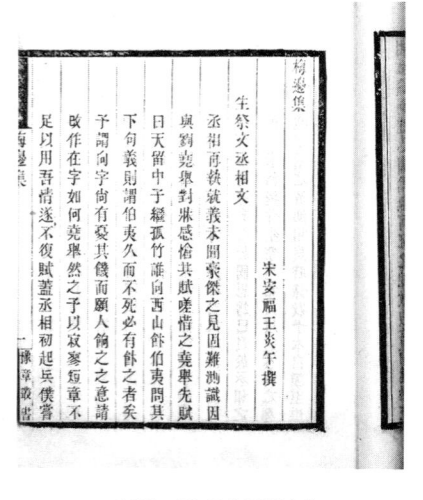

王炎午《生祭文丞相文》

我们今天去读文天祥被俘三年的诗作时可以发现一个很明显的特征：被俘的最初一年里，文天祥言死、寻死、求死的意念十分强烈；等到次年，"求死"的慷慨言辞，已逐渐减弱。当然，岁月总是最易消解人的意志的，文天祥若果真有不死的想法，那也是正常人的想法。这丝毫不损害他的英雄形象。

从文天祥被俘到被杀，江南士人的反应究竟如何呢？这里不得不提及王炎午。王炎午曾作《生祭文丞相文》，其目的是"速丞相之死"。王炎午期望文天祥速死殉宋节，这代表了当时不少原南宋士人的想法。汪元量曾到狱中探视文天祥，"勉丞相必以忠孝白天下"。当日文天祥所处境地尴尬，"死"或"不死"，已非个人之事。文天祥被执后，他屡次写诗剖白："速死不得，天祥已悔；求死不能，奈何奈何。"倘文天祥有不死之想法，已难见容于江南士人。

在降元与死节的选择上，似乎有两人可略作比较，这就是谢枋得与郑思肖。谢枋得曾五次拒绝元廷征召，不愿出仕元朝。在面对降元或者死节问题上，谢枋得表现得毫不含糊：只要不做元朝大官,他可以选择做元朝子民;倘若逼迫他出来做官,使他失忠宋之节,谢枋得则"惟愿速死"。最终,谢枋得被逼迫北行至大都,不久便选择绝食而死。

郑思肖反元的志节非常强烈,他不愿臣服于元王朝的统治,始终忠宋,自称南宋"孤臣"。他将自己的居室命名为"本穴世界",寓"大宋"两字。郑思肖精于画无根的兰花,他说"头可得,兰不可得"。入元之后,郑思肖并未选择以死殉节。郑思肖不死的理由,是希望能亲自看到宋室中兴,这在他的《警终》《大义略叙》等多篇文章中均有表露。他甚至认为"大宋不以有疆土而存,不以无疆土而亡"。倘若以此反观文天祥,他或有不死的想法,实在也是再正常不过的事情。

文天祥是个顶天立地的英雄,最终引刀为快,以死全节,足可为万世人杰。不过,历史往往并非只是非黑即白的简单呈现,它有其自身的多面性和丰富性。"黄冠归故乡"之说,或非空穴之风。

文天祥因于大都监狱三年余,如何处理文天祥成为元廷一个十分棘手的重大政治问题。元廷方面的伯颜、唆都、张弘范等人,均曾领教过文天祥的激烈不屈的意志。文天祥刚至大都,元廷又派遣原南宋丞相留梦炎、宋恭帝赵㬎、阿合马、孛罗等出面劝降,始终没有结果。至元十九年(1282),忽必烈决定亲自出面劝谕。无奈文天祥仍是不愿出仕元朝,最终被忽必烈赐死。

忽必烈为何最终还是处死了文天祥呢?《元史》卷一二《世祖本纪九》将元廷赐死文天祥之事,归因于中山府一位名叫薛宝住的奸民上匿名书，告发有人意欲挟持文天祥以反元。至元中期的时候，刘岳申为文天祥立传，他所撰写的《文丞相传》将元廷处死文天祥的责任推到一个名叫麦术丁的参知政事身上，说正是在他的极力进言下，才促成元廷赐死文天祥。

关于文天祥被杀的缘由，值得注意的还有邓光荐撰写的《文丞相传》，该传要早于受到元官方认可的刘岳申所作《文丞相传》。对于文天祥被杀缘由，邓光荐提到以下四点：一是麦术丁极力劝说忽必烈杀文天祥；二是"闽僧"谏言，就是有个福建籍的僧人曾观测天象，认为天象于元不利；三是所谓"三台拆"；四是薛宝住与匿名书之事。邓光荐所列举的这四点，虽都与文天祥之死有关，但似乎都未及要害。

文天祥被处死半个世纪后，元官方于至正三年至五年（1343—1345）编修《宋史》，其中的《文天祥传》对于文天祥之死始末以及各种缘由，述说十分详备，归纳起来也主要有以下四点：一是当日宰执议论不释文天祥，此显然是指麦术丁；二是"闽僧"进言，大言天象于元不利；三是中山府薛宝住的叛乱以及京城现匿名书事；四是阿合马被汉人击杀。

与邓光荐所述不同的是，《宋史》卷四一八《文天祥传》特别提及阿合马被杀事，这件事关乎当时元王朝政局的稳定。这正是修撰《宋史》的史家们的目光敏锐处。至元十九年（1282），元廷所发生的诸多政治事件中，影响最巨者莫过于宰执大臣阿合马被杀。阿合马为忽必烈皇后察必的陪嫁侍臣，极为得宠。他被击杀似乎是汉人谋划很久的一件事情。朝廷重要宰执官员惨被锤杀，忽必烈对此极为震动。将阿合马被杀事件，与当日汉人起事的情势联系起来观察的话，我们不能说它是一件完全孤立的事件。或许正是因为阿合马被汉人击杀，麦术丁才极力谏言处死文天祥。若从其身份属性去考虑的话，这也符合实情。

元廷处死文天祥，是元王朝对故宋遗留政治问题加以处置的一步棋。文天祥不降元，他始终就是南宋存续的一种象征。对于南宋遗民们来说，只要他存在，恢复大宋就还有希望。这是元王朝最为担心的事情。文天祥可以说是一颗随时可能爆炸的"定时炸弹"。因此，处死文天祥成为当时忽必烈的必然政治抉择。他要彻底地瓦解南宋遗民们的抵抗意志。

灭宋之前数年，文天祥曾赴北方与伯颜谈判，蒙古人当日的态度是"决不动三宫九庙"。等到南宋灭亡之后，"三宫"被北押至大都，仅获"免牵羊系颈之礼"，算是一种优待的礼遇。到至元十九年（1282）的时候，宋恭帝赵㬎及宋宗室等，又进一步被北撵至上都，宋故相文天祥则被处死。不仅如此，紧接着又出现更为骇人的事件，那就是杨琏真加盗掘位于绍兴的南宋皇陵。他们之所以要盗掘南宋皇陵，一方面是为了获取财宝，另一方面是要毁弃南宋皇帝们的尸骨，以一种"厌胜"术，来彻底地压制南宋复国的任何可能。这一系列事件发展的逻辑链条，可谓清晰可见。

至元二十三年（1286），忽必烈派程钜夫南下求贤，这或许正是忽必烈对原南宋地区统治态度的一种调整。他试图重新建立起与江南的良好关系，以安抚南方士人与民众。杨琏真加盗掘宋

宋濂像

皇陵事件的余响，一直延续至元明之际。

明人宋濂《书穆陵遗骸》提及此事，他将盗掘宋陵的责任全部推到西番僧身上。按该文所述，出主意的是嗣古妙高，赞成其事的是杨琏真加与桑哥。这完全不同于元代周密、陶宗仪等人的记述。明代人的这种描述不免让人怀疑。明太祖朱元璋反元，他的旗号就是"驱逐胡虏，恢复中华"。宋濂为明太祖随侍文臣，许多诏命典诰都出自他的手笔，宋濂撰写的这篇文章，显然是明朝官方立场。明廷故意将掘宋陵之事的责任全部推到西番僧身上，而将汉族僧人完全排除在外，这不能不说是出于政治上的考虑。

南宋灭亡时，全太后与宋恭帝赵㬎被押解至大都。在处死文天祥前后，全太后与宋恭帝又进一步被递解到上都。全太后在上都入庵为尼，最后终老于北方。赵㬎从大都被发配到上都后，于至元二十五年（1288），又被发配到吐蕃学习佛法，当时年仅十八岁。赵㬎后来拥有"合尊大师"之号，又号"木波讲师"。他对佛教因明学的研究，造诣极深，成为一代学问大家。至治三年（1323），由于元王朝内部的政治斗争，赵㬎最终没能逃过劫难，被元廷赐死。

经世敛财：忽必烈的理财大臣们

忽必烈灭亡南宋之后，元王朝对外征伐的脚步并未就此停顿。

在元王朝的西北方向，有黄金家族成员们的兄弟兀鲁思。这些兀鲁思之间时常因为领地问题而发生争执。于元朝方面而言，它与其他兀鲁思之间出现争执，通常被视为是西北诸王所引发的"叛乱"。其中最为著名的就是"海都之乱"。海都是窝阔台的孙子。据史籍记载，自至元五年（1268）起，他就不断地骚扰元朝北方和西北方向的边疆地区。

在元王朝的东北方向，忽必烈时期曾出现过"乃颜之乱"。乃颜是成吉思汗幼弟斡赤斤的后裔。至元二十四年（1287），乃颜因不满元王朝在辽东地区设置行中书省，起兵反抗忽必烈。乃颜之乱很快被平定，东道诸王势力受到严重打击。

元王朝上述两个方向上所发生的战争，是黄金家族内部的争斗问题。元王朝向外扩张的矛头，主要指向的是东方和南方。

元王朝往东进攻的目标，就是今天朝鲜半岛地区和日本。

从成吉思汗时代始，蒙古就要求高丽臣服，不过被高丽方面拒绝。在窝阔台、蒙哥汗时期，蒙古数度侵入高丽，不过并未能彻底将高丽征服。至元十年（1273），高丽部分残存的反抗蒙古的势力，被追赶到朝鲜半岛南端的一个小岛济州岛上。自此以后，蒙古与高丽间的关系趋于平和。为巩固蒙古与高丽之间的关系，忽必烈将女儿嫁给高丽世子，此后成为惯例。与此同时，高丽方面则要向蒙古献纳质子，此外还要上贡水獭、白银、猎鹰、高丽参等物品。

元朝曾经两度往征日本，不过均以失败告终。至元十一年（1274），忽必烈以朝鲜半岛为基地，以近两万名蒙、汉、女真人等组成的军队以及近万人的高丽兵，在对马岛登陆，因遇暴雨等恶劣天气，兵船损失较大，败归朝鲜半岛。至元十八年（1281），元军整合了原南宋水军，以十余万的兵力，分别从朝鲜半岛和宁波两个方向，同时展开对日进攻。这次从朝鲜半岛出发的军队未能登陆就铩羽而归；由蒙古将领忻都和汉人将领范文虎所率领的另一路军队，试图在九州岛方向进攻，因遭受飓风袭击，损失殆尽，征日再次失败。据现代研究显示，这次失败很大的原因可能与台风的突然袭击有关。元军大量使用的是原南宋的江防船只，那些船只基本上都是平底船，吃水太浅，根本无力抵抗海上强大的台风。日本当时将元朝军队的进攻，称之为"元寇来袭"，或谓"蒙古来袭"。

元朝往南方的进攻，矛头所指则是今日东南亚广大地区，尤其以对今天缅甸、越南方向的陆路进攻最为突出。

忽必烈在军事征伐上，延续了蒙古人一贯的对外扩张传统。虽然在进军日本以及东南亚的道路上遭遇到不少败绩和挫折，但就总体而言，忽必烈所取得的武功仍称得上是显赫的。

那么，在文治方面，也就是说忽必烈对元王朝内部的具体治理上，又有着怎样的成绩呢？我们知道，在蒙哥汗时期，他以今天陕西、河北以及河南部分地区作为试点，推行汉法进行改革，取得了很大的治理成绩。那个时候他只是牛刀小试。如今忽必烈所要面对的是疆土辽阔的大元国土，他又会有怎样的作为呢？

纵观忽必烈一朝对"天下"的治理，其中最为显著的一大特点就是，他对理财特别重视，几位著名的理财大臣，贯穿了他统治的整个时代：如王文统、阿合马、卢世荣、桑哥等人。他们都被明初的《元史》编纂者们编入了《元史·奸臣传》。

这些理财大臣为何被编入《奸臣传》呢？难道他们真的是毫无作为、祸害百姓？我们需要对他们作一简单的介绍，并给他们一个公正的历史评价。

王文统虽是金末经义进士，不过他对儒学并无太大兴趣，对于经世致用之学以及谋略权术却颇感兴趣。金亡之后，许多原金士人都分别投靠各地汉人世侯。王文统投奔山东益都世侯李璮，并成为他的重要幕僚。或许是出于对李璮抱有某种信心，王文统将女儿许配给李璮。王文统深受李璮信任，益都行省的军政大事，他都参与谋议。1259年冬，刘秉忠等人将王文统推荐给忽必烈。中统元年（1260），忽必烈任命他为中书省平章政事，主持中原汉地政务。王文统主要是在帮助忽必烈理财方面发挥了

中统元宝

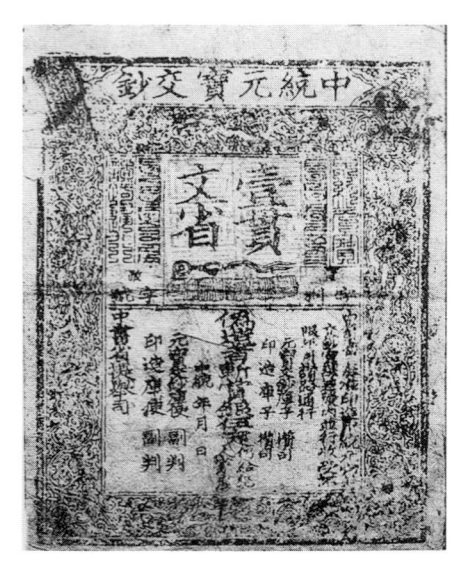

中统元宝交钞

重要作用。在王文统的主持下，元王朝推出了一系列经济举措：首先，整顿户籍和差发，这是从农耕定居社会获取稳定赋税来源的基础；其次，实行食盐权卖制度，即政府严格掌控食盐的销售，这是税收的主要来源之一，甚至已超过税粮等正赋的收入；最后，推行中统钞，中统元年（1260）发行中统元宝交钞，并制定了严密的钞法，当时实行银本位制，以白银为基础，钞一贯相当于白银一两。王文统推行的一系列经济政策，对于当时元朝国家财政收入的增长以及经济的平稳发展，起到了很好的效果，在财政上给予忽必烈以重要支持。王文统在理财方面才能出众，所谓"钱谷大计，虑无遗策"。他的所作所为，深受忽必烈赞赏。然而，王文统的理财措施也引起了当时一些"好义"的理学家们的非议，如窦默就说他"不学无术"。中统三年（1262），受李璮事件的牵连，王文统以同谋罪被处死。由于受李璮之乱和王文统事件的影响，忽必烈对汉人儒臣的猜疑逐渐加深。

阿合马来自花剌子模。他是忽必烈皇后察必的陪嫁侍臣，极为得宠。忽必烈即位之初，即升阿合马为开平府（上都）同知。中统三年（1262），命阿合马"领中书左右部，兼诸路都转运使，专以财赋之任委之"。至元元年（1264），又升阿合马为中书平章政事。忽必烈对阿合马极为信任，他曾经说："夫宰相者，明天道，察地理，尽人事，兼此三者，乃为称职。阿里海牙、麦术丁等，亦未可为相。回回人中，阿合马才任宰相。"（《元史》卷二〇五《阿合马传》）阿合马理财聚敛的主要措施有以下几点值得注意：首先，增加对商税和榷盐税的征收，斡脱商人与权贵都得缴纳商税；其次，实行官办矿冶，禁止民间制造铜器，实行垄断经营；再次，实行户口检括，颁行《户口条画》；最后，推广钞法，将中统钞推广到原南宋地区，以中统钞更换交子，实现币种的统一，这对于灭南宋之后南方经济形势的稳定起到了很好的效果。阿合马理财专权长达二十年，可以说是忽必烈经济政策上最得力的助手，他的经济措施能满足忽必烈的黩武政策要求。

从另一方面而言，阿合马的敛财举措又招致民怨不断，加上他恃宠专权，一门子侄均位居要津，对他的各种批评也日益增多。阿合马排毁汉法，排挤儒士张文谦、廉希宪、许衡等人。右丞相安童因为批评阿合马，被革去相位，外调到阿力麻里（今新疆霍城西北）。真金太子素与阿合马不和，甚至曾当着忽必烈的面，掌掴过阿合马。不过，由于忽必烈的强力庇护和支持，真金太子也对他毫无办法。至元十八年（1281）正月，"昭睿顺圣皇后崩"，察必皇后去世，阿合马失去了最为可靠的依恃。据《元史》卷一二《世祖本纪九》载，至元十九年（1282）三月，"益都千户王著，以阿合马蠹国害民，与高和尚合谋杀之"。当时，忽必烈离开大都赴上都避暑，有人假借真金太子的名义召见阿合马，阿合马慌乱中赶来，没想到却被早已等候在那的王著与高和尚等人锤杀。关于阿合马被杀之事，伊利汗国宰相波斯人拉施特在《史集》中有所提及，他的观点与汉文史料的记载有所不同："阿合马异密作了合罕的宰相。[全部]政事都掌握在他手中。还在察必哈敦生活于自己父亲的家中时，异密阿合马就同他们亲近。……汉人异密们由于嫉妒而仇视。真金也对他没有好感。……汉人异密们由于嫉妒和很早以来的仇恨，便动手谋害了他。"（《史集》卷二，第340—341页）朝廷重要宰执官员惨被锤杀，这件事对于忽必烈的震动是不言而喻的。阿合马案件于至元十九年（1282）十一月才最后定谳："诏以阿合马罪恶颁告中外，凡民间利病即与兴除之。"（《元史》卷一二《世祖本纪九》）

阿合马被杀之后，蒙古宿卫大臣和礼霍孙被任命为中书右丞相，与省台官员共议阿合马所管财赋事。他一方面清算阿合马党羽，革除各种弊政；一方面重新重用儒士，并奏请开科举。然而，不久之后，他便被解职。

自阿合马死后，朝廷上下都忌讳谈论财利之事。当时，没有哪位大臣能符合忽必烈"裕国足民"的大愿望。也就是说，没有像阿合马那样能干的理财能手为忽必烈聚敛财富了。在这种局面下，大臣桑哥向忽必烈推荐了一位名叫卢世荣的人，称他才能出众："世荣有才术，谓能救钞法，增课额，上可裕国，下不损民。"（《元史》卷二〇五《卢世荣传》）

卢世荣是河北大名人，因贿赂阿合马而得官，曾为江西榷茶运使。他是个标准的财赋型官员。忽必烈在听取桑哥的建议之后，随即召见了卢世荣。卢世荣奏对称旨，获得肯定。至元二十一年（1284），忽必烈命中书省官与卢世荣进行廷辩，就当时国家所面临的主要问题展开讨论。右丞相和礼霍孙等人辩论不过卢世荣，最后忽必烈任命卢世荣为右丞。卢世荣承诺半年增收三百万锭，他实行"立法治财"：重新纠集阿合马的党羽；趁纸钞贬值之机，又以三倍的数额印钞；重视主办官营或官商合营的工商业。他出台"官本船"贸易政策，官方出航海钱，朝廷赢利，经手人得三成。卢世荣的政策对于求财若渴的忽必烈而言，具有一定的吸引力。不过，由于卢世荣恃委任之专，肆无忌惮，视丞相犹虚位。他上任不到十天，就有汉人臣僚上奏"卢世荣不可为相"，要求弹劾卢世荣。至元二十二年（1285），卢世荣这位几乎毫无根基的大臣，既无蒙古贵族的力挺，更得不到汉族儒臣的支持，最终被下狱、处死，草草收场。

至元通行宝钞

桑哥是胆巴国师的弟子，有关他的族属不甚明确，他很有可能是畏兀儿人。据说他懂蒙古语、汉语、畏兀儿语、藏语等多种语言，曾担任过八思巴的译使（翻译人员）。在当时，能通多种语言的人，自然是会受到欢迎和重视的。桑哥曾担任总制院使，掌管全国佛教事务，并兼领吐蕃地区的各种事务。虽然他推荐的卢世荣被处死，不过并未影响他的仕途。相反，他的理财本领却被忽必烈所赏识。至元二十四年（1287），桑哥被任命为尚书省右丞相，主持政务。桑哥上台后，采取一系列措施试图解决财政问题：首先就是更定钞法，改行至元钞，以至元钞一贯换中统钞五贯，并加大印量——此举很自然会出现通货膨胀，导致民怨甚深；其次，勾考全国钱谷，就是对全国财赋征收等事宜进行审计——这对于治理地方贪腐是件好事，不过由于所用非人，派出去审计的人员自身贪污腐化，反而导致更大的问题出现；最后，抑制诸王宗藩，如拘收安西王相府之印、改诸王印章印纹、禁一藩二王等——这些举措直接损害的是蒙古黄金家族成员的利益，自然也会招致他们的反对和愤恨。此外，桑哥还增加盐酒等课税，当时有称"盐赋所得，占天下财赋收入的一半"，可见这是个大税源。江淮、河间等地的盐税官员，都是他的亲信。

　　桑哥的举措对于快速增加政府收入，短期说来确实是有一定成效的。不过，于一般民众而言，这是新一轮的搜刮和抢夺；对于蒙古诸王以及官僚们来说，桑哥的政策就是一种限制。然而，忽必烈却对桑哥宠信有加，不仅将原本由中书省掌握的对中央和地方官员选调、任命的"宣敕"权交付给他，还允许他拥有怯薛散班和侍卫兵作导从，甚至准许他乘坐小舆车出入。

由于桑哥权势熏天,他的专横之气也滋长益盛。他不仅诋毁和排挤汉人,对蒙古大臣也毫不忌惮。同时,他收受贿赂,只要价格合适,可以枉法徇私,免除犯罪者的刑罚。更有甚者,他居然还按价格出售官爵。

至元二十八年(1291)春,忽必烈在大都附近的猎场狩猎,随侍左右的几位怯薛成员乘机控告桑哥"专权黩货"。忽必烈起初并不相信,甚至怒斥这些怯薛是在诋毁大臣。没想到怯薛拼死血谏,忽必烈这才重视起来,急召中书平章政事不忽木前来核实。不忽木据实禀告说:"桑哥欺罔皇上,紊乱朝政,打压异己,无人敢言;现在百姓困窘,盗贼蜂起,形势令人担忧。"忽必烈听闻之后,才获知桑哥违法事态的严重,最终决意将他处死。

忽必烈在下诏诛杀桑哥前,派人查抄桑哥的家资,所得金银财宝可装满屋子。据《史集》记载,从桑哥家查抄来两箱子无与伦比的珍珠和贵重物品,忽必烈责问他:"怎么样,你有这么多珍珠,我向你要两三颗珍珠,你却不给!"桑哥羞愧地说道:"大食达官贵人们可以作证,这都是他们给我的。他们每个人都是某个地区的长官。"忽必烈说:"为什么他们不把珍珠和贵重物品也献给我呢?你把一些粗毛衣服带给了我,而把金钱和无比贵重物品归了自己!"(《史集》卷二,第349页)桑哥贪赃枉法的行为得到证实。这年三月,桑哥被处死。

桑哥支持另一名西番僧杨琏真加出任江南释教都总统,掌管南方佛教事务。此人在江南胡作非为,甚至盗掘了南宋在绍兴的陵寝,并亵渎南宋皇帝的尸骨,激起了南方士人的极大愤慨。

上述几位理财大臣，在满足忽必烈对外征讨所需之经济支持方面，都起到过一定的作用。阿合马对于大元接管南宋之后稳定南方的经济是有所贡献的，桑哥在平定吐蕃各地叛乱、安抚佛教各派的问题上同样也起过积极作用。不过，由于理财大臣推行重赋，自身又贪腐，最终不得人心，难逃被诛杀的命运。大臣们的贪墨，其实折射出的正是忽必烈的失察与昏聩。理财上这些涸泽而渔的做法，毫无疑问于元廷有小利而贻大害。

理财大臣们均被列入《元史·奸臣传》，根本的缘由在于，汉地传统儒臣们所坚守的"义"，与追求功利的理财大臣们所追求的"利"之间，产生了根本的分歧。理财大臣在为忽必烈"经度财赋"的方式上，基本手段都比较一致：整顿和增加盐、酒、茶、商等课税，官方经营金属冶炼及海外贸易，"理算"各地钱粮账簿，甚至滥发纸币。这些措施大多是典型的"与民争利"政策。理财臣僚们多是色目人，他们是善于经商的能手，对于如何增加财富，颇有一套法宝。当时，忽必烈朝中的儒臣们面对这种情形，大声疾呼，要求元廷"不营小利"，强调应遵循儒家传统"节用""爱人"等主张。他们"讳言财利事"。因此，儒臣们与理财大臣们之间的矛盾，是显而易见的。忽必烈朝便出现了两派，即所谓坚持"汉法"的儒臣与推行"回回"法的色目臣僚。

忽必烈因为对外征伐以及对内赏赐的现实需要，要求大量增加国家财政收入，他自然会更加亲近理财大臣。不过，忽必烈的儿子真金太子则有些不同，他倾心于汉儒汉法。真金太子自小就受儒学熏陶，跟随姚枢、窦默等汉儒学习儒家经典。被立为太子之后，他更是全面加强对汉地的了解，学者王恂、许衡等人给他讲解《资治通鉴》《贞观政要》等著作，并讲述辽、金帝王行事要略。可以说，真金对"汉法"有很深入的认识。《元史》卷一一五《裕宗传》称赞说，"中外归心"于他，这说明他确实是受到儒臣们推戴的。

阿合马擅权秉政时，真金对他的各种做法深感不满，曾给过他不少颜色。朝廷上下，阿合马最畏惮的也就只有真金太子。右丞卢世荣以"言利"受到重用，真金也极不赞同他的主张，曾说："财非天降，安得岁取赢乎。恐生民膏血，竭于此也。岂惟害民，实国之大蠹。"（《元史》卷一一五《裕宗传》）

然而，在理财能手阿合马遭锤杀、卢世荣又被诛杀之后，真金太子与和礼霍孙、安童等大臣，始终无法解决财政上的问题，经济情况也逐渐恶化，出现了自中统以来前所未有的经济危机。

在卢世荣遭受弹劾前后，江南出现了一桩"禅位"事件。江南行台监察御史上书称，世祖年岁已高，宜禅位于太子。真金太子得知该信息后，惊恐不已。他知道这种"逼宫"行为实在是帝位传递的大忌。这份"上书"文件递到了中央御史台，御史台都事尚文意识到，这份文件可能会给太子真金带来麻烦，于是没有进一步上奏，而是采取了密封的办法。没想到阿合马余党达即归阿散得知此文件的存在，于是以"请收内外百司吏案，大索天下埋没钱粮"为借口，上奏忽必烈，要求排查已封存的御史台档案。忽必烈批准了达即归阿散的奏折,下令清查。由于支持真金的大臣们拒不交出那份秘密文件,忽必烈十分不满。形势愈危急,真金也愈感忧惧。这时,御史台都事尚文冒死谏言忽必烈,抨击阿合马余党的不良企图。由于此事关涉真金太子,忽必烈最终被说服。然而,真金太子还是因为惊惧过度,于至元二十二年(1285)底去世,时年四十三岁。

忽必烈对理财大臣的重视和真金对儒臣的信任,反映出的是世祖朝的一种政争。表面上看,这似乎是传统儒臣和功利之臣有关"义""利"的争论,实质上体现的是忽必烈在"汉法"与"回回法"之间寻求一种平衡。他自然是以统治的实际需要出发,不会因为重视一方而完全摒弃另一方。忽必烈对于"汉法"或"回回法"都不会完全地接受,当然也不会完全地否定。然而,他自身所代表的"蒙古法",却是始终不可动摇的根基。在最核心的问题上,黄金家族成员们所拥有的利益,是必须得到维护的。

倘若撇开"汉法"与"回回法"之争中所体现出的文化背景和族群背景差异不论,两派论争一定程度上所显现出的,其实也是台谏系统官员与中书省(尚书省)

马可·波罗像

主管经济系统官员之间的一种监督与反监督的较量。或许这也是忽必烈当初设立中书省、枢密院"两手",而以御史台作为医治"两手"这种制衡机制本身,所带来的一种政治论争。

真金的早逝,给忽必烈带来的打击是沉重的,此后,他对政事的过问似乎有所减弱。桑哥擅权期间,忽必烈对许多事情已逐渐失去了关注的兴趣,他也没有太多的精力了。因此桑哥的许多枉法之事,满朝上下都已知道,只有忽必烈本人不知道。

至元三十一年(1294),忽必烈去世。忽必烈庙号世祖,尊号为"宪天述道仁文义武大光孝皇帝",蒙古语尊号为"薛禅合罕"。他在位长达三十五年,占了整个元王朝统治时间的三分之一。

忽必烈是大蒙古国和元朝历史上成就仅次于成吉思汗的一位蒙古大汗。马可·波罗吹捧忽必烈是"人类元祖亚当以来迄于今日,世上从来未见广有民众、土地、财货之强大君主"。(《马可·波罗游记》)忽必烈作为蒙古大汗,最重大的成就之一就是灭掉了南宋,这是当时世界上最为富庶、人口最多、文化高度发达的国度。作为传统中国王朝元王朝的皇帝,他再度统一了中国,奠定了今日中国疆域的基本规模,也奠定了元代几乎所有方面的大致框架。尽管在他统治时期,科举未被推行,他也坚守蒙古的旧传统,灭亡南宋后一直重用理财大臣,并且四出征伐;然而他留给后世子孙的国家,不仅规模庞大,而且管理有效。《元史》评价他:"度量弘广,知人善任使,信用儒术,用能以夏变夷,立经陈纪,所以为一代之制者,规模宏远矣。"

第五章

元王朝由守成到更化至覆亡

成宗守成：铁穆耳继位及其"惟和"政策

元王朝从世祖忽必烈1260年即位算起，至1368年元顺帝北遁，一共一百零九年时间。这个王朝先后有十位皇帝（其间，有一位天顺帝，即阿速吉八。他由权臣所拥立，未获正式承认，且在位仅月余，兹不计入），掐头（元世祖，1260年至1294年，在位三十五年）、去尾（元顺帝，1333年至1368年，在位三十六年），中间的三十九年间，先后走马灯似的换了八位皇帝。除开皇帝本身寿命的短促这一因素外，更大的问题就是，汗位/皇位的继承危机，一直困扰着元朝整个时代。

大蒙古国时期，汗位继承危机中透露出的比较深刻的矛盾就是，长辈优先原则（如兄终弟及、叔侄相继）与幼子守产制之间的冲突。进入元时期以后，上述那对矛盾似乎已有所减弱，皇位在忽必烈的儿子真金的后嗣中产生。皇位继承主要受到两大因素的影响：一是朝中权臣的作用明显得到提高，而蒙古忽里台上诸王的作用则在减弱；二是镇守漠北本土、祖宗根本之地的蒙古宗王，更具有问鼎大汗或皇帝宝座的机会，因为他们常常统率着强大的驻边军队。这后一大因素，逐渐演变成为元代皇位继承的一种传统或惯例。当然,特别值得注意的是,大蒙古国和元朝时代不少大汗或皇帝得以继位,其母后的影响同样至关重要。

真金太子是忽必烈皇后察必哈敦所生次子,长子朵儿只因体弱多病,早卒。按照汉地的传统,真金以嫡以长,立为太子是再正常不过的了。不过,忽必烈在众多儿子中,曾属意四子那木罕作为他的继承人。

拉施特《史集》记载说:

> 合罕在数年之前,当海都的军队还未[掳]去那木罕之时,曾无意中说出了由他继承大位,这个热望[一直]都存在他心中。但后来,合罕注意到真金很聪明能干时,就很喜欢他。当脱脱蒙哥[已经]把那木罕送回之后,合罕命令立真金为合罕。那木罕难过起来,他说道:"他[真金]继位后,将怎样称呼你呢?"合罕生了气,把他大骂一顿,从自己身边赶走,并说道:"不许再来见我!"他[那木罕]过了几天就死了。

那木罕于至元三年(1266)封北平王;四年(1267),出镇阿力麻里,以右丞相安童辅佐;七年(1270),讨伐叛王聂古伯。他屡立战功。然而,至元十四年(1277)的时候,那木罕被叛王昔里吉给劫持了,安童也遭拘禁。直到至元二十二年(1285),那木罕才被放归,仍负责镇守北边。《元史》卷二九《泰定帝本纪一》称:"世祖以第四子那木罕为北安王,镇北边。"那木罕能到北边镇守，已经显示出他在忽必烈心中的地位了。《史集》中记载那木罕对皇位的觊觎，以及对真金继位的安排表达不满，主要原因就在于那木罕拥有统兵镇守漠北的优势。当然，后来事态的发展，已不随他的意愿为转移了，尤其是他曾被掳走这件事情，估计已严重影响了他的政治前途。

其实，真金被立为太子的苗头，早在中统三年的时候就已十分明显了。据《元史》卷五《世祖本纪二》载，中统三年，"十二月甲寅，封皇子真金为燕王，守中书令"。《元史》卷八《世祖本纪五》载，至元十年（1273）三月，"遣摄太尉、同知枢密院事伯颜授皇太子真金玉册金宝。辛未，以皇后、皇太子受册宝，诏告天下"。《元史》卷一〇八《诸王表》则称，真金于"至元十四年册为皇太子"。

真金以皇太子之尊，长期兼领中书省和枢密院事。至元二十二年十二月真金去世，这使得皇位的继承人选，突然生变。忽必烈晚年对新人选的问题，似乎长期举棋不定。在铁穆耳之母、真金的正妻阔阔真的积极斡旋下，至元三十年（1293）六月，铁穆耳被授予皇太子宝玺，总兵出镇漠北，并由重臣玉昔帖木儿辅佐。《元史》卷一七《世祖本纪一四》称："以皇太子宝授皇孙铁穆耳，总兵北边。"此时距离真金去世已近十年了。

至元三十一年（1294）春，忽必烈驾崩；当年四月，铁穆耳至上都即皇帝位，是为元成宗。不过，铁穆耳的继位并不是一帆风顺的，他遇到了长兄甘麻剌的强有力的竞争。此前甘麻剌在与铁穆耳的竞争中失败，据说是因为有口吃，口才不好，所以忽必烈选择了铁穆耳。甘麻剌也长期镇守北边。至元二十九年（1292），甘麻剌由云南梁王改封晋王，"移镇北边，统领太祖四大斡耳朵及军马、达达国土"（《元史》卷一一五《显宗传》）。可以说，甘麻剌所具有的武力优势和地位，与成宗相比，可谓不相上下。世祖驾崩时，晋王随即奔赴上都，参加忽里台。据《元史》卷一一五《显宗传》载：

成宗孛儿只斤·铁穆耳像

> 世祖崩，晋王闻讣，奔赴上都。诸王大臣咸在，晋王曰："昔皇祖命我镇抚北方，以卫社稷，久历边事，愿服厥职。母弟铁木（穆）耳仁孝，宜嗣大统。"于是成宗即帝位，而晋王复归藩邸。

从这段微妙的叙述中可以看出，晋王甘麻剌当时摆出了欲争权的架势。无奈的是，铁穆耳是忽必烈所指定的继承人，又得到母后阔阔真的支持；更为重要的是，当时重臣玉昔帖木儿、伯颜、不忽木等都支持成宗继位。伯颜对成宗的支持可谓不遗余力。据《元史》卷一二七《伯颜传》载：

> 成宗即位于上都之大安阁,亲王有违言,伯颜握剑立殿陛,陈祖宗宝训,宣扬顾命,述所以立成宗之意,辞色俱厉,诸王股栗,趋殿下拜。

甘麻剌面对诸王、大臣都齐聚在一起的情形,只能无奈接受事实,回到自己的藩邸。当然,正是由于甘麻剌长期镇守漠北,在以后的帝位争夺中,甘麻剌后嗣仍然有问鼎皇帝宝座的机会。元泰定帝也孙铁木儿,就是甘麻剌的长子。

成宗在《即位诏书》中称:"尚念先朝庶政,悉有成规,惟慎奉行,罔敢失坠。"他要谨守世祖成规,以"持盈守成"作为基本国策。为了使世祖时期原有的政策能得以延续,成宗即位之后所起用的政府机构官员,基本上是世祖后期的官员,并没有大规模更换新鲜血液。中书省的宰执官员大多留用,甚至原来的理财大臣阿合马手下的麦术丁和阿里等人,也继续得到任用。为保持社会稳定,成宗通过减免赋税、限制诸王势力等措施,来缓和社会矛盾。

成宗也对世祖时期的一些政策"改弦更张",尤其是在对外政策方面,进行了调整。

一方面,成宗在击败西北叛王海都等宗王的基础上,

泰定帝也孙铁木儿像

向察合台汗国、伊利汗国、钦察汗国等派出使臣,表达"约和"意愿,逐渐形成一种相对"和平"的局面。值得注意的是,大德年间以后,由于元王朝逐渐减少了在西北方向上对别失八里、西域等地区的进攻,元代史料就比较少提及西北诸王"叛乱"的事情了。

另一方面,他调整了忽必烈时代的对外扩张策略,停止了对日本的进攻,在对东南亚方向的征伐上,也有所收缩。成宗开放海外贸易,元廷同东南亚、中东等地区的海外贸易也开始兴盛发达。不过这种活动多是官营活动,私商入海贸易是被禁止的。

我们从元代福建行省的置废过程中,也能看到从世祖到成宗时期政策的转变:大德三年(1299)之前,福建行省屡次设置,又屡次罢废;大德三年以后长达数十年间,福建又长期不单列置省。其中主要的原因就是,成宗时期在对外军事征服、对内镇压反叛方面已有所收敛,政局渐趋平稳;对海外的招抚与经营开始加强,海外贸易也逐渐加强。因此,单独设置行省的必要性已降低。成宗时期出现的变化,其实某种程度上是对世祖政策的变更。

可以说,成宗在位期间基本维持着守成局面,对内、对外都强调"惟和"。元成宗本人不如世祖忽必烈那般具有开拓进取的雄心,首要大臣完泽又推行"处之以安静,不急于功利"的政策,所以成宗时期出现一种"世道清平,人获休息"的安定局面。

然而,由于元王朝本身维持运转有着特殊的需求,尤其表现在赏赐方面,皇帝滥赏无度,常致财政入不敷出,因此,成宗朝的经济状况也日趋窘迫,社会矛盾依然突出。另一方面,由于政府冗官冗员增多,政府的行政效率也渐趋下降。

成宗统治后期发生一件震惊全国的重大案件。大德七年(1303),江南的两名漕运万户朱清与张瑄,因行贿以及"谋反"等罪被下狱,其后朱清自杀,张瑄则被处死。受此案件牵连的中书宰执官员有多人,甚至完泽也牵涉其中。这件轰动一时的大案,一改成宗登极以来的平和宽宥之风气,在朝野引起了很大的争论。

宋末元初时,朱清、张瑄两人只是今上海地区走私食盐的海盗,后来他们降元伐宋,有一定战绩。他们两人最为人称道的是,至元十九年(1282),元廷在寻求如何将南方漕粮大规模北运大都的时候,朱、张两人建议循海路北运。这一建议得到采纳。于是两人置办海船,研究海运路线,自江苏太仓刘家港起运粮食到京师,大幅度缩短了漕粮北运的时间,便利了南北方经济的交流,更为后来海运以及海外贸易的发展打下了很好的基础。两人由此起家致富。张瑄官至江南行省左丞,朱清则由都漕运万户而累官至河南行省左丞。为朱、张两人招来杀身之祸的,不是行贿或所谓的"谋反",最根本的原因是他们私自置办大批海船,参与东南亚诸国的通商贸易,这严重损害了原本由政府所控制或元成宗等皇族所控制的海上贸易的利益。

受到朱、张案件牵连的腐败官员,后来很快又得到重新起用。由于贪腐以及滥加赏赐等现象的不断增多,成宗朝末期不仅财政面临危机,整个社会的危机也愈发突出了。

大德十一年(1307)春正月,成宗驾崩。他在位十三年,去世时年仅四十二岁。他的谥号为"钦明广孝皇帝",蒙古尊号为"完泽笃合罕"。元成宗是位守成之君,《元史》这样评价成宗:"成宗承天下混一之后,垂拱而治,可谓善于守成者矣。惟其末年,连岁寝疾,凡国家政事,内则决于宫壸,外则委于宰臣;然其不致于废坠者,则以去世祖为未远,成宪具在故也。"在忽必烈这位"强人"之后,元成宗能坚守政局,保持国家平稳,这确实称得上是一大历史的功绩。

成宗去世之后,由谁来继承皇位呢?

成宗曾于大德九年(1305)册立德寿为太子,德寿太子是成

《二马图》(元代任仁发绘)。图中绘肥瘠两马,肥马昂首得意,瘠马步履蹒跚,用以比喻为官之贪与廉。

宗与皇后卜鲁罕的独子。然而，德寿太子不久便夭折了。成宗去世前，未再立太子。卜鲁罕由于在成宗生病后一直干政，她与朝中许多官员都较为近密。成宗去世之后，卜鲁罕在继承人的人选问题上，大力支持元成宗的堂弟、安西王阿难答继位。据说卜鲁罕与阿难答之间的关系十分特殊。阿难答是真金弟弟忙哥剌的后人，在与西北叛王的战争中，他战绩颇丰，手头掌握着重兵。他是一位已皈依伊斯兰教的蒙古宗王。成宗去世之后，阿难答也立即回朝，与卜鲁罕里应外合，企图夺权。

时任中书省右相的哈剌哈孙，则支持真金次子答剌麻八剌的长子海山继位。海山的弟弟爱育黎拔力八达，也拥立兄长。答剌麻八剌曾于至元二十八年（1291）出镇怀州（今河南沁阳），不过很快病逝。大德三年（1299），由于宁远王阔阔出总兵北边，怠

武宗孛儿只斤·海山像　　　　　　武宗文献皇后像

于备御，北方边防松弛，成宗命侄儿海山总兵漠北。大德年间，在与西北藩王的战争中，海山战功卓著，深为蒙古诸王、将领所拥护。由于海山军功显赫，又统领着精锐的军队镇守漠北和林，因此他在帝位的争夺中，具有十分明显的优势。他的弟弟爱育黎拔力八达，在大德九年（1305）十月成宗大病的时候，被皇后卜鲁罕遣送至怀州的封地，主要就是为了防止他将来介入皇位的争夺中来。爱育黎拔力八达重视儒术，倾心汉文化，颇得中原及南方士人之心，所以卜鲁罕对他有所防备。

爱育黎拔力八达在成宗去世后，立即与母亲启程返回大都奔丧。而此时他的兄长海山，仍在西北地区巡守，距离大都十分遥远。爱育黎拔力八达从河南地区北上，不久就先于海山回到大都。他意识到仅凭自身实力，难以同卜鲁罕皇后的势力相抗衡，于是选择支持自己兄长海山争夺帝位。海山与爱育黎拔力八达兄弟两人，又会在后续元王朝皇位继承问题上发生怎样的争执呢？

武仁授受："兄弟叔侄相继"与"延祐儒治"

大德十一年（1307）春成宗崩逝时，海山尚在按台山（今阿尔泰山）地区。这年的三月，他才回到喀拉和林。

成宗皇后卜鲁罕为了阻止海山南下争夺帝位，企图先以皇后身份摄政，由阿难答辅政，然后再将阿难答扶正为帝。控制着中枢和卫军系统的中书右丞相哈剌哈孙，以及御史台的许多官员，都反对卜鲁罕的这种企图。哈剌哈孙一面称病与卜鲁罕周旋，一面派人通知海山及其弟爱育黎拔力八达快速返回大都。

哈剌哈孙等爱育黎拔力八达到达大都后，赶在卜鲁罕意图发动政变夺权之前的一天，将京师卫军交予爱育黎拔力八达，由他率卫军入宫，拘禁卜鲁罕、阿难答等反对派。爱育黎拔力八达很快控制了局面，并暂时监国执政，虚位以待兄长海山。

大德十一年（1307）三月，海山在喀拉和林即受到诸王推戴；五月，海山到达上都，爱育黎拔力八达与母后答己，到上都与海山相会。左、右部诸王都会聚到上都，参加忽里台。忽里台上议决废皇后卜鲁罕，将其出居东安州（今河北廊坊市安次区），后又赐死；安西王阿难答等人，也被处死。

大德十一年（1307）五月二十一日，海山于上都即位，是为元武宗。次月，武宗下旨："诏立母弟爱育黎拔力八达为皇太子，受金宝。"

武宗之所以立弟弟爱育黎拔力八达为太子，一方面自然是对他拥戴之功的回报，另一方面实在是出于无奈。在爱育黎拔力八达获权监国时，母后答己请来阴阳家为她的两个儿子推算星命，结果显示若立爱育黎拔力八达为帝，则国运可以长久，立海山为帝则国祚短促。于是，答己派遣近臣去告知海山，认为阴阳家的推算不能不慎重考虑。答己的意思十分明显，就是希望海山能接受自己的劝退主张，让爱育黎拔力八达来当皇帝。海山接到这个消息后，十分愤怒，他对心腹大臣康里脱脱说：

我捍御边陲，勤劳十年，又次序居长，神器所归，灼然何疑。今太后以星命休咎为言，天道茫昧，谁能豫知？设使我即位之后，所设施者上合天心，下副民望，则虽一日之短，亦足垂名万年，何可以阴阳之言而乖祖宗之托哉！（《元史》卷一三八《康里脱脱传》）

海山对于帝位的渴望是十分强烈的：即便做一日皇帝，也足可名垂万年。他对母后答己极为不满，派遣康里脱脱至大都入见太后答己，表明自己当仁不让的态度和决心；同时，亲率大军分三路东进，准备以武力作为后盾夺取政权。答己意识到事态的严重性，于是在两个儿子间居中作出协调：爱育黎拔力八达结束摄政，海山即位为帝；作为回报，海山立爱育黎拔力八达为太子，并约定"兄弟叔侄，世世相承"。母子三人间，"三宫共处"，天下协和。当然，这样的安排只能说是一种暂时的妥协，它所确定的原则随时可能被抛弃。

武宗即位后，以知枢密院事朵儿朵海为太傅，中书右丞相哈剌哈孙为太保，并录军国重事；知枢密院事塔剌海为中书左丞相；床兀

答己皇太后像

儿、阿沙不花、明里不花同为中书平章政事；阿里为中书左丞；塔思不花、康里脱脱为御史大夫。除哈剌哈孙等少数成宗时期旧臣得以续用外，武宗大量地换上了追随自己镇守北边时的心腹旧部。

为了获取更多支持，武宗大量地给诸王、臣僚加官进爵。两年间加封了十四个"一字王"，而且打破只有大汗之子才能加封的惯例。中书宰执官员达到十四名，御史大夫则多达四员，以至于当时大臣惊呼，这种状况实在是"前制所无"。武宗上台之后，我们可以发现，中书省、御史台官员屡屡陈奏，政务大多"非祖宗成法"，要求予以更正。这就非常清楚地表明，武宗实行的不少政策是违反世祖、成宗以来的规矩的。

与此同时，为酬答诸王、功臣、将领的推戴之功，武宗又在经济上大加赏赐。原本按照成宗赏赐数额的标准给予赏赐即可，没想到武宗根本不予理会，即便是已经得到赏赐的，还另外再行追加赏赐。当时右丞相哈剌哈孙曾进言："诸王、驸马会于和林，已蒙赐与者，今不宜再赐。"海山回答说："和林之会，国事方殷。已赐者，其再赐之。"此外，武宗又大兴土木，兴建各类建筑。由于赏赐无度，政府开支太巨，财政状况愈趋恶化。

这也就无怪乎《元史》这样评价武宗："武宗当富有之大业，慨然欲创治改法而有为，故其封爵太盛，而遥授之官众，锡赉太隆，而泛赏之恩溥，至元、大德之政，于是稍有变更云。"（《元史》卷二三《武宗本纪二》）

武宗即位不到两个月时间，就因赏赐无度，出现财政上的困难。大德十一年（1307）七月，或许是出于对哈剌哈孙的不信任，武宗将他外调到漠北和林行省担任左丞相，出镇北边。面对财政经济的困难局面，武宗不是缩减开支、裁撤冗员，而是走上了世祖时阿合马、桑哥当政理财的老路。这年九月，武宗下诏恢复设立尚书省，负责"分理财用"，"以脱虎脱、教化、法忽鲁丁任尚书省，仍俾其自举官属。"（《元史》卷二二《武宗本纪一》）当时御史台官员立即上奏反对，没想到武宗回答说：他们三人既然有意愿试行，那就姑且让他们试试吧。大概是由于遇到的阻力太大，尚书省当时没能立即成立。

至大二年（1309）八月，时隔近两年时间之后，由于滥赏无度，财政仍持续恶化，武宗还是决意设立尚书省：

> 立尚书省，以乞台普济为太傅、右丞相，脱虎脱为左丞相，三宝奴、乐实为平章政事，保八为右丞，忙哥铁木儿为左丞，王罴为参知政事，中书左丞刘楫授尚书左丞、商议尚书省事，诏告天下。（《元史》卷二三《武宗本纪二》）

尚书省的官员大多是武宗旧幕僚，有些官员甚至是有贪腐不良记录的前朝理财官僚。尚书省成立之后，它首先采取的经济措施就是"变更钞法"，"颁行至大银钞"。当时元廷下诏规定："至大银钞一两，准至元钞五贯、白银一两、赤金一钱。""中统交钞,诏书到日,限一百日尽数赴库倒换。"(《元史》卷二三《武宗本纪二》)很明显,这一措施使得至元钞贬值,通货膨胀再起,结果必致百姓遭殃。

尚书省官员们并无力改变财政状况持续恶化的状况,他们却照样获得武宗的垂青。三宝奴获授"答剌罕"称号。"答剌罕"曾是授予那些对大汗有救命之恩的少数人的,拥有此称号的人可"自在快活",享有"九罪弗罚"、随时可以出入宫禁等特权。以三宝奴为代表的一大批武宗亲信近臣,转而又干预宫廷内政。

至大三年(1310),三宝奴等游说武宗废掉爱育黎拔力八达,改立长子和世㻋为皇太子。康里脱脱极力反对此事。《元史》卷一三八《康里脱脱传》记载了康里脱脱与三宝奴就废立太子之事的辩论:

> 脱脱曰:"国家大计不可不慎。曩者太弟躬定大事,功在宗社,位居东宫,已有定命,自是兄弟叔侄世世相承,孰敢紊其序者!我辈臣子,于国宪章纵不能有所匡赞,何可隳其成?"三宝奴曰:"今日兄已授弟,后日

仁宗孛儿只斤·爱育黎拔力八达像

叔当授侄,能保之乎?"脱脱曰:"在我不可渝,彼失其信,天实鉴之。"

三宝奴虽不以为然,但也无力改变康里脱脱的反对立场。最终,改立皇储之事也就不了了之。史料并未提及武宗对于此事的态度,不过非常明显,若无武宗的默许或授意,此事是不敢被提出来加以讨论的。

至大四年(1311),也是在春天的正月,武宗去世。武宗蒙古语尊号为"曲律合罕"。他在位不满五年,去世时仅三十一岁。

武宗甫一去世,皇太弟爱育黎拔力八达便执掌大权,迅速地完成了兄弟间的权力过渡,历史上称之为"武仁授受",是为元仁宗。仁宗在辅助武宗"削平内难"夺取皇位中已施展了自己的能力;自武宗即位以来,他又兼领中书令、枢密使等职,得以"百揆机务",积累了丰富的治国经验。因此,他的执政能力和手段是毋庸置疑的。

仁宗上台之后,便表现出他的魄力和决断能力。他迅即罢废尚书省,以"变乱旧章,流毒百姓"的罪名,将丞相脱虎脱、三宝奴,平章乐实,右丞保八,左丞忙哥铁木儿,参政王罴等悉数逮捕。随后,三宝奴、乐实、保八、王罴等皆被处死,只有忙哥铁木儿受杖刑,流放海南,免去一死。这主要是由于忙哥铁木儿身份特殊,他的祖母与母亲都与皇室关系密切,并且与随后在仁宗一朝权焰熏天的中书右丞相铁木迭儿之间,又有着特殊的裙带关系。

在清洗完武宗旧臣之后,仁宗征召世祖时期熟悉政务、声望卓著的老臣平章程鹏飞、董士选,太子少傅李谦,少保张驴,右丞陈天祥、尚文、刘正等人入朝辅政。随后又以云南行中书省左丞相铁木迭儿为中书右丞相,太子詹事完泽、集贤大学士李孟并为平章政事。

至大四年(1311)三月,仁宗正式即皇帝位。他在即位诏书中声称:"今则上奉皇太后勉进之命,下徇诸王劝戴之勤,三月十八日,于大都大明殿即皇帝位。"(《元史》卷二四《仁宗本纪一》)诏书中对于他与武宗间"兄弟叔侄,世世相承"的约定,只字不提。显然,仁宗对于兄长武宗的态度是心存不满的。

仁宗在罢废尚书省后,又下诏废至大银钞和至大铜钱,恢复行用中统钞,武宗朝以理财为核心的多项政策均被废止。仁宗还抑制诸宗王、贵戚等由分封而获取的特权,规定各封地的正达鲁花赤均由中央派遣,诸王只有任命副达鲁花赤的权力,以此加强皇帝的权力。同时,仁宗裁省冗司冗员,整顿吏治,规范用人机制,对于武宗时期和尚道士、戏子乃至酒肉贩夫都能到中枢任职的现象,予以禁绝。在仁宗的种种努力下,整个社会风气为之一新。

仁宗朝所带来的最重要的改变,不是上述与经济、政治相关的政策,而是它明确地将尊用儒术作为"从新拯治"的重心。仁宗朝皇庆、延祐年间,更是以"儒治"而著称于世。它最具有深远影响的政策是,皇庆二年(1313),元廷正式下诏恢复科举取士制度。在北方,该制度自金亡以来,已停废达八十年;在南方,自南宋灭亡以来,也已中断三十余年。

仁宗之所以推行科举,与他早年师从名儒李孟学习儒家的伦理和政治思想有着很密切的关系。皇庆二年的夏天,仁宗与李孟讨论用人方略问题,李孟进言说:"人材所出,固非一途,然汉、唐、宋、金,科举得人为盛。今欲兴天下之贤能,如以科举取之,犹胜于多门而进;然必先德行经术,而后文辞,乃可得真材也。"(《元史》卷一七五《李孟传》)

仁宗听了李孟的建言之后,深以为然,决意推行科举。十月,"敕中书省议行科举";十一月,颁行科举诏。仁宗设科取士,目的就是要"经明行修,庶得真儒之用;风移俗易,益臻至治之隆"(《元史》卷八一《科举一》)。

仁宗在《行科举诏》中明确表示,历代以来科举考试科目首重词赋,大多"浮华过实"。仁宗要施行的科举考试科目有三,除古赋、诏诰章表外,主要是"明经""策问"。"经疑、经义以观其学之底蕴","复策之以经史时务,以考其用世之才"(郑玉《师山集》卷三《送唐仲实赴乡试序》)。程朱理学

《师山集》书影

对儒家经典的阐释,被确立为考试的标准。当然,它也逐渐获得了官方意识形态的地位。当时规定,每三岁一次开试,设乡试、会试、殿试三道,分左、右两榜,分别录取汉人、南人与蒙古人、色目人。

延祐元年(1314)八月,全国举行乡试,延祐二年(1315)录取进士五十六人,延祐五年(1318)录取进士五十人,共得进士一百零六人。仁宗朝于延祐年间的开科取士,史称"延祐复科"。许多士人通过这一途径而走上仕途。

作为"崇文右儒"象征的另一件大事,是仁宗允准纂修的《风宪宏纲》在延祐三年(1316)五月修成。该书以格例、条画的形式将世祖以来有关风纪的"政制法程",类集成书,它分成三纲一目。三纲是《诏制》《条格》《断例》,一目是《别类》。该书直至英宗至治三年(1323),才审定颁行,不过其题名已改为《大元通制》。这是元代法制史上具有里程碑意义的一部法典。

延祐初年的诸多儒治措施中,有一项遭到民众的强烈反抗,这就是所谓的"延祐经理"。当时南方诸王、豪富及寺观隐占大量官田、民

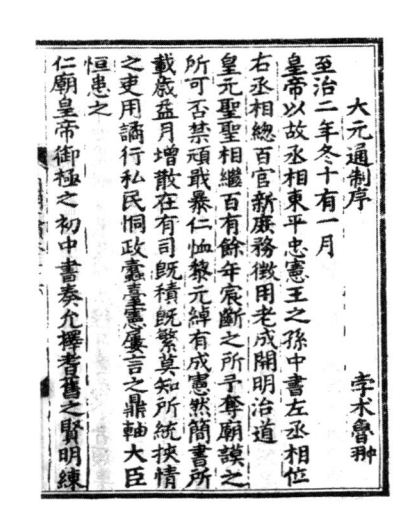

《大元通制》书影

田，强者田多税少，弱者产去税存，赋役不均，严重影响政府的财政收入。"延祐经理"的本意，是通过检核地方上田土占有的实况，理算租税数额，调整赋役负担。延祐元年（1314）冬，仁宗派遣张驴等人分道经理江浙、江西、河南三省田粮，"诏江南东、西道及浙西道民先自实土田"。然而，由于地方吏治的腐败，地方富豪互相勾结，"经理考核多失其实"，反而成为一项暴政，有些地方甚至出现逼死民众、拆毁民房、发掘民众坟茔以及虚报田亩等恶劣事件。其中影响最大的，就是引发了江西宁都州民蔡五九聚众起义反元。为平息民怨，仁宗被迫下诏，凡在三省经理中查出的漏隐田土，免征租税三年。延祐五年（1318），又下诏罢河南新括民田，依旧例输税；江西部分地区，因民众反抗，亦曾诏免新税。可以说，"延祐经理"的出发点是值得称道的，不过却造成了不好的影响，成为仁宗在位时的一项弊政。[1]

仁宗与儒臣们在推行"以儒术治国"的中原传统方针的时候，其实一直受到以其母后答己和中书右丞相铁木迭儿为首的集团的掣肘。答己对仁宗的偏爱，从两个儿子争位中就已表露无遗。仁宗受儒家传统熏陶，对母后答己极其孝顺。这导致他在面对答己集团时，只能谨慎小心，无力加以约束，致使许多改革成效大打折扣。铁木迭儿因为与答己关系近密，受到她的强力庇

---

[1] 姚大力：《蒙元制度与政治文化》，北京大学出版社2011年版。

护，仁宗对他的许多贪奸不法行为，根本无法追究。仁宗曾两度欲治铁木迭儿之罪，均以失败告终。

仁宗之所以对答己和铁木迭儿软弱，还有一个重要的原因就是他存有私心。他想改变和武宗之间达成的"兄终弟及，叔侄相继"协议，欲改立自己的儿子硕德八剌为皇太子。在这个问题上，他需要得到答己和铁木迭儿的支持。

延祐二年（1315）十一月，仁宗采取行动，封武宗长子和世㻋为周王。次年（1316）三月，又令周王出居云南。《元史》卷三一《明宗本纪》称："延祐三年春，议建东宫，时丞相铁木迭儿欲固位取宠，乃议立英宗（即硕德八剌）为皇太子，又与太后幸臣识烈门潜帝于两宫，浸润久之，其计遂行。于是封帝为周王，出镇云南。"可见，封和世㻋为周王，确实就是仁宗与答己、铁木迭儿合谋而达成的结果。

和世㻋一行刚至陕西，其父武宗的不少旧臣就前来相会，就其被贬往云南之事进行商议。最终，和世㻋采取了兵变的措施。由于当时和世㻋在关中的军事力量有限，在以兵变表达不满之后，他选择逃往阿尔泰山以西地区，依靠察合台后王的支持，以积聚力量。和世㻋也由此成为一位镇戍北边的宗王，这为他以后夺取帝位奠定了基础。

这年十二月，仁宗下诏："立皇子硕德八剌为皇太子，兼中书令、枢密使，授以金宝，告天地宗庙。"（《元史》卷二五《仁宗本纪二》）

延祐三年之后，仁宗已基本失去以儒治国的热情，在位的最后几年，基本碌碌无为，乏善可陈。延祐七年（1320），又是春天正月，仁宗驾崩，时年三十六岁。三月，仁宗子硕德八剌即帝位，是为元英宗。

仁宗在位九年，蒙古语尊号"普颜笃合罕"。《元史》评价仁宗："天性慈孝，聪明恭俭，通达儒术，妙悟释典。"

英宗被弑：至治新政与南坡之变

仁宗去世后，英宗硕德八剌在答己的扶助下，顺利继承帝位。英宗即位时，年仅十八岁，可谓少年气盛。英宗自幼受儒学熏染，倾向于推行"以儒治国"的方针。可以说，英宗在追求"儒治"的目标上是与仁宗一致的，这就不可避免地遭到以答己和铁木迭儿为首的集团的反对，他们以维护蒙古旧贵族和色目群体的利益为主。

仁宗去世后，答己仍是左右政局的关键人物。在仁宗去世仅四天之后，她便重新重用铁木迭儿，任命他为右丞相。英宗正式登位后，尊太后答己为太皇太后，铁木迭儿则"进开府仪同三司、上柱国、太师"。此外，仁宗时期信任的旧臣大多遭到清洗，而答己的亲信如黑驴、赵世荣、木八剌儿等人，则被安插进中书省，出任要职。英宗甫一上台，就面临着太皇太后答己和权臣铁木迭儿的诸多掣肘，他若要推行改革，其难度于此可见一斑。

与仁宗即位时的丰富阅历相比，英宗几乎可以说是毫无经验可言。不过，英宗这位少年皇帝是"初生之犊不畏虎"，他处事果敢毅然，锋芒毕露，以至于答己都暗自后悔自己的选择，认为不该立英宗为皇帝。据《元史》卷一一六《答己传》载：

> 太后见明宗（和世㻋）少时有英气，而英宗稍柔懦，诸群小以立明宗必不利于己，遂拥立英宗。及既即位，太后来贺，英宗即毅然见于色，后退而悔曰："我不拟养此儿耶！"遂饮恨成疾。

英宗正式即位两个月之后，为巩固自身地位，同时遏制答己与铁木迭儿的势力，开始在朝廷中枢机构中着手安排自己信任的人员。其中最引人注目的就是，这年五月，英宗下诏"以拜住为中书左丞相，乃剌忽、塔失海牙并为中书平章政事，只儿哈郎为中书参知政事"（《元史》卷二七《英宗本纪一》）。拜住是木华黎的后裔，世祖时名相安童的孙子。拜住被任命为中书左丞相时，年仅二十五岁。两位血气方刚的年轻人，有着共同的志向，锐意

《元史·英宗本纪》书影

改革，推行儒治。

铁木迭儿也安插自己的亲信以及儿子在朝中担任重要职务。至治元年（1321）三月，铁木迭儿"以铁失为御史大夫，佩金符，领忠翊侍卫亲军都指挥使"（《元史》卷二七《英宗本纪一》）。御史台这一监察机构的大权，落入铁木迭儿的掌控之下。

至治二年（1322）十月，权臣铁木迭儿和太皇太后答己相继去世，元英宗终于迎来了亲政的大好时机。右丞相铁木迭儿一去世，英宗立即任命拜住为中书右丞相；同时，为了表达对拜住的充分信任，让他能充分施展手脚，特不设左丞相，以拜住为唯一的丞相。英宗踌躇满志，欲施展抱负，厉行新政。至治二年十月为英宗一朝政治转变的分水岭。英宗要承继仁宗时所推行的"儒治"政策，他力主改革的动机和目标在他与拜住的对话中表露无遗：

> 拜住奏曰："自古帝王得天下以得民心为本，失其心则失天下。钱谷，民之膏血，多取则民困而国危，薄敛则民足而国安。"帝曰："卿言甚善。朕思之，民为重，君为轻，国非民将何以为君？今理民之事卿等当熟虑而慎行之。"（《元史》卷一三六《拜住传》）

英宗推行新政的主要内容包括以下几个方面。一是大规模起用汉族儒臣。原来遭铁木迭儿打压的张珪等人，被重新起用，吴元珪、王约、吴澄、王结等人，也很快被擢升至集贤院、翰林院及六部任职。至治三年（1323）正月，元廷发布《振举台纲制》，要"举善荐贤，为治之要"，"怀才抱德，隐晦不仕者，亦听荐扬"。英宗对于起用儒臣的心情，显得十分迫切。二是废徽政院（专门负责皇太后宫廷供奉事宜的官署），罢冗官冗职。三是推行"助役法"，就是运用国家的政令，使拥有大量土地的地主，按一定比例上交一小部分土地的岁收，作为助役费，用于补偿一般农民劳役方面的经济负担。四是减轻徭役。五是颁布《大元通制》，该书自仁宗朝开始编修，至英宗朝终告完成，它可被视为元英宗时期编纂成的一部法律集成，这使得他推行"汉法"的行政措施以法令条文的形式确立下来。因此，从上述诸多措施来看，英宗厉行改革，它的核心问题就是"行汉法"。英宗改革被称为"至治新政"。[1]

英宗的改革，势必会触及大多数保守的蒙古、色目贵族的利益，必然招致他们的抵制和反对。这突出地表现在他处置铁木迭儿势力的问题上。至治二年（1322）十二月，铁木迭儿去世仅两个月，他的儿子宣政院使八思吉思，就因贪腐伏诛，并被抄家。铁木迭儿的亲信们，自然是惶惶不可终日。他们并不知道少年皇帝和年轻的丞相会在对付他们的事情上走多远。英宗性格刚毅、武断，甚至也有几分暴戾之气。他并没有试图缓和与太皇太后答己一方的关系，相反却把政敌完全推到了自己

---

[1] 萧功秦：《英宗新政与"南坡之变"》，《元史论丛》第2辑，中华书局1983年版。

的对立面。蒙古诸王及旧贵族对英宗逐渐产生怨愤不满的情绪。最终，铁木迭儿的义子铁失，选择铤而走险，演出了一场权臣弑君的历史悲剧。

至治三年（1323）八月，英宗与右丞相拜住等人从上都南返大都，在一个名叫南坡店的地方驻营，该地距离上都仅十五公里。当天晚上，御史大夫铁失、知枢密院事也先帖木儿、大司农失秃儿、前平章政事赤斤铁木儿、前云南行省平章政事完者、铁木迭儿之子前治书侍御史锁南、典瑞院使脱火赤、枢密院副使阿散、卫士秃满及诸王按梯不花、孛罗、兀鲁思不花等人发动政变。铁失与赤斤铁木儿等人，先杀掉丞相拜住，然后再将英宗弑于行营。此事被称为"南坡之变"。

英宗遇弑时，年仅二十一岁。铁失等人弑君谋逆之后，不久即拥立常年镇守漠北的晋王也孙铁木儿为帝，是为泰定帝。也孙铁木儿是真金长子甘麻剌之长子，至元十三年（1276）出生于漠北晋王府邸，大德六年袭封为晋王，一直镇守北边。

也孙铁木儿对于英宗遇弑事件，应该说卷入颇深，脱不了干系。据史料记载，至治三年（1323）三月，也孙铁木儿的亲信、王府内史倒剌沙获得密报，称英宗将对晋王不利。八月二日，晋王也孙铁木儿猎于秃剌之地，铁失密遣斡罗思来告知将对英宗采取行动的信息，声称："我与哈散、也先铁木儿、失秃儿谋已定，事成，推立王为皇帝。""于是王命囚斡罗思，遣别烈迷失等赴上都，以逆谋告。未至，癸亥，英宗南还，驻跸南坡。是夕，铁失等矫杀拜住，英宗遂遇弑于幄殿。"（《元史》卷二九《泰定帝本纪一》）另外，《元史》卷一三六《拜住传》也记载说："晋王也孙帖木儿时镇北边，铁失潜遣人至王所，告以逆谋，约事成推王为帝。王命囚之，遣使赴上都告变。"可见，在英宗被弑杀前，也孙铁木儿早已获知消息。所谓也孙铁木儿得到消息后，囚禁传达信息者，而又派人去上都向英宗报告，更大程度上只是一种虚饰遁词而已。后来元文宗图帖睦尔就指责泰定帝与铁失合谋杀死了英宗。这应该不是空穴来风。

至治三年（1323）九月，也孙铁木儿于怯绿连河（今克鲁伦河）即位为帝。《元史》卷二九《泰定帝本纪一》记载了泰定帝的即位诏书。这份诏书十分特别，它是由蒙古语直接硬译过来的一种文体，与我们习常所见的由汉臣译写的"雅言（即文言文）"诏书，大为不同。兹全文引述于下：

> 薛禅皇帝可怜见嫡孙、裕宗皇帝长子、我仁慈甘麻剌爷爷根底，封授晋王，统领成吉思皇帝四个大斡耳朵，及军马、达达国土都付来。依着薛禅皇帝圣旨，小心谨慎，但凡军马人民的不拣甚么勾当里，遵守正道行来的上头，数年之间，百姓得安业。在后，完泽笃皇帝教我继承位次，大斡耳朵里委付了来。已委付了的大营盘看守着，扶立了两个哥哥曲律皇帝、普颜笃皇帝，侄硕德八剌皇帝。我累朝皇帝根底，不谋异心，不图位次，依本分与国家出气力行来；诸王哥哥兄弟每，众百姓每，也都理会的也者。

今我的侄皇帝生天了也么道，迤南诸王大臣、军上的诸王驸马臣僚、达达百姓每，众人商量着：大位次不宜久虚，惟我是薛禅皇帝嫡派，裕宗皇帝长孙，大位次里合坐地的体例有；其余争立的哥哥兄弟也无有；这般，晏驾其间，比及整治以来，人心难测，宜安抚百姓，使天下人心得宁，早就这里即位提说上头，从着众人的心，九月初四日，于成吉思皇帝的大斡耳朵里，大位次里坐了也。交众百姓每心安的上头，赦书行有。

这是元代难得一见的一份特殊的即位诏书。我们不知道为何泰定帝的这份诏书没有对应的"雅言"翻译。或许是泰定帝长期据守北方草原地区，没有接触多少汉地文化，与汉儒们并无太多交集？也或许是因为泰定帝此举是要表达自己与仁、英两位皇帝所推行的"儒治"政策，保持一定的距离，所以保留了蒙古语硬译体的原貌？此事已不可得其详。

泰定帝即位当天，任命了一大批官员，其中参与南坡之变的人多获重用，如也先帖木儿为中书右丞相，铁失为知枢密院事，马思忽同知枢密院事，孛罗为宣徽院使等。泰定帝声称，这种任命主要是"得自奏闻"。那么，究竟是由谁奏闻的呢？肯定是泰定帝的亲信们。然而仅一个月之后，凡是参与南坡之变的逆臣，几乎全被处死。至于泰定帝为何又转而迅速地处死拥立自己的大臣，这也是一大历史谜团。

至治三年（1323）十一月，泰定帝抵达大都，在大明殿内，接受诸王、百官朝贺。同月，泰定帝追尊其父甘麻剌为皇帝，庙号称"显宗"。自此，元朝帝位由真金次子答剌麻八剌系，转到了他的长子甘麻剌系。泰定帝之所以能获得帝位，除了他个人谋划的能力外，主要还是因为晋王具有"宗盟嫡长"的地位，最为重要的是，他们一直镇守漠北祖宗根本之地，手握重兵。它更深层次地体现出，代表蒙古草原本位传统的宗王勋贵们，需要这样一位能代表自己利益的皇帝出现。

泰定帝在位五年，《元史》称"天下无事，号称治平"。之所以能天下太平，与泰定帝所推行的"调和"政策不无关系。他极力安抚各派，平衡各方利益。他对儒、释、伊斯兰教都表达尊崇之意。虽然泰定帝本人及其朝廷主要大臣都出自漠北，与汉地无太深的关系；但作为大元王朝的皇帝，他对汉地的儒家文化传统也给予尊重。其中最为突出的表现就是，泰定帝恢复了元代一直中断的经筵制度。这是一种儒家传统的治理国家的制度，就是由饱学名儒为皇帝讲解经典要义，为皇帝日常各种事务提供咨询活动。泰定帝虽不懂汉语和汉文化，但通过翻译，他仍试图更多地了解汉地的传统。

致和元年（1328）七月，泰定帝崩于上都。九月，权臣倒剌沙于上都立皇太子阿速吉八为皇帝，改元天顺，诏告天下。阿速吉八是泰定帝长子，被扶立为帝时，年仅九岁。年幼的小皇帝在上都即位，那么此时的大都城里，又发生了什么巨变呢？阿速吉八在位仅月余，后下落不明。

明文之争：两都之战与天历之变

倒剌沙是原晋王府邸的旧臣，深受泰定帝宠信。当倒剌沙在上都拥立泰定帝长子为帝时，手握兵事大权的金书枢密院事燕铁木儿，则在大都城里谋划拥立武宗的儿子为帝。

燕铁木儿是钦察人，曾作为宿卫士追随武宗镇戍漠北十余年，武宗对他特别信任。武宗即位，燕铁木儿官拜正奉大夫、同知宣徽院事；仁宗时，担任左卫亲军都指挥使；泰定帝致和元年（1328），进金书枢密院事。燕铁木儿可以说受到几朝皇帝的信任。

燕铁木儿一直抱着"身受武宗宠拔之恩"的感激之情。泰定帝去世之后，他就分别派人到武宗的两个儿子和世㻋与图帖睦尔处，表达迎立之意。

武宗长子和世㻋于仁宗延祐三年（1316）出逃至阿尔泰山地区，得到察合台系后王的庇护和支持，留居北方十余年，实力逐渐壮大。泰定帝后期，和世㻋还曾遣使向朝廷纳贡。当然，这主要是因为泰定帝本人对武宗后人给予优抚。泰定帝曾将英宗时被流放至海南岛的和世㻋之弟图帖睦尔，召回到内地湖北地区。

燕铁木儿一面派人通知武宗两个儿子赶紧回大都争位，一面在大都进行政治和军事部署。八月初四日，燕铁木儿召集百官集议拥立武宗子，当值所有的卫兵军士都将刀刃外露，以对群臣施加压力。燕铁木儿高声宣布："武皇有圣子二人，孝友仁文，天

下归心,大统所在,当迎立之,不从者死!"(《元史》卷三一《明宗本纪》)

燕铁木儿与西安王阿剌忒纳失里固守内廷,将反对派平章乌伯都剌、伯颜察儿,中书左丞朵朵,参知政事王士熙等逮捕。随后又封府库,拘收百司官印,派兵严守各关口要隘。当时和世㻋远在漠北,图帖睦尔则尚在湖北江陵。为安定民心,燕铁木儿对外声称和世㻋正在诸王拥戴之下整军南来,很快就可到达大都。

不久,图帖睦尔先于兄长和世㻋抵达大都。或许是为了尽早安定局面,以免节外生枝,燕铁木儿力主图帖睦尔先行称帝。图帖睦尔象征性地推辞一番之后,宣布即位,是为元文宗。文宗改元天历,并诏告天下:自己只是暂时登大位,等兄长和世㻋抵达大都后,即让位于兄。

文宗图帖睦尔像　　　　　　　明宗和世㻋像

就在文宗进入大都的时候，倒剌沙自上都派兵向大都进攻，两都之战由此爆发。文宗命令燕铁木儿与他的弟弟撒敦、儿子唐其势等，率军迎战。经过多次激战，上都方面的军队，很快便被击垮。大都方面拥有中原地区占优势的经济资源，加上握有精锐部队，获得胜利是十分自然的。不过这场战争波及还是比较广的，云南和陕西等地区都出现支持上都一方的势力。

大都军队很快进围上都，丞相倒剌沙等人奉皇帝宝玺出城投降。两都之间的驿路由此得以畅通。天顺帝阿速吉八在倒剌沙投降之后，下落不明，不知所终。倒剌沙在投降之后，不久就被处死了。

天历元年（1328）十一月，文宗派遣使臣前往漠北迎接周王和世㻋南还大都。和世㻋遣旧臣孛罗作为使者先行入京师。天历二年（1329）正月，文宗又派遣中书左丞前往漠北迎接和世㻋。在扈行诸王、大臣的拥戴之下，和世㻋于和林北面宣布即位，是为元明宗。元明宗于漠北宣布即位，可以说略显不够隆重，因为他的弟弟和燕铁木儿等重臣均不在漠北。明宗之所以选择在漠北宣布继位，当然是因为漠北才最具正统性；另外一方面，他对大都的真实情形如何，仍然心存戒备，所以他不会选择贸然进入大都。

明宗于漠北宣布即位后，随即命撒迪等人返回大都向文宗通报。临行前明宗对撒迪说：

> 朕弟曩尝览观书史，迩者得无废乎？听政之暇，宜

亲贤士大夫，讲论史籍，以知古今治乱得失。卿等至京师，当以朕意谕之。(《元史》卷三一《明宗本纪》)

明宗此言实在是话里有话。他希望弟弟图帖睦尔能减少政事，应该好好多读些圣贤书。文宗和燕铁木儿对于明宗在漠北宣布即位之事，可以说显得有点措手不及。这年三月，文宗才派遣燕铁木儿奉皇帝宝玺前往漠北上呈明宗。四月，燕铁木儿在明宗行营，率百官正式上皇帝宝玺。至此，明宗正式成为大元的皇帝。文宗则让出皇位，不久被立为太子。明宗在漠北宣布即位，似乎并没有发布即位诏书，这是元代所有帝王当中，唯一的特例。这或许也反映出明宗宣布即位，实在是有些突然。

燕铁木儿则因推戴之巨大功劳，被明宗授予一大堆的官爵名号，所谓："拜太师，仍命为中书右丞相，开府仪同三司、上柱国、录军国重事、监修国史、答剌罕、太平王并如故。"(《元史》卷三一《明宗本纪》)燕铁木儿可谓权倾朝野。明宗即位后对燕铁木儿说，京师百官凡是原来由文宗所任命的，一切照旧。此举一方面是为了稳住大都的局势，另一方面似乎也显示他尚未完全做好进入大都的准备，或者说他对大都方面仍不信任。

天历二年(1329)五月，图帖睦尔携蒙古诸王及文武百官从大都出发，北上觐见明宗。八月二十六日，元明宗抵达武宗时所建的中都王忽察都(今河北张北)之地，图帖睦尔入见明宗。明宗于行营宴飨图帖睦尔、诸王及文武大臣。四天之后，明宗突然"暴崩"，时年仅三十岁。

明宗的突然死亡，留下了许多的历史谜团。史学界多倾向于认为是文宗图帖睦尔与燕铁木儿合谋将明宗毒死的。当时的著名诗人萨都剌有诗云：

> 当年铁马游沙漠，万里归来会二龙。周氏君臣空守信，汉家兄弟不相容。只知奉玺传三让，岂料游魂隔九重。天上武皇亦洒泪，世间骨肉可相逢。（萨都剌《雁门集》卷二《纪事》）

这首诗中所表达的是兄弟间骨肉相残的意思，它所指向的就是图帖睦尔篡位弑兄这件事情。到了元末顺帝时，元顺帝甚至将图帖睦尔在太庙中的牌位撤去。元顺帝正是元明宗的儿子。

明宗死后，图帖睦尔随即在燕铁木儿等人的拥戴之下，再次登上帝位。天历二年（1329）所发生的明宗暴亡、文宗复位的事件，历史上称之为"天历之变"。

文宗再度即位后，除对原来明宗的势力加以清洗外，为了获得更多的宗王和大臣的支持，同样也慷慨封赠各种爵

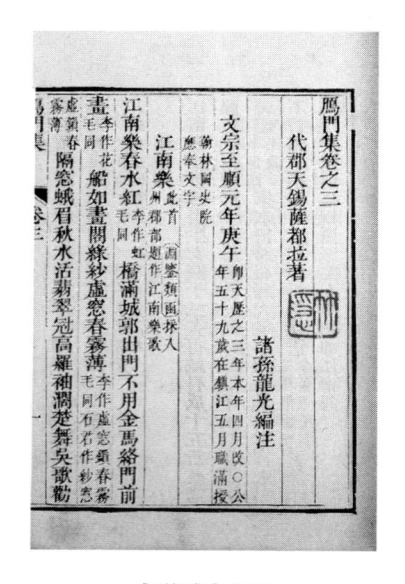

《雁门集》书影

位，滥加赏赐，政府财政面临着巨大的危机。由于文宗获得帝位的手段本身存有很大的嫌疑，朝中曾多次出现谋反事件，当时的政局并不平稳。

另一方面，我们也应注意到，文宗在位时也推行文治。文宗本人的汉文化修养甚高，可能是元代所有帝王中汉文化水平最高的一位，他在诗歌、书法、绘画艺术方面，表现出很高的水准。文宗曾作七言律诗《自集庆路入正大统途中偶吟》云："穿了毡衫便着鞭，一钩残月柳梢边。二三点露滴如雨，六七个星犹在天。犬吠竹篱人过语，鸡鸣茅店客惊眠。须臾捧出扶桑日，七十二峰都在前。"（顾嗣立编《元诗选》卷一）文宗推行文治的两个最为主要的表现是，设立奎章阁学士院，下令修撰《经世大典》。

天历二年（1329）二月，文宗设立奎章阁学士院，为皇帝进讲经史及历代治乱兴亡之事。文宗任命翰林学士承旨忽都鲁都儿迷失、集贤大学士赵世延并为大学士，同时笼络了一大批汉地名儒。奎章阁设于皇宫内，收藏有各类典籍与书画。文宗不仅要求蒙古勋贵子弟到奎章阁学习，更要求奎章阁将部分儒家经典译成蒙古文

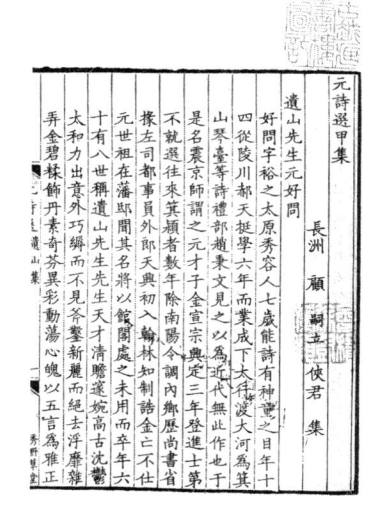

《元诗选》书影

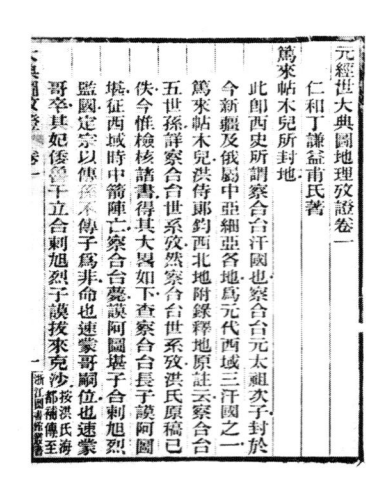

供他们学习。奎章阁云集了元代中后期一大批最为重要的各族文人学者，除领头的两位学者畏兀儿翻译家忽都鲁都儿迷失和汪古部人赵世延外，还有虞集、许有壬、揭傒斯、宋本、欧阳玄、苏天爵、柯九思，以及康里部书法家康里巎巎、伯牙乌部泰不华等人。

至顺元年（1330）春正月，文宗命赵世延、赵世安等领衔纂修《经世大典》，次年五月即修撰完成。该书又名《皇朝经世大典》。它采集本朝典故，主要依照唐宋会要体例撰修，是一部叙述元代典章制度的重要官修政书。全书共八百八十卷，分君事（帝号、帝训、帝制、帝系）、臣事（治典、赋典、礼典、政典、宪典、工典），节录有许多政府官方文书。文宗大概是想借助"修典"的行为，来宣扬自己的"治平"盛世。

文宗虽推行文治，但由于两大权臣左右政局，儒治始终无法深入推行。文宗时期的两大权臣就是钦察人燕铁木儿以及篾儿乞人伯颜。

燕铁木儿当时权势熏天，娶宗室之女多达四十余人，甚至娶泰定帝的妃嫔为夫人。他的儿子唐其势更是口出狂言："天下本我家天下也！"其家族势力于此可见一斑。出身于篾儿乞部的伯颜，与世祖时期的著名大臣八邻部人伯颜不是同一个人，这位伯颜早年曾任河南行省平章政事，文宗由湖北返回大都争位途经汴梁时，他作为扈从随文宗北上。抵达大都后，伯颜被任命为御史大夫。文宗正式登位后，伯颜因推戴之功，又加"太尉"之衔，深受文宗重用。天历元年（1328）十月，文宗诏谕群臣说："凡今臣僚，唯丞相燕铁木儿、大夫伯颜许兼三职署事，余者并从简省。"

至顺元年（1330）二月，文宗以燕铁木儿为右丞相，伯颜知枢密院事，为了"治出于一，政有所统"，不设左丞相，燕铁木儿成为独相。燕铁木儿与伯颜这两位文宗的股肱之臣，尤其是燕铁木儿，恃宠专权，导致朝政腐败，元国势逐渐衰微，内外叛乱加剧。

至顺元年（1330）三月，文宗封皇子阿剌忒纳答剌为燕王，意图传位于他。阿剌忒纳答剌是文宗与正后卜答失里的长子。这年十二月，"立燕王阿剌忒纳答剌为皇太子，诏天下"。然而，次年正月，皇太子阿剌忒纳答剌便夭折。阿剌忒纳答剌死后，文宗未再立皇太子，具体缘由不明。据称，文宗晚年崇尚迷信，不敢再立自己的儿子为太子。

至顺二年（1331）九月，文宗将次子古纳答剌交由燕铁木儿奉养，这等于是托命于燕铁木儿。至顺三年（1332）三月，皇子古纳答剌被更名为燕帖古思，实质成为燕铁木儿的义子。古纳答剌年幼多病，文宗屡屡为他做佛事，以祈求平安。

至顺三年（1332）八月，文宗崩逝于上都，终年二十九岁。

按照文宗遗诏，"皇后导扬末命，申固让初志，传位于明宗之子"。（《元史》卷三七《宁宗本纪》）在文宗皇后卜答失里的主导之下，她一再重申文宗临终时的意愿，将皇位传于明宗和世琜之子。

早在至顺元年（1330）四月，明宗皇后八不沙，因为受到文宗皇后及权臣的构陷，以谋反罪被杀。元明宗有两子，长子为妥欢帖睦尔，次子为懿璘质班。妥欢帖睦尔较年长，他的母亲是罕禄鲁氏，其地位自不如明宗正后。妥欢帖睦尔被遣发至广西静江（今广西桂林）。懿璘质班是明宗皇后八不沙之子，地位特殊，又因得文宗宠爱，受封为王，得以留在文宗身边。文宗驾崩之后，在文宗皇后卜答失里和权臣右丞相燕铁木儿的拥戴下，至顺三年（1332）十月，懿璘质班正式继承皇位，是为宁宗。

宁宗的即位诏书当然是由文宗皇后及权臣们所炮制出来的，该诏书对太后卜答失里、权臣燕铁木儿和伯颜褒扬有加。实质上，懿璘质班即位时年仅七岁，根本无力主持大局。文宗皇后卜答失里被尊为皇太后，成了实际的统治者。然而，宁宗在位仅五十三天就去世了。这为宁宗兄长妥欢帖睦尔的继位提供了可能。

从元成宗至元宁宗，是为元中期，历三十九年。在这短短的三十多年中，先后出现有八位皇帝（天顺帝不算在内）。元朝帝位继承的危机，有其自身的必然，除了皇后干政、权臣乱政等因素外，或许也与蒙古草原军事民主制的忽里台选汗制度本身有关，它易发生内讧和分裂。当然，元朝帝君们的生命大多短促，也是导致皇位继承问题屡屡出现的重要原因。皇帝们之所以过早地去世，除了酗酒等因素外，有人指出，或许是由于他们长期往返于农耕的大都区域和草原的上都区域，易患疾病所致。

皇位如此更迭无常，势必使得元王朝的政策充满不确定性。它无法深入地扎根于在经济和文化各层面都具有一定优势的汉地社会，最终也只能面临退回到漠北草原的结局。

顺帝北遁：脱脱更化与大元覆亡

宁宗去世后，权臣燕铁木儿仍然没有放弃自己的算盘，他意图立养子燕帖古思为帝。然而，燕帖古思的生母、皇太后卜答失里却并不赞同。卜答失里说："吾子尚幼，妥欢帖睦尔在广西，今年十三矣，且明宗之长子，礼当立之。"（《元史》卷三八《顺帝本纪一》）中书右丞阔里吉思，被派往静江迎接妥欢帖睦尔北返大都。

妥欢帖睦尔为明宗长子，他的生母罕禄鲁氏，是其父亲北狩时所娶的妃子。至顺元年（1330），明宗皇后八不沙与妥欢帖睦尔生母罕禄鲁氏均被杀

顺帝妥欢帖睦尔像

害。妥欢帖睦尔先被驱逐到朝鲜半岛的大青岛中，并被限制与外界接触。一年之后，元廷诏告天下，又将他放逐到广西静江。

元廷当时发布诏书，声称明宗在朔漠的时候，就常常说妥欢帖睦尔不是自己的亲生儿子。也正是由于此诏书带来的影响，元、明之际，民间有传言说元顺帝是宋恭帝赵㬎的亲生儿子。最有名的记载是元末明初人权衡所撰写的《庚申外史》，该书记载说，赵㬎驻锡甘州山寺的时候，与一位逻禄女子（即指顺帝生母罕禄鲁氏）结合，后生一男孩。恰巧此时和世㻋流亡西北，途经甘州山寺，见到赵㬎的小孩，十分喜欢，于是"因求为子，并其母载以归"。此类传言，当属无稽。元文宗当时之所以诏告天下，说妥欢帖睦尔不是明宗亲生儿子，主要是为了消除妥欢帖睦尔对自己皇位可能存在的威胁，同时也试图剥夺他将来出来争夺皇位的合法性。有说法称，文宗遗诏妥欢帖睦尔继位，其实也只是出于猜测，或者是出自妥欢帖睦尔一方的说法。

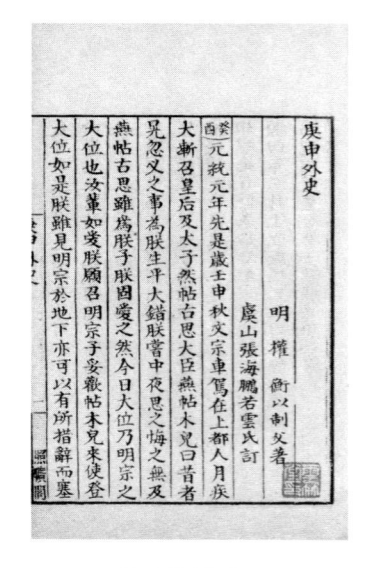

《庚申外史》书影

至顺三年（1332）十一月宁宗死后，当月，妥欢帖睦尔就被迎回到大都。燕铁木儿出城迎接妥欢帖睦尔归来时，两人骑马并行。燕铁木儿向妥欢帖睦尔表达自己推戴的意思，试图向妥欢帖睦尔示好。大概是由于害怕，妥欢帖睦尔一言不发，这使得燕铁木儿对他的疑虑进一步加大。妥欢帖睦尔到达大都好几个月，仍未能即位，就是由于燕铁木儿的反对。不过，为更好地控制妥欢帖睦尔，燕铁木儿将女儿嫁给了他。

至顺四年（1333）五月，燕铁木儿死。六月，妥欢帖睦尔才正式即位于上都，是为元惠帝（后世多称"元顺帝"）。顺帝尊卜答失里为太皇太后，由她临朝称制。卜答失里当时与妥欢帖睦尔约定，将来顺帝应将帝位传于自己的儿子燕帖古思，就像武仁授受那样，兄弟叔侄，世世相继。这年十月，改元"元统"。

顺帝即位后，明宗旧臣就向他进言，天下大事最好交给大臣去处理，要是你自己亲政的话，出了任何问题，将来恶名都由你一人背负。面对太皇太后与权臣乱政的局面，顺帝出于无奈，只得采纳这位明宗旧臣的意见。他任命伯颜为"太师、中书右丞相、上柱国、监修国史，兼奎章阁大学士，领学士院、太史院、回回、汉人司天监事"。自此，元王朝又进入了伯颜专权的时代。

伯颜专权后，他意图剪除燕铁木儿的势力，燕铁木儿的儿子唐其势采取了针锋相对的措施。顺帝欲立唐其势为中书左丞相，唐其势并未领受，他的目标显然是中书右丞相的位置。后至元元年（1335）五月，伯颜以退为进，"请以右丞相让唐其势"，顺帝未予同意。六月，伯颜密奏唐其势及其弟塔剌海谋逆，唐其势受到整肃被杀，燕铁木儿一系的势力遭受沉重打击。伯颜的实力进一步得到强化，顺帝下诏罢左丞相，伯颜由此成为独相。

伯颜虽是位专断权臣，不过他还是试图有所作为的。他建议顺帝改元"至元"，这一举动的意味十分明显，就是对重现世祖忽必烈时期的那种盛世充满了渴望。伯颜在各方面进行了一些改变。他在经济上有所改革，减少宫廷支出，减轻赋役税收，增加对各地的赈济，这些应该说是值得称道的。然而，在政治、文化上，他禁止汉人参政，禁止汉人学习蒙古语。后至元元年（1335）十一月，他甚至要求顺帝下诏停止科举取士，史称"至元废科"。后至元三年（1337）四月，他要求"省、院、台、部、宣慰司、廉访司及郡府幕官之长，并用蒙古、色目人。禁汉人、南人不得习学蒙古、色目文字"（《元史》卷三九《顺帝本纪二》）。他也严禁汉人养马和拥有武器。更为令人震惊的是，"是岁（后至元三年）……伯颜请杀张、王、刘、李、赵五姓汉人"（《元史》卷三九《顺帝本纪二》）。虽此记载真实与否尚待证实，不过，伯颜针对汉人的举措，实在是太过野蛮。这些政策必然加剧蒙、汉间的对峙，同时也使得顺帝对他更加不满。

伯颜把持朝政，甚至不把顺帝放在眼里。后至元六年（1340）二月，乘伯颜外出至柳林（今北京市通州区东南）狩猎的时候，在伯颜之侄脱脱等人的协助之下，元顺帝下诏罢黜中书大丞相伯颜，将其贬逐至河南，出任河南行省左丞相。顺帝在罢黜伯颜的诏书中声讨了伯颜的种种恶行：

> 朕践位以来，命伯颜为太师、秦王、中书大丞相，而伯颜不能安分，专权自恣，欺朕年幼，轻视太皇太后

及朕弟燕帖古思,变乱祖宗成宪,虐害天下。加以极刑,允合舆论。朕念先朝之故,尚存悯恤,今命伯颜出为河南行省左丞相。(《元史》卷四〇《顺帝本纪三》)

伯颜最后在放逐途中死去。在罢黜伯颜事件中起过重要作用的御史大夫脱脱,被任命为知枢密院事,并特许悬带弓箭、环刀出入宫廷。脱脱曾长期担任怯薛,出任内廷的重要职位;他还曾追随汉儒吴直方学习儒学。

通过罢黜伯颜,顺帝有效地控制了政局。他又转而对文宗的势力加以整肃。这年六月,他下诏撤文宗庙主,将太皇太后卜答

《岳阳楼图》(元代夏永绘)

失里迁往东安州安置,将太子燕帖古思放逐至朝鲜半岛,并在次月将燕帖古思处死。据《元史》卷三六《文宗本纪五》记载:"后至元六年六月,以帝谋为不轨,使明宗饮恨而崩,诏除其庙主。放燕帖古思于高丽,未至,月阔察儿害之于中道。"

后至元六年(1340)十月,脱脱被任命为中书右丞相。从此,脱脱登上历史舞台。顺帝宣布改元"至正","以至元七年为至正元年,与天下更始"。二十一岁的元顺帝与二十七岁左右的脱脱,两位血气方刚的年轻人,锐意改革,推行新政,史称"脱脱更化"。脱脱的改革主要体现在以下三个方面:

一是恢复伯颜罢废的科举取士制度。后至元六年十二月,顺帝下诏复科举取士制。至正元年(1341),恢复乡试,次年举行会试和殿试。此次恢复科举的举措,史称"至正复科"。此后,科举取士一直持续到至正二十六年(1366),也就是元亡的前两年。

二是减免天下税粮和盐税以及商业税,减轻民众赋役负担;缩减开支,改善政府财政状况;同时,开放"马禁"等针对汉人的限制政策。

三是于至正三年(1343)三月,脱脱还担任"都总裁官",监修辽、金、宋三史。中书平章政事铁木儿塔识、中书右丞太平、御史中丞张起岩、翰林学士欧阳玄、侍御史吕思诚、翰林侍讲学士揭傒斯为"总裁官"。(《元史》卷四一《顺帝本纪四》)参与修史的还有党项人余阙、蒙古人泰不花、畏兀儿人廉惠山海牙等,可谓云集了各族学者。《宋史》《辽史》《金史》三部正史,

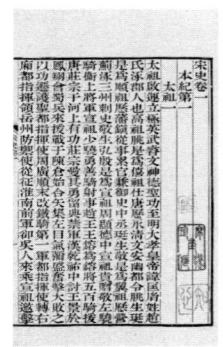

《宋史》书影 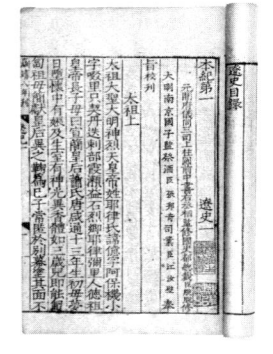　　　《辽史》书影 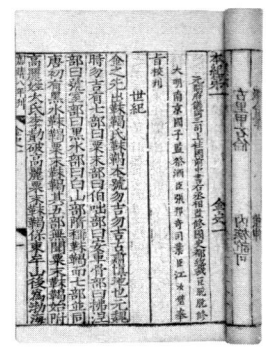　　　《金史》书影

正是多民族学者共同合作的结晶。

脱脱更新旧政的诸多举措，使得元王朝后期的政治局面为之一新。脱脱可以说是元王朝后期有作为的一位政治家，时人也称其为"贤相"。

至正四年（1344）五月，脱脱因病辞职。随后，由阿鲁图接任中书右丞相。至正七年（1347），别儿怯不花为中书右丞相；这年十二月，又以朵儿只为右丞相。至正九年（1349）闰七月，脱脱再次被起用为中书右丞相。

至正十年（1350），通货膨胀再起，经济形势恶化，元廷下诏，"天下以中统交钞壹贯文权铜钱壹千文，准至元宝钞贰贯，仍铸至正通宝钱并用，以实钞法，至元宝钞通行如故"（《元史》卷四二《顺帝本纪五》）。

至正十一年（1351），元廷命贾鲁以工部尚书为总治河防使，主导治理黄河之事。为治理黄河水患，民众的徭役负担增重。这年的五月，刘福通、韩山童起兵反元，他们以红巾为号，史称"红巾军起义"。他们最初借助明教、弥勒教、白莲教等民间宗教，倡言"天下大乱，弥勒佛下生"，焚香聚众，发动起义。红巾军源于河北、河南、山东等地，后来又进一步往南方湖北、江淮地区发展，声势浩大，成为反抗元廷最为重要的力量。

至正十一年（1351）九月，为扑灭红巾军起义，脱脱推荐自己的弟弟、御史大夫也先帖木儿为知枢密院事，率大军出征河南。十二月，也先帖木儿复上蔡县，擒韩咬儿等至京师，将其处死。这年年底，元廷宣布右丞相脱脱治河功成。

然而，也先帖木儿的胜利只是暂时的，随后他所率领的军队即遭遇败绩。至正十二年（1352）三月，也先帖木儿被召回京。当时朝廷已出现声音，"言也先帖木儿丧师辱国，乞明正其罪"。也先帖木儿是脱脱的弟弟，又是由他提议领兵出征的，出现这种局面，脱脱显得极为被动。由此事件可以看出，脱脱在朝廷中的政敌已经抬头，或者说顺帝对脱脱似乎快失去信心和耐心了。这年七月，脱脱请求亲自率师出讨徐州，得到顺帝同意。当时有大臣上书直言劝止脱脱出征："大臣天子之股肱，中书庶政之根本，不可以一日离。乞诏留贤相，弼亮天工，如此则内外有兼治之宜，社稷有倚重之寄。"（《元史》卷四二《顺帝本纪五》）然而，顺帝显然是希望脱脱率师平叛的。这次脱脱出征，果然旗开得胜，击败了徐州的红巾军，顺利归朝。至正十四年（1354）九月，脱脱最后一次受命出征高邮，取得一定胜利，局面在向好的方向发展，张士诚有束手就擒的可能。然而这年十二月，监察御史袁赛因不花等上书要求弹劾脱脱："脱脱出师三月，略无寸功，倾国家之财以为己用，半朝廷之官以为自随。又其弟也先帖木儿，庸材鄙器，玷污清台，纲纪之政不修，贪淫之心益著。"（《元史》卷四三《顺帝本纪六》）顺帝接受了要求弹劾脱脱的建议，以脱脱劳民伤财为由，削去脱脱的官爵，让其听候进一步发落。

脱脱被顺帝反复变换数个地方安置，以求将他的威胁降至最低。至正十五年底（1356年1月），脱脱最终被政敌毒死，这应该是出自顺帝的命令。随后，脱脱一系被整肃干净。脱脱一死，元王朝彻底滑向深渊，再无转机，直至倾覆。

元顺帝本人在处置脱脱前后的一段时间里，面对红巾军等义军四处蜂起的危机，已无力剿灭、控制；面对政府财政上的困顿局面，也无法应对。元顺帝已逐渐怠于政事，荒于游宴，一心研修藏传佛教的密宗仪式，沉湎于"房中运气之术"，逐渐失去了最初的那种励精图治的雄心壮志了。《元史》卷四三《顺帝本纪六》记载了顺帝在处置脱脱这一年中的几件大"闲事"：

> 帝于内苑造龙船，委内官供奉少监塔思不花监工。帝自制其样，船首尾长一百二十尺，广二十尺，前瓦帘棚、穿廊、两暖阁，后吾殿楼子，龙身并殿宇用五彩金妆，前有两爪。上用水手二十四人，身衣紫衫，

> 金荔枝带，四带头巾，于船两旁下各执篙一。自后宫至前宫山下海子内，往来游戏，行时，其龙首眼口爪尾皆动。
>
> 又自制宫漏，约高六七尺，广半之，造木为匮，阴藏诸壶其中，运水上下。匮上设西方三圣殿，匮腰立玉女捧时刻筹，时至，辄浮水而上。左右列二金甲神，一悬钟，一悬钲，夜则神人自能按更而击，无分毫差。……其精巧绝出，人谓前代所鲜有。

这就是我们常说的，元顺帝颇具"匠材"的一面，他设计制造的金人玉女自动报时器，精巧绝伦，无怪乎被戏称为"鲁班天子"。然而，作为一代帝君，他不费心去思考治国平天下之术，却耽于各种杂耍玩意儿，国家岂能不亡！

顺帝之所以处置脱脱，或许是由于顺帝担心脱脱会像燕铁木儿、伯颜那样专横难制。当然，还有另外一个原因是，脱脱在顺帝欲立爱猷识理达腊为太子这件事情上，显得很不积极，招致了顺帝对他的不满。

顺帝原本有一位蒙古的正皇后，生有一子，后来早夭。爱猷识理达腊成为顺帝的长子。由于爱猷识理达腊的生母奇氏是来自高丽的贡女，包括脱脱在内的许多大臣都反对将他立为太子。爱猷识理达腊虽然自幼便交给脱脱家抚养，然而由于他的出身问题，脱脱对于立他为太子之事，一直持保留意见。顺帝本人宠爱高丽奇氏，将她立为二皇后，然而这显然又是不符合蒙古传统法度的。顺帝本人对爱猷识理达腊十分疼爱，至正八年（1348）、九年（1349）的时候，先后诏令爱猷识理达腊学习畏兀儿文字以及汉人文书，为他将来接替皇位、处理政务打下基础。至正十三年（1353）六月，爱猷识理达腊被强行立为太子，顺帝"以立皇太子诏天下"。此时，正是脱脱面临失去顺帝宠信的尴尬时刻。脱脱于至正十五年底被整肃后，皇太子爱猷识理达腊的册封大典终于举办。

至正十五年底脱脱被杀之后，顺帝先后任命汪家奴、定住、搠思监等人为中书右丞相。面对群雄并起的局势，他们已无能为力。元廷已是疲于奔命，大元覆亡为时不远了。

至正二十年（1360）前后，朝廷内部出现了皇帝与皇太子之间的斗争。太子试图早日继位，他与父皇关系紧张起来。顺帝已无法有效地控制整个政局。当时主要的将领也分为两派：一派以孛罗帖木儿为主导，他与顺帝关系密切；另一派是以察罕帖木儿以及其子王保保（扩廓帖木儿）为主导，倾向于支持太子爱猷识理达腊。这两大派别，基本把持了至正后期的朝政。两派间互相攻伐，局面显得异常混乱，元王朝可谓内忧外患。

至正二十五年（1365），两派之间的斗争，最终以孛罗帖木儿被诛而收场。顺帝将孛罗帖木儿的首级送至逃到山西太原的太子那里，以示和解，并召皇太子返回京师。此时，距离元王朝的收场，也就只剩两三年的时间了。南方朱元璋的势力正在逐步地扩大，且声势浩荡。

至正二十七年（1367）八月，顺帝诏命皇太子总天下兵马：

"爰命以中书令、枢密使，悉总天下兵马，诸王、驸马、各道总兵、将吏，一应军机政务，生杀予夺，事无轻重，如出朕裁。"（《元史》卷四七《顺帝本纪十》）此举意味着顺帝逐渐要退出政治舞台。太子亲政之后，很快就将扩廓帖木儿的势力打压下去。然而，此时的元王朝气数已尽。

至正二十八年（明洪武元年，1368）闰七月底，大明的军队进逼大都，顺帝带着三宫后妃、皇太子、皇太子妃以及臣僚往上都方向逃遁。八月初，明大将徐达所统领的军队攻破大都。元王朝至此正式宣告覆亡。

明洪武二年（1369），顺帝又北逃至应昌府（今内蒙古克什克腾旗西北）。明洪武三年（1370）四月，顺帝因痢疾在应昌府去世。五月，大明军队来袭应昌府，皇太子爱猷识理达腊带着十余名随从，往更北的和林方向逃去。他的儿子和众多妃嫔被明军抓获。不久，爱猷识理达腊在和林称帝。该政权继续沿用"大元"国号，史称"北元"。

顺帝一朝，历时三十余年。他是在位时间最长的元代皇帝。虽然顺帝早年锐意图进，然而他最终无力挽狂澜于既倒。他接

徐达像

手的是一个潜伏着各种危机的国家：权臣当道，派系倾轧，赏赐无度，财政困难，民众负担沉重；外加水灾、旱灾、地震频发，疾疫、饥荒不断。至正年间，以红巾军为代表的各路义军纷起，给元王朝以沉重的打击。明初朱元璋第一文臣宋濂说："钦惟皇上龙飞江左，取天下于群雄之手。"（《元史·宋濂目录后记》）是的，灭亡元王朝的力量并不只是朱元璋所领导的军队，而是至正中、后期兴起的各路义军。最终，朱元璋从各路义军中脱颖而出。

第六章 元代的政治、经济、社会与法律

元代体制的"二元性"特征

1260年,忽必烈于上都即位,建元中统。它宣告以草原本位为立国基础的大蒙古国,由此逐步转变成为一个以中原本位为基础的汉式中央集权统治的王朝。忽必烈在大规模采用汉法治理汉地的同时,也保留了部分"蒙古旧制",此即所谓"既存汉法,又行国俗"。汉法,即中原之法;国俗,或谓"旧俗",即北方民族(蒙古)之习俗。

中统、至元之交,忽必烈建立起省、院、台等汉式中央政府机构,并确立了路、府、州、县等地方行政机构的基本框架。与此同时,作为草原游牧国家传统的三项基本政治制度(分封制、千户百户制、怯薛制)并没有被完全废止,它们仍然在元王朝的日常政治生活中,若隐若现地发挥着各自不同的功能和作用。

所谓元代制度的"二元性"特征,是指蒙、汉两种不同的制度杂糅在了一起。这样两种不同来源的制度,互相联系,嵌合在同一系统当中运转。政权主体形式仍然是传统的汉式中央集权统治体系,而部分蒙古旧制则被灵活配置在这一体系内部的不同部

《佛说法图》（局部，元代朱好古、张伯渊绘）。此壁画原绘于山西稷山兴化寺中殿南壁，成画于元代延祐七年（1320）。

位发挥着作用。①

　　蒙古分封制、千户百户制、怯薛制在汉地究竟起过怎样的作用或产生了怎样的影响呢？

　　我们知道，北部中国地区（主要是指今天河北、山西、山东）的州、县曾于窝阔台时期大致被分封给诸王、功臣、驸马等，成为他们的食邑。当时的分封比较混乱、分散。中统、至元之交，元廷对分封的食邑州、县进行调整，于是逐渐形成了一些路、府和直隶州。可以说蒙古的分封食邑，与元代北部地区部分

---

① 张帆：《元朝的特性：蒙元史若干问题的思考》，《学术思想评论》第一辑，辽宁大学出版社1997年版。

路、府、州的形成,有着直接的影响。①

蒙古军队南下席卷中原内地时,草原游牧性质的千户百户制度,也被带入到中原地区,对当地原有的官制系统形成了冲击。各路、府、州、县的长官(主要指世侯)职衔,很多都有万户、千户头衔,或佩有虎符、金符等。事实上,蒙古的千户百户制度,如果与中原路府、州郡体系加以对应的话,"万户"往往对应于中原汉地的路、府单位,"千户"则基本对应于州、县单位,它正好形成一种"万户路""千户州"的格局。当然,元统治渐趋稳定后,草原的制度又逐渐让位给中原传统的汉制,这一历史过程是不容忽略的。

元朝政治最基本的特征是"家天下"的形态,主要表现在"皇权(含汗权)独尊,臣僚奴化,宗亲分封,家臣执政"。这可能也是理解元朝政治最关键的一把钥匙。宗亲贵族都是黄金家族成员,最为显贵;外戚贵族次之,一般功臣贵族则再次之。宗亲贵族拥有兀鲁思领地,外戚贵族被封授千户部众,同时也拥有自己的世居领地,这两个阶层的贵族一般都留驻在自己的领地内。一般贵族功臣则没有自己的领地,他们参与大汗宫廷和大汗兀鲁思的各种服务,如中枢的行政事务就主要是由也可札鲁忽赤(汉译大断事官)和怯薛成员们承担。

这正如历史学家马长寿针对匈奴游牧帝国管理方式所作出的

---

① 李治安:《元代分封制度研究》(增订本),中华书局2007年版。

《佛说法图》（局部，元代朱好古、张伯渊绘）

精辟概括："同姓主兵封于外疆，异姓主政居于廷内。""这是东方国家的宗法社会安排政治机构的一个特点。"当日蒙古的政治形态，某种程度上也可以作此理解。一般贵族功臣作为大汗的家臣，在大汗看来，他们的地位与奴婢无异。家臣治国，代表着大汗权力的延伸，这是大蒙古国"家天下"政治的表现。[①]

宗亲与外戚贵族，一般没有大权，他们"各安常分"；异姓家臣，则充当君主治理"家天下"的主要助手。异姓家臣受到君主信任，大权在握，宗室、外戚有时反而不得不仰承皇帝/大汗

---

① 张帆：《论蒙元王朝的"家天下"政治特征》，《北大史学》第八辑，北京大学出版社2001年版。

身边的异姓家臣鼻息，委曲以求全。① 由异姓贵族所组成的怯薛组织，是高级官僚的主要来源。若是皇帝权力欲较弱，不勤政务，"大臣权重"势必被强化，元后期大臣燕铁木儿、伯颜相继擅政，其权力几乎与皇帝权力相当，已危及黄金家族的统治。②

虽然元代建立起了汉式官僚体系，不过怯薛系统人员参与政治的局面，却显得十分突出。《牧庵集》卷一五《董文忠神道碑》记载了一件有趣的事情：

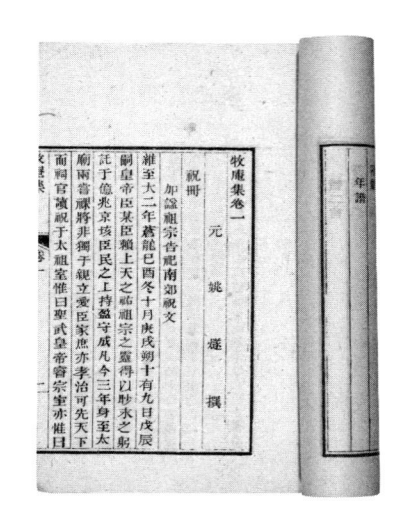

《牧庵集》书影

> 中统之元，置符宝局，以公为郎。后官奉训大夫，居益近密。上尝不名，惟帝呼董八，亦异数也。而公不为容悦，随时献纳。……后或长直，四十日不至家，夜杂妃嫔候侍，休寝榻下。上呼之，方惫熟寐不应，命妃蹴兴之，妃不敢前，上罝曰："董八诚爱之专，敬慎

---

① 李治安：《元代分封制度研究》（增订本），中华书局2007年版。
② 张帆：《元朝的特性：蒙元史若干问题的思考》，《学术思想评论》第一辑，辽宁大学出版社1997年版。

之至,事朕逾父,汝以妾母,躐之何嫌,而为是拘拘。"其感孚圣心,得是见与。有举一世亿万维人所未能者,为臣则然。

这里所描写的传主董文忠,因在家排行第八,许多人称呼他为"董八哥",忽必烈待他"亲犹家人",直呼他作"董八"。怯薛人员多由官宦子弟充任,承担蒙古宫廷的各种服务工作。于一般民众而言,这些怯薛是高官显贵,属地位很高的特权阶层;于蒙古皇帝/大汗而言,他们则是"老奴婢根脚",地位低贱如奴仆。董文忠这个身任怯薛的朝廷大员,在蒙古内廷所履行的服务职责犹如宦竖之臣,这种"君臣关系"说白了就是"主奴关系",它增强了皇帝的专制权威。[1]

从不同制度榫合的角度去观察的话,我们发现,蒙古制度的许多成分,保留在了南方汉地社会;同时,它们又与汉地社会的制度进行"整合",于是就会产生各种各样的"变异":

原本属于蒙古的制度成分,拥有了对应的汉式译名。如"札鲁忽赤"对应的概念相当于"行尚书省",失吉忽秃忽曾为"也可札鲁忽赤",就是大断事官,这一官职被汉人称为"丞相",是蒙古国家最大的司法行政长官。

原本是汉式的制度成分,出现了有蒙古语的译名,如"省"

---

[1] 周良霄、顾菊英:《元史》,上海人民出版社2003年版。

被称作sing。

汉式成分与蒙古成分之间互相融合，如在元王朝的内府机构中，蒙古斡耳朵系统里有所谓"长信寺""长秋寺""长庆寺"等机构。

蒙汉"二元性"特征不仅体现在政治制度的具体安排上，在其他许多方面也有显著的体现，如国号、纪年号、帝号、朝仪以及语言文字的实际运用等方面，都可以找到这种特征的身影。

关于国号问题。至元八年，忽必烈定国号为"大元"，它源于儒家经典。忽必烈所采纳的是汉式的建号模式。也就是说，"大元"是一种汉语的称呼。然而，于蒙古人自身而言，他们又如何称呼这个国家呢，也就是说"蒙式"国号是什么呢？我们知道，蒙古人最初用蒙古语来称呼自己的国家是"Yeke Mongghol Ulus"，即"大蒙古兀鲁思"。这是前四汗时期的国号。忽必烈定国号为"大元"后，情形又如何呢？从蒙汉合璧碑铭中可以发现，"大元"有几种对应的蒙古语译法：在《中顺大夫达鲁花赤竹君碑》（后至元四年，1338）中，与汉文"大元"对译的蒙文为"Dai Ön kemekü Yeke Mongghol Ulus"；在《大元敕赐追封西宁王忻都公神道碑》（至正二十二年，1362）中，蒙文对译"大元"为"Dai Ön Yeke Mongghol Ulus"，蒙古语直译过来就是"（被称为）大元大蒙古兀鲁思"，这是蒙古语表达的完整国号。可见，蒙古语国号"Yeke Mongghol Ulus"，在整个大蒙古国时代和元朝时代都一直被使用。

"Dai Ön"和"Yeke Mongghol Ulus"应可视为一种同义

语。如果说前者是汉式的，那么后者就是蒙古式的，它所展现出的是一种双重符号体系并存的现象。有人说"大元"是汉语式称呼，仅使用在包括元朝以及高丽和越南等汉字文化圈内；蒙古人和波斯人称"元朝"的地区则为"可汗的兀鲁思"[①]。两套符号体系并存共用，反映的不仅仅是一种对译的关系，它其实也具有不同的政治意义。

这或许可以与"辽契丹"或"契丹辽"的双重称谓问题加以比较。汉文献中多称该政权为"契丹"或"辽"，而在契丹小字墓中则全部使用的是"契丹·辽"或"辽·契丹"的双国号，在契丹大字中也基本使用双国号。它反映出的就是汉与契丹之间相互的影响。[②]

关于纪年方式，有汉式的年号（如至元、元贞、大德、至顺等），也并存有蒙式的十二生肖纪年法（诸如"狗儿年""牛儿年"等）。

关于帝号，有汉式庙号（世祖、成宗、仁宗等），也有蒙式的尊号如"薛禅合罕（世祖）""完泽笃合罕（成宗）""曲律合罕（武宗）"等。

关于即位仪式，既有汉式的登基仪式，也有蒙式的忽里台即位仪式。

可以说，元朝的诸多制度体系，都体现出"二元性"特征。

---

① 金浩东：《蒙古帝国与"大元"》，《清华元史》第二辑，商务印书馆2013年。
② 刘凤翥：《契丹大字〈耶律祺墓志铭〉考释》，《内蒙古文物考古》2006年第1期。

与此同时，我们需要注意的是，元代也是一个族群文化多元互融的时代。它不仅是汉文化与蒙古文化在共同发挥作用，还包括了藏族文化、畏兀儿文化以及波斯文化等，这比较突出地表现在多种语言、文字的流行和使用上。贵由汗曾经致信给教皇，当时的书信正文是用波斯文书写的，而"贵由汗"的钤印则使用了蒙古文。

至元六年（1269），忽必烈下令八思巴仿藏文字母创制"蒙古新字"，下诏颁行天下，要求官方文书须用此新字书写，然后再随附当地文字。诏称："朕惟字以书言，言以纪事，此古今之通制。我国家肇基朔方，俗尚简古，未遑制作，凡施用文字，因用汉楷及畏兀字，以达本朝之言。考诸辽、金，以及遐方诸国，例各有字，今文治浸兴，而字书有阙，于一代制度，实为未备。故特命国师八思巴创为蒙古新字，译写一切文字，期于顺言达事而已。自今以往，凡有玺书颁降者，并用蒙古新字，仍各以其国字副之。"（《元史》卷二〇二《八思巴传》）

元朝的二元性特征，反映了元朝政权从两种不同的政治资源中来获取合法性地位。于蒙古人而言，最高统治者始终是他们的大汗；于汉人臣民说来，最高统治者就是皇帝。

宋元明的"转折"：元代是"黑暗"时期吗？

熟悉中国历史发展一般状况的人都知道，宋代尤其是南宋，中国的经济和文化发达的程度,都达到了一种前所未有的高度。然而自明代中后期开始,从许多方面来看,似乎已逐渐呈现出"走下坡路"的趋势;以至于到了清代中叶以后,中华帝国已颓势尽显,渐渐地被西欧等世界发达地区甩到了身后。

为什么会出现这种由"盛"而"衰"的转变呢,它的原因究竟何在?这引起了许多历史学家的兴趣。

追溯历史发展的轨迹,从南宋到明代,人们很自然地会发现这中间横亘着一个元王朝。带有强烈主观色彩的人们,常常会将元代视作一段"黑暗"的历史时期,认为中国历史发展的正常脚步被元代阻断了。西方学者在考察中国历史发展的总体进程时,也有人提出元代是考察由宋到明转变的关键时期,他们将这个时期视作是一个巨大的"黑洞(black hole)"时期,也就是说对元代的历史发展状况仍不甚明了,需要再进行评估。

由宋历元至明的变迁过程中,元代究竟该被定位为一个"断裂"的"黑暗"时期,还是应被视为一个"持续发展"的历史时期呢?这是个至今仍存有争议的问题。

持宋元明"断裂"说的人认为,宋代以后中国历史的发展趋于停顿甚至倒退。唐宋时期经济技术的革命持续不断,到明清时期则因缺乏技术转换而出现危机,社会生产仅仅只是一种简单数量化的增加,而缺少一种质的变化,经济发展陷于"高水平的平衡危机"。它还表现在诸如科学发展受阻、对外贸易削弱等方面。之所以出现这种"转折",主要是由于13、14世纪的统治带来了破坏。[1]这一论点直接指向的就是，元朝的统治给中国社会经济的发展带来了很大的负面影响，这是一个"黑暗"的历史时期。

与"断裂"说相反，认为宋元明是"持续发展"的人则指出，清代才是中国传统社会经济发展的高峰，在政治上也达到发达的顶峰，从宋至清是一个连续发展的过程，不认为由宋至元出现了转折，引发了停滞。从中国社会与经济发展的长时段演进过程来观察的话，元代的统治并不能被视为是对社会经济正常发展脚步的遏制。显著的例证就是，元代江南地区持续发展至18世纪，该地区一直是中国乃至世界重要的文化和经济中心。[2]那么，对于元代在中国历史发展长河中的地位，究竟该如何去评价呢？这是一个需要我们理性、客观对待的问题。我们可以从农业、牧业以及工商业和海外贸易几个方面来稍作评析。

元代的农业处于持续发展的状态。虽然有历史记载说，蒙古初入中原的时候，有贵族提出，"汉人无补于国，可悉空其野以为牧地"；不过这种激进的建议，并未被采纳。相反，蒙古的统治者还下令约束毁坏农业经济的各种行为。忽必烈建元中统之后，元朝统治者更加重视农业的生产，设立劝农司，积极兴修水

---

[1] Mark Elvin（伊懋可），*The Pattern of the Chinese Past*，Stanford University Press，1973.
[2] Paul J. Smith and Richard von Glahn，*The Song-Yuan-Ming Transition in Chinese History*，Harvard University Asia Center，2003.

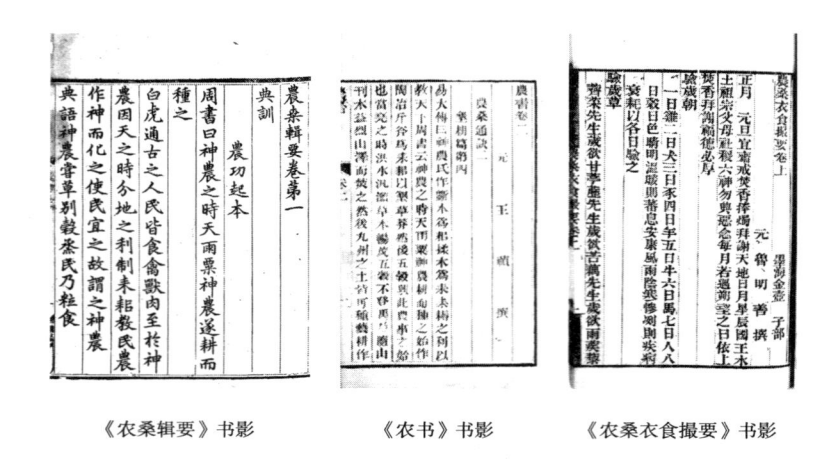

《农桑辑要》书影　　　《农书》书影　　　《农桑衣食撮要》书影

利,鼓励垦荒,劝课农桑,推广农耕互助社。值得注意的是,元代还刊刻传布农书,留下了我国现存最早的官方农书《农桑辑要》以及王祯的《农书》和鲁明善的《农桑衣食撮要》三部古代著名农书。这几部重要农书在元代的出现,绝非偶然。它既是古代中国农业技术发展到一定阶段后出现的必然结果,也是元代重视农业发展的一种重要体现。元代屯田数量巨大,水利设施发达,水稻亩产与南宋水平基本一致,经济作物如棉花的栽培范围也广及黄淮流域及四川地区。因此就总体而言,元代的农业是接续了南宋的发展水平的。

元王朝虽是由游牧民族所建立,但它并不必然地大力发展游牧经济。其最为根本的原因是草原本身对于动物和人群的承载量是有限度的,一旦超过这个限度,就意味着生态的灾难。直到今天,维持传统游牧经济的地区,它的人口总量和畜群总数,也未发生根本性的变化。元代的牧地范围虽然扩大,但畜牧业经济本身，并没有大幅度地发展。甚至有学者认为，元代的草原畜牧业经济"急剧衰退"。[①]然而，我们也应该看到，畜牧业的管理水平、畜牧地区的社会生活水平，应该说是得到了一定程度的提高。窝阔台于草原"无水处教穿井"，并将它视为自己的四大功绩之一，主要就是因为这一措施在很大程度上确实改善了蒙古草原人们的社会经济生活。元代游牧经济，总体而言还是维持在其正常的发展水平上。

元代的工商业也同样获得了发展。所谓"工业"，即指传统手工业。蒙古政权特别重视工匠的作用，不少人因具有工匠的身份而得以在战争中存活下来。大量工匠被分配至各种各样的造作机构，担负着织染、制瓷、制盐、军械等生产。元代的官营手工业，规模巨大，作为一个大的户口类计，元代还专门置有"匠户"。元代手工业技术得到进一步提高的一个标志是棉纺织技术的革新。黄道婆设计的三锭脚踏纱车是当时世界上最为先进的纺织机具，它使棉籽剥离、弹花、纺纱、织布的整个技术流程效率和质量都得到了显著提高。元代随着政治的稳定、经济的发展，特别是国内外贸易的发展需要，瓷业较宋代又有更大的进步，景德镇窑成功烧制出青花瓷器。元青花瓷实为中国陶瓷史上的一朵奇葩。

元代活跃的色目商人充满各地，其中最为著名而又特殊的是

---

① ［苏］符拉基米尔佐夫著，刘荣焌译：《蒙古社会制度史》，中国社会科学出版社1980年版。

一大群"斡脱商人"。他们主要从事两个方面的活动,一是放高利贷,二是为远距离贸易贩卖各种货物。他们经营的高利贷被称为"斡脱钱",又称"羊羔儿息",多被当时的人们所批判;不过也由于这个群体的存在,客观上对商品的流通和商业的发展,起到了一定的积极作用。

青花花卉贴龙纹三足鼓式瓶

铜鎏金掐丝珐琅麒麟法器花卉纹大罐

青花龙纹四系扁方瓶

鬼谷子下山青花大罐

釉里红龙凤纹双系三足杯　　　　青花人物故事纹瓷盘

镶铜饰凤纹蒜头瓶　　　　堆塑龙云纹盖罐

元代商业发展的另一个很重要的特征就是货币经济的发展。"唐宋变革论"者指出，货币经济从宋代开始有了很大的发展，元代则在此基础上获得了进一步的发展。元代纸钞的发行无论数量、种类和流通范围都远迈前朝，以至于马可·波罗也注意到："兹敢为君等言者，各人皆乐用此币，盖大汗国中商人所至之处，用此纸币以给费用，以购商物，以取其售物之售价，竟与纯金无别。其量甚轻，致使值十金钱者，其重不逾金钱一枚。……君主使之用此纸币偿其货价，商人皆乐受之，盖偿价甚优，可立时得价，且得用此纸币在所至之地易取所欲之物，加之此种纸币最轻便可以携带也。"①马可·波罗津津乐道于此事，说明元代纸钞这一事物，在当时的世界是很少见的。

　　北方陆上"丝绸之路"由于辽、金政权的阻断，南宋的海外贸易逐渐兴盛。元代的海外贸易较之南宋也有了进一步的发展，其中在南海、印度洋、波斯湾的海外贸易尤为突出。元代最有特色的海外贸易是"官本船"制度，它由政府提供船舶和资本，选人出番下海，直接参与海外贸易，并按照"官有其七，商有其三"的比例分摊经营。这当然是一种官方垄断的贸易行为，撇开其具体的利益群体不谈，就其贸易对象、货物种类以及航海所及的最远距离而言，较之以往都有很大的进步。在这个时代，大量海外商船辐辏于东南沿海地区，以今福建泉州地区为盛；航海世家乘势而出，大量的汉人、波斯人、阿拉伯商人往来于海上。元代对外贸易中，瓷器出口是十分重要的内容，其中元青花瓷在当时伊斯兰世界中广受欢迎。元青花瓷采用釉下彩方式烧制，它在白瓷底上铺展上深蓝花纹，迎合了伊斯兰世界的审美情趣。今天全世界最为精美的元青花瓷，不是珍藏

---

① ［意］马可·波罗著，冯承钧译：《马可·波罗行纪》，中华书局1954年版，第382—383页。

在中国，而是在土耳其伊斯坦布尔的托普卡比宫、伊朗德黑兰国家博物馆等地。这些青花瓷，大多是借由海上贸易之路而到达彼地的。

因此，就总体而言，尽管大蒙古国和元朝前期的战争以及元明战争带来了一定程度的破坏，但元代的经济仍是在持续发展的。我们不能简单地将元代视为中国历史发展史上的"黑暗"时期。

"四等人制"？"九儒十丐"？

社会的主体是人群。元代社会人群是如何被划分为各个阶层、各种类别的呢？这是我们理解元代社会的一个基本视角。

我们在认识元代社会状况时，一般会注意到人群的身份属性问题：如它的族属类别、职业类别等。与此密切对应的，就是元代存在的所谓"四等人制"与"九儒十丐"的问题。

所谓"四等人制"，是指元廷将统治下的民众划分为蒙古人、色目人、汉人和南人四个等级，并按照此等级的划分，在用人行政、法律地位、赋役税收以及科举名额分配等各个层面，实施种种不平等的规定。四等人的具体划分如下：

第一等是蒙古人，为元朝"国族"，蒙古统治者称之为"自家骨肉"。元末人陶宗仪在《南村辍耕录》中细列了蒙古人有七十二种，不过这七十二种划分，是存在很大问题的。

第二等为色目人。色目一词被用来专指一个民族等级，大约是从元成宗大德年间开始的。[①]所谓"色目"，意为"各色名目"。色目人一般被认为是除蒙古以外的西北各族、西域以至欧洲各族人的概称。元代常见的色目人包括有唐兀、畏兀儿、康里、钦察、阿速、哈剌鲁等各部族。陶宗仪列举了三十一种色目人。这些部族有的信仰伊斯兰教，有的信仰天主教，宗教信仰各有差别。色目人大多具有比较高的文化水平。

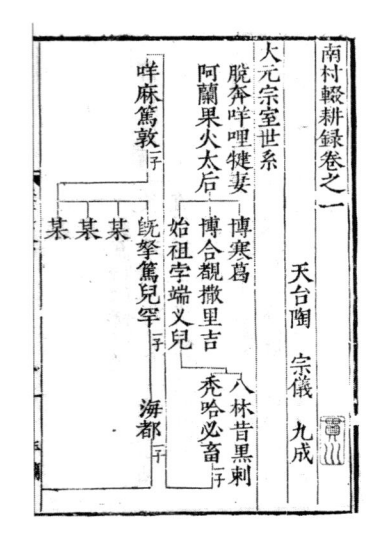

《南村辍耕录》书影

第三等为汉人，又称汉儿，指淮河以北原金朝境内的汉、契丹、女真等族，以及较早为蒙古所征服的云南、四川两省人；高丽人也被划入这个范畴。

第四等为南人，又称蛮子、囊加歹、新附人，是指为元朝最后所征服的原南宋境内（江浙、江西、湖广三行省和河南行省南部）的人。

"四等人制"，通常被视为元代民族不平等的一个最为显著

---

① 黄时鉴：《元朝史话》，北京出版社1985年版。

的标志。细读历史文献，我们确实可以发现，"四等人"的地位和待遇，确实存在很大的不平等性。

官吏任用方面的不平等。在中央各类机构中，有一条不成文的规定，就是基本上都以蒙古人为长，少数"有根脚（高贵出身）"的色目人也偶尔可以得到任用，汉人与南人则基本被排除在外。行省以下各级地方政府所设置的达鲁花赤，也把汉人、南人排除于外。至元二年（1265）二月，元廷就规定："以蒙古人充各路达鲁花赤，汉人充总管，回回人充同知，永为定制。"（《元史》卷六《世祖本纪三》）

《辽史拾遗》书影

法律地位上也体现出不平等性。当时有法令规定：蒙古人若因争执殴打汉人，汉人不得还手，只许向官府申诉，违者将被治罪；后又出现有"蒙古、色目殴汉人、南人者不得复"的规定。另外，蒙古人因争执或乘醉殴死汉人的话，只征收烧埋银，并且断罚出征，而无需偿命；若汉人殴死蒙古人，则要被处死，甚至仅仅只是伤及蒙古人，也要被处以极刑。辽代也曾有类似的记载："蕃民殴汉人死者，偿以牛马，汉人则斩之。"（厉鹗《辽史拾遗》卷一九）

在军事上，汉人、南人被严加防范。元廷禁止中原汉地、江南民众持有弓箭和兵器。元代后期伯颜当权时，甚至禁止江南农家使用铁制的禾叉。

在科举上也体现出不公平。仁宗延祐元年（1314）恢复科举，名额分配上显示，蒙古、色目、汉人、南人四等，乡试各取七十五名，会试各取二十五名。汉人、南人总人口远超蒙古、色目人，这种平均分配显然是不平等的。此外，考试程序上，蒙古、色目人考两场，汉人、南人需考三场；考题难易也有较大的差别。

元朝的"四等人制"，被视为蒙古统治阶级利用民族分化手段以维护其自身特权统治的一种方式。广大的蒙古、色目下层民众和汉族百姓一样，都处于被统治的无权地位。他们同样要负担沉重的赋税和兵、站诸役，以致鬻妻卖子；汉人、南人中的官僚、地主阶级与蒙古贵族结合在一起，保持其剥削和压迫底层民众的阶级利益。"四等人制"的实行，使元朝的社会矛盾更加复杂、尖锐，从而加速了元朝的灭亡。[1]

不过，今天我们要客观地看待元代这种"四等人制"的问题。

首先，"四等人制"并不始于元代。早在女真建立金朝的时候，金王朝就把它统治下的民众划分为四等，在涉及兵事和财政上的用

---

[1] 韩儒林：《中国大百科全书·中国历史·元史》之"四等人制"条，中国大百科全书出版社1985年版。

人次序为："先女真，次渤海，次契丹，次汉儿。"①

其次，"四等人制"的划分依据，除了具有明显的民族属性外，同时也应注意到，它与蒙古对外征服的先后次序有一定的关联。《元史·地理志序》中记载："若元，则起朔漠，并西域，平西夏，灭女真，臣高丽，定南诏，遂下江南，而天下为一。"在当时蒙古人的意识中，谁先臣服于蒙古，谁就具有一定的优势地位。

再次，所谓"四等人制"这个概念本身，在元代并不存在，这是后来的人们根据元代当时的一些情状而编制出的一种制度概念。而且，"色目人"这个词本身在同时代的非汉语史料中找不到相对应的译文依据，也就是说它只存在于汉语世界中，是汉人对于当时社会人群构成的认知的产物。②

《三朝北盟会编》书影

---

① 徐梦莘：《三朝北盟会编》，上海古籍出版社1987年版。
② [日] 船田善之：《色目人与元代制度、社会——重新探讨蒙古、色目、汉人、南人划分的位置》，《蒙古学信息》第2期。

最后，我们也可以就"四等人制"当中所涉及的具体不平等问题，再进行具体分析与讨论。这里可就前面讲到的一个具体问题稍加辨析。

所谓"蒙古人殴汉人"的处罚问题，应源自于《通制条格》卷二十八"蒙古人殴汉人"条，该记载称："至元二十年二月十二日，中书省、兵部。奉中书省札付该：'近为怯薛歹蒙古人员，各处百姓不肯应付吃的，不与安下房子等事，仰叮咛省谕府州、司县、村坊、道店人民，今后遇有怯薛歹蒙古人员经过去处，依理应付粥饭，宿顿安下房舍，无致相争。如蒙古人殴打汉儿人，不得还报，指立证见，于所在官司陈诉。如有违犯之人，严行断罪。'"这里提到的"怯薛歹蒙古人员"，显然并不是指一般的蒙古人，他们是有一定身份且地位比较特殊的蒙古人。若将"怯薛歹蒙古人员"泛化等同于所有的"蒙古人"，那在理解时就会出现很大的偏差。怯薛歹与汉人发生纠纷，元廷规定汉人可于所在地方官府申诉。前文我们曾提及，成吉思汗时代曾宣布一条规矩，若大汗的怯薛与在外的千户长发生争斗，不必调查即可认定罪在千户长。如果对此加以

《通制条格》书影

比对的话，我们会发现，元廷的这条规定并不是一项特别针对汉人的歧视性政策。

另外，所谓"时有制，蒙古、色目殴汉人、南人者不得复"的问题，当出自元末明初高启的说法（高启《元故婺州路兰溪州判官致仕胡君墓志铭》）。他所述说的这项内容，并无具体的法律条文依据相对应。

所谓元代高级官吏多由蒙古人、色目人担任，而汉人、南人基本被排除在外，这与蒙古人与色目人的"根脚"出身有关，也就是说他们更近蒙古的皇帝，更得宠信，因此在充任高级官阶上，获得的机会更多。

因此，就元代"四等人制"的问题，我们应理性、客观、全面地来观察。尤其需要注意的是，元代是一个多民族共存的多元社会。元末明初，朱元璋曾不无轻蔑地称杨维桢为"老蛮子"，因为杨维桢不愿意出来做明王朝的官。当然，朱元璋之所以如此称呼杨维桢，主要原因在于朱元璋自己是淮北人，属于"汉人"，杨维桢为浙江诸暨人，自是属于"南人"。不过，从朱元璋的话来看，这里头并不存有民族类别的含义。

所谓元代"九儒十丐"的问题，它是指元王朝的统治者将民众划分为十等，儒者，就是读书人，位列第九等，仅在最末等的乞丐之上。这与传统中国社会中儒家知识分子的地位相差太远，士通常在"士、农、工、商"中是居于首位的。"九儒十丐"被认为是元代知识分子受到歧视和苛待的最为突出的表现，影响也最为深远。今天尽人皆知的"臭老九"一词，或即源于此。

那么"九儒十丐"的说法,出自哪里呢?今天我们可以找到两个出处:

一是谢枋得所撰写的《叠山集》卷六《送方伯载归三山序》,该文称:"滑稽之雄,以儒为戏者曰:'我大元制典,人有十等,一官二吏。先之者,贵之也;贵之者,谓有益于国也。七匠八娼,九儒十丐,后之者,贱之也;贱之者,谓无益于国也。'嗟乎!卑哉!介乎娼之下、丐之上者,今之儒也。"

二是郑思肖所撰写的《所南集·心史》:"鞑法:一官、二吏、三僧、四道、五医、六工、七猎、八民、九儒、十丐,各有所统辖。"

谢枋得与郑思肖都是南宋遗民,他们都是忠于南宋的前朝旧臣,对元王朝的统治带有很强的敌对情绪。郑思肖对于蒙古的统治,以极尽辱骂为能事,他的观点实在是偏激过甚。谢枋得所言,具体前提是"滑稽之雄,以儒为戏",这显然不能当作信史来看待。因此,所谓"九儒十丐"的说法,并不是可信的。

清代赵翼在《陔余丛考》卷四二中说:"又谓元制一官、二吏、三僧、四道、五医、六工、七猎、八民、九儒、

《陔余丛考》书影

十丐,而无七匠、八娼之说。盖元初定天下,其轻重大概如此。是以民间各就所见而次之,原非制为令甲也。"

虽即如此,我们也确实应该注意到,元代知识分子的地位,确实是有所下降的。元代长期不实行科举,儒士们的仕途受阻,这对于他们的冲击无疑是最大的。所谓"士大夫遭摒弃者,咸以所长收叙,文学之士,则待以不次之除"(黄溍《金华黄先生文集》),"生员不如百姓,百姓不如祗卒"(李继本《一山文集·与董涞水书》),"小夫贱隶,亦以儒为嗤诋"(余阙《青阳先生文集·贡泰父文集序》)。知识分子的苦闷和压抑,于此可见一斑。

杉山正明说:"关于蒙古及其时代,是评论优先于事实,但情绪却更进一步地优先于评论……当评论或对象一旦被确立,就很难看见事物的原有样貌。关于蒙古及其时代,负面印象仍旧很大。总之,最重要的是将定点调回'零'。"[①]对于元代的"四等人制""九儒十丐"等问题,我们也需要从具体的层面去进行分析。

元末人叶子奇在其《草木子》一书中说:"元朝自混一以来,大抵皆内北国而外中国,内北人而外南人,以至深闭固拒,曲为防护,自以为得亲疏之道。是以王泽之施,少及于南;渗漉之恩,悉归于北!"(《草木子》卷三上《克谨篇》)元末出现"贫

---

① [日]杉山正明:《游牧民的世界史》,中华工商联合出版社2014年版。

极江南，富夸塞北"的声音，也就不足为奇了。

我们还可以从当时政府公文显示的内容，观察到南方底层民众在元廷统治下的窘迫情状："至元十五年兵部呈准，除朝廷大官人并正蒙古使臣，及不食死肉，官员依例应付羊肉、鸡儿，余使臣止应付猪肉。……至元十九年六月，中书省奏江南行的使臣每，与猪肉鱼儿雁鹅鸭吃，不肯，只要羊肉吃。有奉圣旨节该……除蒙古站赤，钦依奉圣旨施行，不系蒙古站赤，无马奶子去处，止依旧例应付。"（《永乐大典》卷一九四二五）"（至元二十六年二月十六日）两广、福建、江西、湖南、浙东等处远者数千里，梯山航水……居民闻马嘶，辄闭户惊窜，不免宿于空屋，人马饥困。"（《永乐大典》卷一九四一八）

元代当时的人们，尤其是南方的民众，确实感受到了一种不平等的存在，以传说故事表达一种愿望。我们应该注意到这些"少数"的声音。他们激烈的批评，虽不能说体现的就是全部的历史事实，但他们对于当日现实社会所作出的批评，他们的呼喊和关切，理应引起官僚集团足够的重视。

元代法律的特性

唐宋时代，是中国古代法律体系走向成熟的时期。它集中地体现在《唐律疏议》与《宋刑统》这两部法典中，其中以《唐律疏议》更为著名。

唐代的法令形式分有律、令、格、式。律是对各种违法行为的惩罚条文，所谓"律以正刑定罪"；令是制度、规章的规定，所谓"令以设范立制"；格是用来防止奸邪的禁令，是对律的补充和变通条例，所谓"格以禁违止邪"；式是官府机构的各种章程细则，所谓"式以轨物程事"。其中格最为活跃，是用来修正律、令、式的。

唐律是中国古代王朝创立法典的典范，为历代所沿袭。五代沿用《唐律》。宋代更是将《唐律》及其疏议的部分都纳入到《宋刑统》中。辽代法律"因俗而治"，汉人、渤海人依"律令"，此即与《唐律》等相关；而契丹及其他游牧部族，则依"契丹及诸夷之法"，即契丹习惯法。金代创立了著名的《泰和律》（今已失传），它基本就是在《唐律》的基础上建立起来的。

有元一代，没有颁布过一部像《唐律》《宋刑统》《泰和律》那样完备的法典。蒙古统治前期官吏们在处理司法狱讼等事务时，一方面主要沿用的是金章宗时期的《泰和律》，元代许多公文书中涉及的所谓"旧例"，基本上都与金代《泰和律》有关；另一方面，成吉思汗时期形成的《大札撒》也常被遵循、援用。《大札撒》是蒙古的"祖宗家法"，是一种习惯法。它以成吉思汗的训言和蒙古社会的习惯，来规范大家的行为，它还称不上具有法典的性质。

至元八年（1271），就是忽必烈立国号为"大元"的时候，忽必烈明文禁止前代旧制《泰和律》。不过，忽必烈并没有随即建立起元代的法律。当时主要依据的"法律"就是一些"诏旨条令",应属于"令"的范畴;而"律"则一直没有出现。与"律"相对应的,则出现一些"断例",就是具体案例的汇编。不过援引"断例"作为法律依据来断案,势必会出现很多问题,因为案件发生的具体情形不一;而且使用"断例"判案,容易滋生司法腐败。

忽必烈试图制定新的法律,但一直未能实现。至元二十八年(1291),忽必烈命令大臣何荣祖编纂《至元新格》,对"断例"以及"敕旨条令""杂采类编"进行整理。该书分公规、选格、治民、理财、赋役、课程、仓库、造作、防盗、察狱等十个类目,可以说涵盖了方方面面,可惜此书今已不存。

忽必烈之后,元代不少统治者都试图对以往的断例进行整理,如仁宗时期整理了一些断例,后由英宗进一步修订颁布《大元通制》。该书分制诏、断例、条格、别类四类。"诏令"即相当于唐宋时期的"敕条";"条格"主要是一些政令,相当于唐宋时期的"令""格""式";"断例"的性质有很大的争议,有人认为它具有唐宋时代"律"的属性,也有人认为它不是传统意义上的"律",只是具有法律性质的"例"的汇编。该书虽不是正式意义上的一部律令法典,但也可以说在性质上是相仿的。可惜的是,该书今天只有"条格"的部分流传了下来,这就是《通制条格》。

英宗时还出现了《大元圣政国朝典章》(简称《元典章》),它是一部由地方官吏编制的法令、文书的汇编,包括了至治二年(1322)以前元王朝有关政治、经济、军事和法律方面的圣旨条画、律令格例以及判案成例。文宗时编修的《经世大典》，则是全面系统记载国家典章制度的政书。其中的"宪典"部分，包括"断例"和"诉讼"等涉及法律相关的内容。

此外，元代还编有《至正条格》。该书是顺帝至正五年（1345）在《大元通制》的基础上增补重编而成的，次年该书的"条格""断例"两部分刊印、颁行天下。《至正条格》一度被认为已经亡佚。2003年，该书在韩国庆州被发现，轰动一时。该书对于我们研究元代中后期的法制史，具有非常重要的意义。

元代断案所遵循的原则或内容，基本上是上述书中所汇编的一些"诏旨条令"与"断例"。正因如此，元代出现了一种"有例可援，无法可守"的局面。凡是遇上有难以判罚的案件，官吏们就寻找"旧例"；如果找不到具体依据，就商议定拟。在上述诸书中，《大元通制》与《至正条格》是元代两部具有法典性质的法律文献汇编。据《元史》卷一六八《何荣祖传》记载，大德三年（1299），成宗命何荣祖修纂《大德律令》，次年书成。不过，由于种种缘由，该书未及颁行，后又不知所终。

元代虽无完备的法典，但它依然有自己一套独特的法律法规在运行。那么，元代的法律有何自身特点呢？

首先，我们以刑法中的"五刑"处罚为例，或许就可窥探到元代法律的一些特点。据《元史》卷一〇二《刑法志一》的记载，元代笞刑处罚数为：七、十七、二十七、三十七、四十七、五十七；杖刑处罚数为：六十七、七十七、八十七、九十七、一百七。徒刑为：一年，杖六十七；一年半，杖七十七；二年，杖八十七；二年半，杖九十七；三年，杖一百七。流刑，元代没有详细的流里数，基本是北方人流南方、南方人流北方，主要以辽阳、湖广等地为主。死刑则有斩、凌迟处死等。对比金代的《泰和律》，我们知道，金代笞刑处罚数为十至五十下，杖刑为六十至一百下。元代似乎显得较为宽容，它以"七"为断，"笞杖十减其三"。据说这是出于忽必烈的"仁慈"，所谓"天饶他一下，地饶他一下，朕饶他一下"（叶子奇《草木子》卷三下《杂制篇》）。不过，元代以"七"为断，或许只是蒙古人的一种习俗而已。数字"七"在蒙古人的社会生活中，有某种特定的涵义。

其次，元代法律呈现出多元的特性，以金《泰和律》为主体的中原汉法、以《大札撒》为主体的蒙古草原游牧习惯法以及"回回法"等，兼容并蓄。在此多元背景下，元代统治者基本遵循"同类自相犯，各依本俗法"的原则，用来处理各族群内部的法律纠纷。蒙古人在蒙古本土，适用的法律自然是《大札撒》；不过随着蒙古人大量进入各个被征服地区，《大札撒》已不再被视为唯一的法律准绳，它也要随之而发生变通。汉人之间的纠纷基本上按"汉法"来处理，我们在阅读元代的法律文书时，常会看到所谓的援引"旧例""唐宋典故"等词语，所指的就是原来汉地的法律。回族人之间若出现纠纷，涉及刑名、户婚、钱粮、词讼等大小事务，一般由政府所设的"回回哈的司"依据回族人的方式或办法来进行审理。

当然，由于多民族共存，在法律上也会出现蒙古法对"回回法"、汉法所带来的影响。

如蒙古人屠宰牲畜时严禁抹喉放血，而是缚住牲畜四肢，剖开牲畜胸腹，然后伸手进去按住它的心脏，直到牲畜死去。这与回族人、汉人屠宰牲畜时放血的做法是不同的。元代有一条规定"禁回回抹杀羊作速纳"（《元典章》卷五七），就是针对此而作出的一项具体要求。

又如，《大札撒》规定，偷盗牛、马、羊的蒙古人会被处以盗一赔九的处罚，随后，汉人、南人若偷盗牲口，也要"依着蒙古体例教赔九个"，所谓"汉儿人偷头牲口一个也赔九个"（《元典章》卷四九），就是明证。

再如，虽然元代仍是以"各依本俗"的原则来处理各民族的婚姻事务，不过蒙古统治也给汉人和回族人在遗产继承权、妇女再嫁以及收继婚姻（女性在丈夫死后嫁给其兄弟）等方面带来了一定的影响。如若寡妇能维持家庭的纳税义务，则寡妇具有财产的继承权；同时，寡妇自主再嫁，也有很多的限制性条件。

最后，我们可以看看元代法律中的"约会制"。元代实行"诸色户计"制度，按照职业、民族以及宗教信仰等分，有所谓的民户、军户、站户、盐户、匠户、医户、打捕鹰房户、也里可温、和尚、先生、答失蛮、儒户、畏兀儿户、回回户、驱户、投下户等各种各样的不同户籍。若这些不同户籍的民众之间发生冲突，又该如何进行处理呢？这就涉及元代特殊的"约会制"。由于这些户籍隶属的管理部门不同，若他们之间发生纠纷和讼诉问题，地方官不能直接处理，而是由政府约各户籍相关的部门一起加以处理，所谓"立会裁判"，这就是我们所称的"约会制"。在元代，这些约会都有着具体的规定，如"诸色户计词讼约会""儒、道、僧官约会""医户词讼约会""畏吾儿等公事约会""军民词讼约会""都护府公事约会"等（《元典章》卷五三）。多数情况下，若一般民户与特殊户籍人户发生冲突，往往对特殊户籍的人有利。

元代法律还有一些别具特色的处置规定。

如在死刑处罚中，杀人犯需要给受害人家属提供一笔赔偿金，此被称为"烧埋银"。若殴伤他人，则需要赔偿医药费。

元代有一种"警迹人"，他们所犯罪行较轻，或者犯罪后表现较好，可不必待在监狱里。他们要在脖子或臂膀上刺字，列入一种特殊户籍，要定期向所在地方官府报到，以示自己没有逃走；同时，要在他们家门口立牌，或者让他们去侦查其他的罪犯。若表现好的，可以改为良民。

元王朝的统治民族是蒙古族，蒙古人享有法律上的不少特权。蒙古人不必受"刺字"之刑罚；蒙古人与汉人同罪异罚，前者轻后者重。

元代中央司法机关，主要有刑部、宗正府、宣政院等，分别负责掌管汉人的案件、蒙古与色目人的案件以及与宗教相关的案件审判。地方司法机关设于行省、路、府、州、县各级，主要由各级达鲁花赤主管，其中路一级的审理机关比较重要。

第七章

元代的思想、宗教、文化与艺术

理学兴盛：国家意识形态的确立

理学，又称"道学"，它最早出现于北宋统治下的中原地区。

理学的创始人是周敦颐，《宋元学案》对周敦颐在儒学发展史上的地位评述道："孔孟而后，汉儒止有传经之学。性道微言之绝久矣。元公崛起，二程嗣之。"（《宋元学案》卷一一《濂溪学案上》）"元公"是周敦颐的谥号；所谓"二程"，即是程颢、程颐兄弟。所谓"性道"，是以讨论"天道性命"为核心的一种哲学思想。

二程兄弟在周敦颐学说的基础上，进一步提出以"理"或"道"作为全部学说的基础。他们认为"理"是先于万物的"天理"，"万物皆只是一个天理"，"万事皆出于理"。二程认为"理"是宇宙终极的本原和主宰世界

周敦颐像

的唯一存在;"天理"是道德原则与等级制度的总称,同时也具有万物发展变化规律的意义。二程的"理学"思想体系,为南宋朱熹理学思想的产生提供了基础。

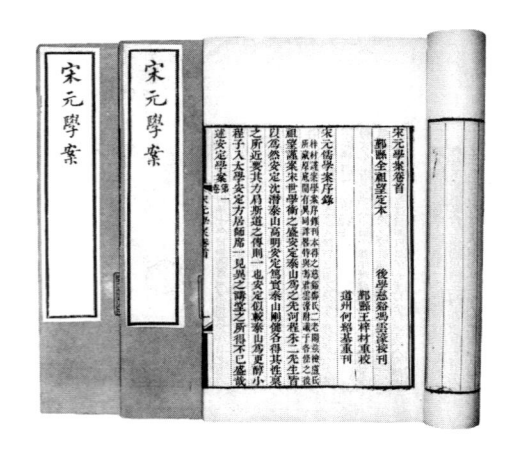

《宋元学案》书影

宋南渡之后,周程之学随之播迁至南方,并且日渐壮大,至朱熹时集其大成。朱熹兼采佛教、道教思想,建立了较完备的理学体系。理学中所涉及的"先天太极""天理"观念,就含有古代道家的自然哲学观念的要素;而"心性"之说,则具有佛禅的要素。"程朱理学"是指以程颢、程颐、朱熹为代表,以"理"为最高范畴的一种学说。

理学在宋代的兴起,与晚唐五代以来的混乱局面不无关系。当时传统的伦理道德失范,宋统治者倡导尊崇儒学,努力重建儒家伦理道德纲常,以革除时弊。在这样的新要求下,理学也就随之顺势而起。

随着宋宗室南迁,理学在北方一蹶不振,几乎至于"销声匿迹"的境地。不过,它当然不可能绝迹,周程之学的余脉在北方仍不绝如缕。如二程"伊洛之学",就在泽州(今山西晋城)留

程颢像　　　　　　　　程颐像

有余脉。元初著名理学家刘因曾说："初，泽俗淳朴，民不知学。至宋治平（1064—1067）中，明道程先生（指程颢）为晋城三年，诸乡皆立校，暇时亲至，为正儿童所读书句读。择其秀异者，为置学舍、粮具而亲教之。去邑才十余年，服儒服者已数百人。由是尽宋与金，泽恒号称多士。"（刘因《静修集》卷一六《段直墓碑铭》）金代李俊民、郝经家族，都颇具儒学声望。

金代统治下的北方社会，也曾流传有南方的理学。"理学至宋始明，宋季得朱子而大明。前辈言，天限南北，时宋行人箧《四书》至金，一朝士得之，时出论说。闻者叹竦，谓其学问超诣。"（许有壬《至正集》卷三三《性理一贯集序》）所谓"四书"，当指朱熹的《四书集注》。金末大儒李屏山著有《鸣道集说》，该书除批评北宋二程外，还对南宋的朱熹、杨时等人提出批评。可见，宋金对峙时，北方学界对于南方理学有所知晓，朱熹的理学

朱熹像

刘因像

也在北方有所流传。

金元之际理学北传的代表性人物是赵复。端平二年（1235），蒙宋战争中蒙军俘获宋儒赵复，并将其带到北方。这标志着理学开始在北方重新流传，所谓"北方知有程朱之学，自复始"（《元史》卷一八九《赵复传》）。

赵复到北方后，理学开始在北方建立起自己的师承授受体系。赵复带到北方的程、朱著作，影响了一大批人，如著名学者姚枢、许衡、郝经、刘因等人，他们都因为得观赵复所带来的理学著作，而开始尊信理学；此外，赵复还开设学校（太极书院），讲授程朱理学。许衡在读到赵复所传授的程朱著作后，就抛弃了原来他所专注的传统章句之学，转而以提倡理学为己任。许衡与刘因，是元初最为著名的两位理学大家，他们在元代的影响巨大。

然而，理学虽然已开始在北方传播开来，但它离成为北方知识界所普遍接受的一种学说,尚有很大一段距离。当时,在北方占统治地位的仍是宋金以来的"旧学",这种"旧学"很大程度上重视的是词赋之学。它与隋、唐以来科举以诗赋取士的导向有关。金元之际,东平府(治今山东东平)吸纳了大量的文人士大夫,并渐成规模。他们在学术上基本上因袭的是金源遗风,学风是旧金遗留的诗赋、经术之学,他们被称为"东平学派"。东平学派在当时的影响很大,不过蒙古统治者对于东平学派与理学的倾向性态度,似乎是不明朗的。①

忽必烈厌恶金代儒生们崇尚诗赋的风习,认为"汉人惟务课赋吟诗,将何用焉"。忽必烈本人对儒士抱有很深的偏见,甚至认为儒生误国。金、南宋的不少遗民也认为儒生误国。南宋遗民谢枋得说:"以学术误天下者,皆科举程文之士。儒亦无辞以自解矣!"(《叠山集》卷六《程汉翁诗序》)至元八年(1271),侍讲学士徒单公履欲奏行贡举,忽必烈召姚枢、许衡与宰臣廷辩。"[董]文忠自外入,帝曰:'汝日诵四书,亦道学者。'文忠对曰:'陛下每言:士不治经讲孔孟之道而为诗赋,何关修身,何益治国!由是海内之士,稍知从事实学。臣今所诵,皆孔孟之言,焉知所谓道学!而俗儒守亡国余习,欲行其说,故以是上惑圣听,恐非陛下教人修身治国之意也。'事遂止。"(《元史》卷一四八《董文忠传》)世祖忽必烈朝,一直拒绝推行科举,与此

---

① 姚大力:《金末元初理学在北方的传播》,《元史论丛》第二辑,中华书局1983年版。

归去来辞图（局部，元代钱选绘）。此图借陶渊明乘坐扁舟归隐田里的情景，表达自己对超然清高的隐逸生活的向往。

不无关系。

在很长一段时间里，儒学扮演的角色，更多是在意识形态层面充当钳制民众思想的工具。理学严肃强调纲常礼教，可以说它很好地迎合了统治者的需求。许衡和刘因等理学家都十分重视《小学》《四书》在道德教化中的作用。许衡说："《小学》《四书》，吾敬信如神明。"（《许衡集》卷九《与子师可》）"文公（朱熹）《小学》《四书》，次第本末甚备。有王者起，必须取法。"（《许衡集》卷二《语录下》）这主要就是因为儒家的政治伦理和道德要求可以规范人们的行为和思想。于统治者而言，这是尤为紧要的。

中统、至元初年，许衡担任国子祭酒；至元二十四年（1287），国子学正式定制。各级学校逐步按照理学的要求规定课业。在元政府的推动下，理学逐渐成为思想统治的重要工具，也逐渐在学术界占据支配地位。而完成这一巨大转变的关键推力，则是元仁宗延祐年间恢复科举的举措。

元仁宗皇庆二年（1313）十月，中书省臣上奏："夫取士之法，经学实修己治人之道，词赋乃摛章绘句之学，自隋、唐以来，取人专尚词赋，故士习浮华。今臣等所拟将律赋省题诗小义皆不用，专立德行明经科，以此取士，庶可得人。"（《元史》卷八一《选举志一》）也就是说，元代科举更重经义，它改变了以前重词赋的传统。

当时，元廷还议定了考试程式："蒙古、色目人，第一场经问五条，《大学》《论语》《孟子》《中庸》内设问，用朱氏章句集注。其义理精明、文辞典雅者为中选。第二场策一道，以时务出题，限五百字以上。汉人、南人，第一场明经经疑二问，《大学》《论语》《孟子》《中庸》内出题，并用朱氏章句集注，复以己意结之，限三百字以上；经义一道，各治一经，《诗》以朱氏为主，《尚书》以蔡氏为主，《周易》以程氏、朱氏为主，以上三经，兼用古注疏，《春秋》许用《三传》及胡氏传，《礼记》用古注疏，限五百字以上，不拘格律。第二场古赋诏诰章表内科一道，古赋诏诰用古体，章表四六，参用古体。第三场策一道，经史时务内出题，不矜浮藻，惟务直述，限一千字以上成。"（《元史》卷八一《选举志一》）由此，大元确定了科举考试中以程朱理学为程式的经义取士制度。

元仁宗延祐年间（1314—1320），科举正式得到恢复。朱熹的《四书章句集注》被确定为科举考试的依据,也就是"考试大纲"。考试制度的规定,在某种程度上采纳了朱熹在《学校贡举私议》里的主张,即抛弃了南宋以诗赋取士的传统,对南宋科举中的"经义科"也加以重要的改革,注重对经典和策问的考试。因此,元代科举考试中的经疑、经义考试,可以说是最符合朱熹原来的设计理念的。明清时代考试科目有所变化,实际离朱熹的原意愈走愈远。

元代科举推行确定了理学的正统地位,后为明、清两代所沿袭。而另一件将理学推上统治学说地位的措施是,皇庆二年(1313)六月,元廷下诏,"以宋儒周敦颐、程颢、颢弟颐、张载、邵雍、司马光、朱熹、张栻、吕祖谦及故中书左丞许衡从祀孔子庙廷"。(《元史》卷二四《仁宗本纪一》)元代程朱理学,由此正式受到官方的尊崇。

程朱理学从此具有了官方的地位,成为思想理论界占据支配地位的一种学说。[1]理学在元朝之后具有了国家意识形态的官方思想地位,所谓"元之所藉以立国者也"(《宋元学案》卷九一《静修学案》)。

元代理学接续了两宋理学,在北方有赵复、许衡、刘因等人,南方则有吴澄、金履祥、许谦等人,他们积极传播和发展理学。元代社会崇尚理学蔚为风气,最终也影响到了元王朝的统

---

[1] 徐远和:《理学与元代社会》,人民出版社1992年版。

治者。清代大儒全祖望说："有元立国，无可称者，惟学术尚未替。"(《宋元学案》卷九五《萧同诸儒学案》)全祖望的意思是说，元代几乎没什么值得一提的，唯一可以称道的就是理学得到延续。

我们知道，理学在强化传统礼教、维护宗法制度方面，被认为负面影响极大。所谓"饿死事小，失节事大"，"存天理，灭人欲"，这些观念常为后世的人们所痛斥。不过，这只是问题的一面，绝非全部。

五指并重：元代的宗教宽容

提起蒙古统治时期的宗教，许多人通常都会注意到当时各种宗教的流行，以及蒙古统治者对各种宗教的宽容态度。最具代表性的莫如蒙哥汗对来到东方的基督教传教士鲁不鲁乞（Rubruck）所说的那句话："我们蒙古人相信世上只有一个上帝，在他保佑下我们生活，在他保佑下我们死亡，对于他我们怀着一颗正直的心……但是，正如上帝赐给手以不同的手指一样，同样的，他也赐给人们以不同的方式。"[①]蒙哥汗的意思十分清楚，"上帝"让人一只手生出互不相同的五根手指，"上帝"也允许不同地方的

---

① ［英］道森编，吕浦译，周良霄注：《出使蒙古记》，第214页，中国社会科学出版社1983年版。

《高峰原妙禅师像》（元代赵雍绘，美国波士顿艺术博物馆藏）。高峰原妙是元初禅宗的领袖，赵孟頫、管道昇夫妇与之过从甚密，曾拜他为师。此像是在高峰圆寂后所绘。

人们拥有不同的宗教信仰，蒙古人并不属于任何单一的某种宗教。在前四汗时期，各种宗教若能为大汗"告天祝祷"，都可以得到蒙古统治者的保护和支持。蒙古人所尊崇的"一个上帝"，其实是"长生天"。

如果我们留意13、14世纪相关著作的记载，就会很容易发现这样一种有趣的现象：信仰佛教的人们会告诉我们，蒙古统治者对佛教是尊崇的；伊斯兰教的信众会告诉我们，蒙古大汗对他们是多么地宠信；而基督徒则会告诉我们，蒙古大汗对基督教礼遇有加。在蒙古的宫廷里，时常出现各色宗教徒的身影。蒙古诸王和哈敦们，不仅对自己领地内的各种宗教提供保护，给予他们各种赏赐，还会邀请他们到自己的府邸来，以示亲近。有不少蒙古宗王和妃嫔，则已开始信奉基督教、佛教等各种宗教。

伊朗史学家志费尼曾说道："因为不信宗教，不崇奉教义，所以，他（成吉思汗）没有偏见，不舍一种而取另一种，也不尊此而抑彼；不如说，他尊敬的是各教中有学识的、虔诚的人，认识到这样做是通往真主宫廷的途径。他一面优礼相待穆斯林，一面极为敬重基督教徒和偶像教徒（即佛教徒）。他的子孙中，好些已各按所好，选择一种宗教：有皈依伊斯兰教的，有归奉基督教的，有崇拜偶像的，也有仍然恪守父辈、祖先的旧法，不信仰任何宗教的；但最后一类现在只是少数。他们虽然选择一种宗教，但大多不露任何宗教狂热，不违背成吉思汗的札撒，也就是说，对各教一视同仁，不分彼此。"①

蒙古统治所及的区域内，流行着各种各样的宗教：佛教（含藏传佛教）、道教、伊斯兰教、基督教以及摩尼教、白莲教等。其中尤其引人瞩目的是基督教和伊斯兰教的发展，前者可以说是自唐代中断之后的再一次出现和发展，而后者在元代的发展，为我国回族的形成提供了条件。

蒙古人所尊崇的是原始宗教萨满教，这是在中国北方民族中普遍流行的一种原始宗教。萨满教相信万物有灵，天地、日月、山川、树木，以至雷电都有神灵主宰。蒙古人最为尊崇的是"天"，天是宇宙万物的最高神灵，蒙古人常将天称为"长生天"或"腾格里"。蒙古人说："上天只有一个，即长生天；地上只有一主，即统治蒙古帝国的成吉思汗。"大蒙古国和元朝时代，几乎所有的诏书中开头第一句必是"长生天气力里"。蒙古人的社会生活中，萨满巫师的地位非常重要，他不仅帮助人们禳灾祛病，还扮演着

---

① ［伊朗］志费尼著，何高济译：《世界征服者史》，内蒙古人民出版社1980年版，第29页。

沟通神灵和上天的中介的角色。西方传教士说道："(蒙古)没有领袖，没有法律，而只有巫术和占卜，这些地区的人，对于巫术和占卜是极为重视的。"[①]也就是说，萨满教在占卜、祭祀等各方面，所起的作用十分重大。

蒙古人比较早接触到的中原地区的宗教是道教中的全真教。金末全真教崛兴于华北地区，成为当时道教中最重要的一个教派。蒙古人南下中原的时候，很早就接触到全真教。当时全真教道士丘处机声名最隆，曾数次受到金世宗的征召。他的主要传教活动地域在山东地区。当时，山东处于蒙古、金和南宋三方势力的争夺之下。成吉思汗派遣刘仲禄邀请丘处机前往西域。金兴定四年（1220）春，丘处机权衡之后，接受了蒙古方面的邀请，带领门下弟子尹志平等人，从莱州启程出发，经长途跋涉，于兴定六年（1222）四月抵达"大雪山"（今兴都库什山）八鲁湾行宫，觐见成吉思汗。成吉思汗称他为"神仙"，曾三次召见丘处机，询问治国和养生之道。丘处机以敬天爱民、减少屠杀、清心寡欲等作为回应。之后，全真教凭借着大汗召见的威风，在华北得到进一步发展，对佛教势力形成很大威胁。

金元之际，北方佛教诸派中以禅宗的临济宗和曹洞宗影响最大，蒙古人比较早接触到的汉地佛教就是这两个宗派。蒙古军队攻金的时候，俘获了临济宗的中观禅师及其弟子海云印简。木华

---

① ［英］道森编，吕浦译，周良霄注：《出使蒙古记》，中国社会科学出版社1983年版，第214页。

黎曾延请中观、海云师徒到北方弘法，成吉思汗知道此事后，嘱咐木华黎给予他们师徒以优待："尔使人来说底老长老、小长老，实是告天的人，好与衣粮养活着。"(《佛祖历代通载》卷二一) 海云禅师后来备受蒙古贵族的尊崇，他与忽必烈的关系就非常近密。海云的弟子刘秉忠，更是成为忽必烈身边的重要谋臣。当时，临济宗虽发展兴盛，不过若论影响，曹洞宗或许更胜一筹。曹洞宗的万松行秀就是其中的代表性人物。由于蒙古早期接触到的是北

临济寺。临济寺原称临济院，坐落于河北省正定县城生民街东侧。最早建于东魏孝静帝兴和二年（540）。

曹洞宗为佛教禅宗南宗五家之一，道场在江西省九江市永修县云居山的真如禅寺。

方的禅宗,禅宗也因此得到较大的发展,不过进入元代以后,由于蒙古统治者需要平衡佛教内部各派的势力及其影响,曾出现过所谓"崇教抑禅"的政策。

大蒙古国时期,华北地区的佛教和道教发生了争斗,蒙古的大汗们更多的是倾向于佛教的。1258年,在最后一次佛、道辩论之前,事实上蒙哥汗已倾向于佛教。蒙哥汗曾说:"释道两路,各不相妨,只欲专擅自家,遏他门户,非通论也。今先生言道门最高,秀才人言儒门第一,迭屑人奉弥失诃(指景教)言得升天,达失蛮(指伊斯兰教)叫空谢天赐与,细思根本,皆难与佛齐。""譬如五指皆从掌出,佛门如掌,余皆如指。"忽必烈说:"世人将孔、老与佛称为三圣,斯言妄矣。孔老之教,治世少用,不达性命,唯说现世,止可称为贤人;佛之垂范,穷尽死生

石雕海云印简禅师像(元初)

万松行秀像

善恶之本，深达幽明性命之道，千变万化，神圣无方，此真大圣人也。"（释祥迈《大元至元辨伪录》）

蒙古人接触到藏传佛教，或许早在征服西夏前后就已开始了。1234年，窝阔台次子阔端分镇河西（西夏故地），并负责经略吐蕃诸地。1240年，阔端派军进入到西藏腹地拉萨附近，蒙藏间的实质性接触才开始出现。1247年，阔端与西藏方面的代表萨迦派法王萨迦班智达在凉州会晤。这次会谈当然是一场商谈西藏归附蒙古的政治性谈判，但同时它也涉及藏传佛教的事务。蒙古人对于藏传佛教的认识和理解逐渐加深，阔端本人甚至还接受了藏传佛教，以至于希望能有一名精通佛法的高僧作为自己的"上师"。萨迦派由此在西藏佛教界的地位迅速得到提升，他们与蒙古王室保持着密切的联系。后来萨迦班智达的侄子八思巴，继承了他的事业。八思巴与忽必烈关系更加密切，包括忽必烈在内的不少蒙古贵族都推崇藏传佛教。忽必烈于中统建元时封他为"国师"，后又晋升他为"帝师"。萨迦派首领长期掌管西藏地区的宗教事务和地方政权；而出身藏

八思巴像。忽必烈从八思巴受佛戒。中统元年，世祖即位，尊其为国师，使统天下佛教事。至元元年，使领总制院事，统辖藏地事务。六年，制成蒙古新字，加号大宝法王。

传佛教的元朝历代"帝师"们,还统领着全国的佛教事务。元代藏传佛教虽然得到蒙古人的尊崇,不过终元之世,蒙古人并未全民皈依藏传佛教。蒙古人皈依藏传佛教,要迟至16世纪,那时距离元代覆亡已过去了大约两百年之久。

蒙古的三次西征,给中亚、西亚地区的伊斯兰世界带来了很大的冲击,一系列伊斯兰国家被蒙古军队所征服。随着蒙古人大量来到中亚、西亚地区,蒙古人在各地的统治不断深入,散布在欧亚大陆上的许多蒙古人逐渐皈依了伊斯兰教。成吉思汗子孙中最早皈依伊斯兰教的是朮赤的第三子别儿哥。伊利汗国从合赞汗统治时期(1295—1304),在今天伊朗地区的蒙古人,基本都皈依了伊斯兰教。察合台汗国境内的不少蒙古人也伊斯兰化了。元王朝境内的不少蒙古宗王也崇奉伊斯兰教,其中著名者如忽必烈之孙阿难答。与此同时,大量的伊斯兰民众也来到东方,他们有的为朝廷服务,如牙剌瓦赤、赛典赤、阿合马等人,此外,还有大量商人、工匠、士兵等从事各项事务。伊斯兰教受到元廷的支持和保护,穆斯林的社会地位较高。由于大量的穆斯林来到东方,伊斯兰文化也随之

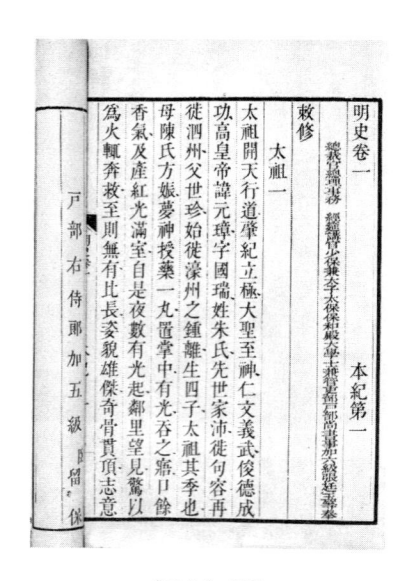

《明史》书影

得到传播。回族就是在历经元代的发展之后，于元末明初逐渐形成为中国一个重要民族的。《明史》记载："元时，回回遍天下。"伊斯兰教在元朝境内得到很大的发展，赛典赤·赡思丁主政云南时，云南有些地方的居民"尽回回教徒"。云南曾被称为"犍陀罗"，是一个佛教盛行的"妙香之国"。到了13、14世纪，由于赛典赤等伊斯兰信众的进入，在伊利汗国宰相波斯人拉斯特的《史集》等作品中，那里已被认为是一个伊斯兰教非常流行的地区了。

蒙古部未统一蒙古高原以前，草原上已有不少部众信奉聂斯脱利教（基督教的一支，唐代已传入东方，当时称"景教"），如乃蛮、克烈、汪古等部。蒙古崛兴于草原的时候，不少聂斯脱利教徒已在蒙古宫帐内活动，拖雷正妻唆鲁禾帖尼就是聂斯脱利派的教徒。旭烈兀正妻脱古思哈敦、蒙古西征军主将之一的怯的不花，都是基督教的信徒。蒙古西征之后，被俘获的军士、工匠中有不少是聂斯脱利教徒、天主教徒以及东正教徒。与此同时，罗马教廷也派出大量教士到访蒙古宫廷。法国传教士鲁不鲁乞在其《东游记》一书中称，在喀拉和林有基督教堂。元人将基督教各派都统称为"也里可温教"或"十字教"，它包括了聂斯脱利教、天主教等各派。

蒙古统治时代来华的西方传教士留下了一些"旅行记"，他们所提供的一些信息告诉我们，虽然蒙古统治者不曾皈依基督教，不过对于基督教还是十分礼遇的。13世纪著名的旅行家马可·波罗，自称是作为教皇使臣来到东方的。马可·波罗十分频繁地提及基督教在东方的状况，并特别提到忽必烈对基督教的态度。据《马可·波罗行纪》第二卷第七十九章《大汗对于基督教徒犹太教徒回教徒佛教徒节庆付与之荣誉及其不为基督教徒之理由》记载：

> 大汗得胜以后，盛陈卤簿，凯旋入其名称汗八里（大都）之都城，时在十一月之中也。驻跸此城讫于二月杪，或三月吾人复活节届之时，应知此节为吾人重要节庆之一。大汗届时召大都之一切基督教徒来前，并欲彼等携内容四种福音之《圣经》俱来。数命人焚香，大礼敬奉此经，本人并虔诚与经接吻，并欲在场之一切高官大臣举行同一敬礼。彼对于基督教徒主要节庆，若复活节、诞生节等节，常遵例为之。对于回教徒、犹太教徒、偶像教徒之主要节庆，执礼亦同。若有人询其故，则答之曰："全世界所崇奉之预言人有四，基督教徒谓其天主是耶稣基督，回教徒谓是摩诃末，犹太教徒谓是摩西，偶像教徒谓其第一神是释迦牟尼。我对于兹四人，皆致敬礼，由是其中在天居高位而最真实者受我崇奉，求其默佑。"然大汗有时露其承认基督教为最真最良之教之意。盖彼曾云，凡非完善之事，此教决不令人为之。大汗不欲基督教徒执十字架于前，盖因此十字架曾受耻辱，而将一完善伟大之人如基督者处死也。

> 或曰，彼既以基督教为最良，缘何不皈依此教，而

为基督教徒欤？曰：其理由如下：……此国之基督教徒蠢无所知，庸碌无用。至若偶像教徒则能为所欲为。我坐于席前时，置于中庭之盏满盛酒浆者，不经人手接触，可以自来就我饮。天时不正时，此辈可以使之正。所为灵异甚多，汝辈谅已知之。其偶像能言，预告彼等所询之事。若我皈依基督之教，而成为基督教徒，则不识此教之臣民语我曰，汗因何理由受洗而信奉基督教，汗曾见有何种灵异何种效能欤？汝等应知此处之偶像教徒断言其能为灵异，乃由其偶像之神圣与威权而能为之。若以此语见询，我将无以作答。此种偶像教徒既借其咒语、学识能为种种灵异，我若铸此大错，此辈不难将我处死。汝等奉命往谒教皇时，可求其遣派汝教中有学识者百人来此，俾其能面责此种教徒行为之非。并告之曰，彼等亦能为之，特不欲为者，盖因此为魔术耳。若能如是驳击偶像教徒，使此辈法术不能在彼等之前施行，复经吾人身亲目击，吾人行将禁止其教，放逐其人，而受洗礼。

马可·波罗所言，当然有言过其实之处，不过他叙述大汗对包括基督教在内的各种宗教都给予尊崇，则是符合历史事实的。

元代宗教的多元，带来的必然是文化的多元，欧亚大陆间的交流和沟通，比以往任何时期都要紧密得多。大汗们对东西方各地的宗教都保持宽容的态度，于当时蒙古人而言，诸种宗教，犹如五指，各有其功用。

一个至今引发人们思考的问题是，13、14世纪蒙古人统治着欧亚大陆的大部分地区，今伊朗地区的蒙古人最终皈依了伊斯兰教，钦察汗国也曾奉伊斯兰教为国教；那为何金帐汗国控制下的斡罗斯诸公国没能使蒙古人皈依东正教，而在元王朝统治下的蒙古人也没有皈依佛教或者道教呢？它的原因很多，而且差异很大，无法一概而论。仅就汉地社会而言，我们知道，它本身并不是一个全民信仰宗教的社会；而且汉地多种宗教并存，即便影响最大的佛教，它的信众其实也只是部分。因此，很难出现类似于伊朗地区蒙古人都皈依伊斯兰教的那种状况。

南北混融：大一统时代的诗风

元朝统一南北，在政治上虽有"内北国而外中国，内北人而外南人"的区分（叶子奇《草木子》卷三上《克谨篇》），但在文化上却无此区隔。元代一统，使得南北分隔长达三百余年之久的文化，趋向大的融合。其中南、北文学的互融就是一个很好的证明，尤其是诗歌。所谓"元代诗坛的一个趋势，就是打破南北阻断，重新融合。这本是历史发展的趋势"。[①]

[①] 杨镰：《元诗史》，人民文学出版社2003年版，第327页。

元代混一南、北，使得南、北士人得以观览各地，北人南往，或南人北上，蔚然成风。这不仅促发了元代诗人们的诗歌创作，而且还进一步密切了彼此间的交流。我们可以对南人北上游历所带来的诗歌创作方面的变化，以及元人对于南、北方诗风差异的评论及其趋于混融的现象，稍微作一点了解。

首先，是南人北游及其对诗歌创作所带来的影响。

元初江南士人多称道南北统一，可以说，既感欣慰又颇感辛酸。南方士人北上，大多以能"游孔林""历燕赵""谒京师"作为人生的重要经历。临川人吴澄说："君昔为才进士……今以绍定遗老，德祐朝士，年六十七，犹能跋涉数千里，纵观宋氏百五十年欲至而不得至之邦，其可喜也夫？亦可悲也夫？"（《吴文正集》卷一七《送黄通判游孔林序》）又有诗云："平生欲作孔林游，尘上因循老则休。想见弦歌当日地，至今桧树绿秋秋。"（李存《俟庵集》卷一一《送人游孔林》）萧从周则说："观礼乐必之鲁，观天下必升岱宗。观止矣，仆之事毕矣。"（程钜夫《雪楼集》卷一四《送萧从周序》）

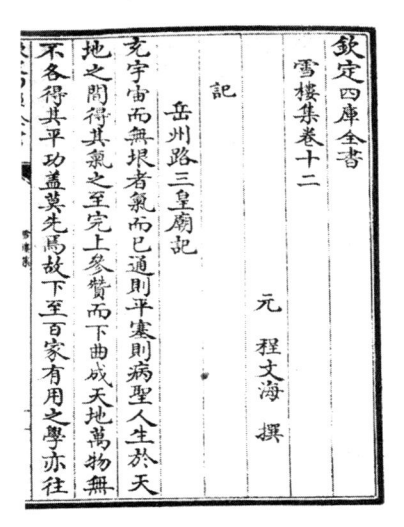

《雪楼集》书影

吴澄也为南方人能北谒京师而感到欢欣鼓舞,他说:"[徐]镒尝有四方志,曩一至京师,获观山河之高深,土宇之绵亘,都邑之雄大,宫殿之壮丽,与夫中朝巨公之恢廓严重。目识若为之增明,心量若为之加宽,此身似不生于江南遐僻之陬也。"(《吴文正集》卷二五《送徐则用北上序》)

元代许多文人学士常常将能一游南、北作为人生追求,并且自况司马迁,遍览名山大川,归而著书立说,藏之名山。王谦道说:"曩者足目所及,海之北,江淮之南而止耳。幸甚遭时盛明,车书万里,而身犹局局然守一隅,殆将抱恨没齿。明年将问津渡淮,由徐、兖历青、齐,放览赵、魏之郊,闯首神皋,一观上国之光。天不尼我,又将出居庸,望辽东、西,缘古塞涉安西北庭,东入阳关,下陇坂,访秦汉之故迹。或首商於,或径斜谷。首商於则沿汉沔,径斜谷则下荆门。归而把酒,骨肉族谈,亦足以乐。此我之志也。"(《雪楼集》卷一四《送王谦道远游序》)

南人北游,有一种文化心理上的因素在起作用。北方燕云十六州失之于辽,中原北宋故地失之于金,这些地区,尤其是中原地区,多被视为是华夏文化故土。相比于南人大量北游而激起文人学士们内心的波动来说,北人南下则相对要少些,南北混一其实并没有在北人心中激起那么强烈的反响。这里既有政治原因,也有自然环境的因素。南人政治地位低,许多北方文人士大夫不太乐于到南方为官,其中很多到两广、海北海南道、福建等地为官的北人,多属下放外派;而且其时南方遍地瘴气,北

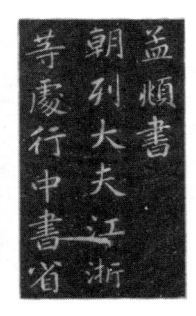

元大德三年（1299），萧山重建大成殿时，立石碑纪念。碑文为张伯淳撰、赵孟頫书写。

人常视南下为畏途。元代嘉兴人张伯淳曾云："皇元混一以来，仕者参错南北，往往而是，独不闻北方学者为南州文学掾……"（《养蒙先生文集》卷二《送云伯让赴浏阳教授诗序》）。

元代江南士人北上，蔚为一景。杨镰先生曾对北人南游这样说道："元统一中国之后，北方的诗人们往往以到江南一游为荣。这种游历不仅是人员的互动，也是诗文家们创作激情的催化剂。"[①] 其实，这话用到南人北游上来也是再贴切不过的。南人北游所吸取的北方文化，也一样是南人创作的催化剂。那么，南人北游带给诗人们的诗歌创作以怎样的影响呢？

南人北上给北方带去不少南方的文风气息，南北文风趋向融合。陈旅在《元文类序》中认为，大元一统，带给元诗文以重要的影响。他说："三光五岳之气分则大音不全，必混一而后大振"，"天地气运之盛，无有盛于今日者"，"鸿生隽老，出于其

---

① 杨镰：《元诗史》，人民文学出版社2003年版，第218页。

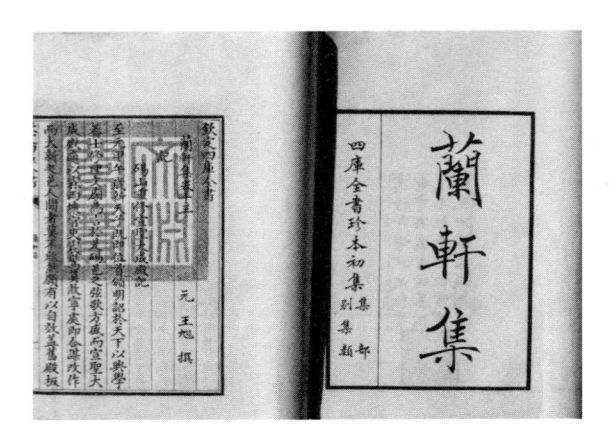

《兰轩集》书影

间,作为文章,庞蔚光壮,前世陋靡之风,于是乎尽变矣"。①

北方多人文胜景,而且其迥异于南方的名山大川,必定会给北游的南方文人学士提供诗歌创作上的素材,北方的气韵也必然会影响到诗人的创作。元人王旭曾云:"夫名山大川存英灵之气,惟诗人知之而得其助,他人盖不知也。"(《兰轩集》卷一一《泰山诗会序》)吴澄亦这样写道:"北走燕、赵,南走湖、湘等处,广览山川风俗,以恢廓其心胸耳目。志气卓荦不群,诗之不凡也宜。"(《吴文正集》卷一七《刘鹗诗序》)

元人陆文圭说:"岁在丙子,天下大定。车书同文轨,自南而之燕者道济汴,自北而游宦者乐江浙。缥节往来,道路无壅。于是周公、太公之先烈,仲尼、孟轲之遗迹,名臣贤士之风猷,

---

① 苏天爵编:《元文类》,商务印书馆1936年版。

悉得于所见所闻,而江南之士见闻日广。"(《墙东类稿》卷五《送丁仲谦归东鲁序》)见闻益广,正是诗人们创作的源泉之一。

元代北上诗人不胜枚举,北方的闻见给他们的诗歌创作提供了更广泛的议题。元初比较著名的,有仕元文臣如汪元量、冯子正、程钜夫、赵孟𫖯等人,他们的诗文中多有对北方风物的描述,给北方诗坛带去了一股新风。

另外,我们可以留意元人对南北诗歌的评论。

南北诗歌地域色彩浓重,一般而言,南北诗风历来被视为有华秀与雄伟之差异。元代南北混一,交融日甚,南、北方诗人对彼此所代表的地域的诗歌多有不同的评论。

元代河北邯郸人张之翰曾针对南北诗风差异问题这样简洁地评述道:"余尝谓北诗气有余而料不足,南诗气不足而料有余。"(《西岩集》卷一八《跋俞娱心小稿》)龚璛则在《静春堂诗集》卷首《静春堂诗集序》中评论道:"一自士去科举之业,例无不

《人骑图》(元代赵孟𫖯绘)。人骑马上缓缓而行,身穿长袍,表现出儒雅之气。

为诗。北音伤于壮，南音失之浮。诗文不同，宜极于古。"

张之翰在《西岩集》卷一八《跋草窗诗稿》里进一步称："宋渡江后，诗学日衰，求其鸣世者，不过如杨诚斋、陆放翁及刘后村而已。固士大夫例堕科举传注之累，亦由南北分裂，元气间断，太音不全故也。余读建安刘近道《草窗诗稿》，见其风骨秀整，意韵闲婉，在近世诗人中尽不失为作家手。然中原万里，今为一家，君能为我渡淮泗，瞻海岱，游河洛，上嵩华，历汾晋之郊，过梁宋之墟，吸燕赵之气，涵邹鲁之风，然后归而下笔，一扫腐熟，吾不知杨、陆诸公当避君几舍地。但恐后日之草窗，自不识为今日之草窗也。"

由张之翰的评述我们可以看到，一方面他对宋南渡后南方的诗学不以为然；另一方面，他认为南北混一带给南方诗歌以巨大影响。张之翰对南方诗歌的看法是否代表北方文人的一般看法，尚需更多证据。不过，他认为南北混一促进了南方诗歌的进步或发展的观点，应是南北文人学士共有的看法，这点当无太大争议。

元代中叶偏向"雅正"的元诗风格的形成，其实更多的是指以"元四家"（一般指虞集、杨载、范梈、揭傒斯四人）为代表的南方诗歌而言，这一诗风偏向"雅正"，肯定与当时南北交流日盛的影响有关。那种优游不迫、雍容闲雅的气象，只有在南人北上吸取北方雍容大气的齐鲁燕赵之风后才可形成。

在南北混一的社会背景下，南北互游为元代文人学士的诗歌创作提供了更为丰富的素材，使元诗的发展获得了契机。从这点上来说，元诗是有其壮阔的生活画卷的。

曲苑竞妍：元杂剧的辉煌

唐诗、宋词、元曲，这是人们所熟知的中国古代最为著名的几种文学形式。王国维先生曾说："凡一代有一代之文学，楚之骚，汉之赋，六代之骈语，唐之诗，宋之词，元之曲，皆所谓一代之文学，而后世莫能继焉者也。"（王国维《宋元戏曲考·自序》）所谓"元曲"，是对元代散曲与杂剧的一种通称。不过，我们通常所称的"元曲"更多意义上所指的就是元杂剧。

中国历史上称得上是戏曲的东西，最早应该始于唐代的参军戏。参军戏是一种滑稽戏，通常由被戏弄的"参军"和戏弄者"苍鹘"两个角色组成，主要的表演形式是问答，当然也夹杂有歌曲。到了宋代，参军戏还曾流行，不过也有所进化，产生出"杂剧"，这时"杂剧"的角色增多，曲目也逐渐丰富。南宋时候，北方的金国则流行着一种被称为"院本"的戏剧。[①]元杂剧就是由北方的"院本"发展而来的。因此，它也被称为"北杂剧"或"北曲"。它与南方自南宋以来在温州地区所形成的一种地方戏"南戏（南曲）"，是两个不同的系统。

元杂剧是在金院本、诸宫调和散曲以及宋杂剧的基础上，所形成的一种成熟的戏剧形态。杂剧是需要靠演员来表演的一

---

① ［日］青木正儿：《元人杂剧概说》，中国戏剧出版社1957年版。

种舞台艺术，它以唱为主，并配以科（动作）、白（宾白）以表演剧情。唱词一般由同一宫调的套曲所组成，套曲的标题一般会标明它所属的宫调、首支曲子的曲牌等。宾白，包括对话和独白。科，是动作、表情等的一种舞台提示，如有所谓"笑科""把盏科""做掩泪科"等。一般一个剧本由一位演员主唱，其他演员则配合作科、白，所谓"曲白相生"，这是元杂剧的一个显著特点。

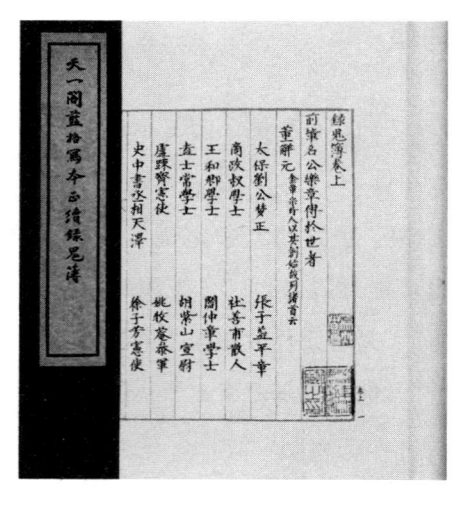

《录鬼簿》书影

白朴像

元杂剧的结构一般分为"四折（四幕）""一楔子"（放在剧前的类似于"序幕"或开场，置于两折之间的则类似于"过场"）。通常在每本杂剧的开头或结尾处，还会有两句或四句诗句，以提摄全剧的主题思想，所谓"题目正名"。如《窦娥冤》的"题目正名"诗句云："秉鉴持衡廉访法，感天动地窦娥冤。"

元杂剧最初盛行于山西、河北地区，它的中心自然是在大都；元灭亡南宋统一全国之后，杂剧南移，杭州则成为元代杂剧的另一个中心。元后期杂剧家钟嗣成著有《录鬼簿》一书，主要是为元代的剧作家们立传，并编录有剧作名录，其中收录剧作家一百五十二位，收录的剧目有四百余种。钟嗣成将元杂剧的作者分为前后两期，前期以南宋灭亡时间为界，记录了"前辈已死名公才人"；后期则记录了被称为"方今才人"的名录。前期皆为北方人士，他们大多活跃于北方；后期剧作家则多活跃于南方。这与钟嗣成久居杭州有关，所以他比较多地记载了南方杂剧和杂剧家们的活动；当然，它也从一个侧面说明了元代后期杂剧在南方的繁盛景况。据陶宗仪记载，至正二十二年（1362），松江地区的一处勾栏棚顶崩塌，压死"入勾栏观排戏者"四十二人（《南村辍耕录》卷二十四《勾阑压》）。这虽然是一次悲惨的事故，不过它也反映了当时南方社会杂剧的流行。

元杂剧最著名的剧作家有关汉卿、白朴、马致远和郑光祖，他们被称为"元曲四大家"。元曲四大家都是北方人士。

关汉卿被誉为"曲圣"，大都人，是元杂剧前期发展过程中的领袖型人物，对杂剧的贡献和影响极大。他在塑造人物形象、处理戏剧冲突方面，堪称一绝。关汉卿一生创作了六十多出杂剧，流传存世的大概有十余种，其中著名的有《窦娥冤》《单刀会》《拜月亭》《望江亭》等。

白朴，汴梁（今河南开封）人，祖籍隩州（今山西河曲），曾从学于金末文学大家元好问。他创作的杂剧见诸著录的有十六种，现仅完整留存《墙头马上》《梧桐雨》两种。

马致远，大都人，他的杂剧语言清丽，富有想象力，被称为"曲状元"。他创作的剧本有十余种，仅存《汉宫秋》《青衫泪》等六种。

郑光祖，山西人，他创作的杂剧有十八种，今存《倩女离魂》等八种。《倩女离魂》是其代表作，取材于唐人传奇《离魂记》。

元代杂剧有所谓"四大悲剧""四大爱情剧"之说：前者为关汉卿的《窦娥冤》、马致远的《汉宫秋》、白朴的《梧桐雨》以及纪君祥的《赵氏孤儿》；后者则为关汉卿的《拜月亭》、王实甫的《西厢记》、白朴的《墙头马上》以及郑光祖的《倩女离魂》。而《窦娥冤》《西厢记》《牡丹亭》和《长生殿》，通常又被视为"古代四大戏剧"。

纪念"关汉卿戏剧创作七百年"的邮票

元杂剧具有世界性的影响。《赵氏孤儿》早在1735年就由传教士马若瑟翻译成法文，1755年法国启蒙思想家伏尔泰更是对该剧进行改编，将其搬上舞台，并取名为《中国孤儿》。《窦娥冤》可谓家喻户晓，王国维评论该剧说"列之于世界大悲剧中亦无愧色"。1821年，《窦娥冤》被译成英文，后来又有法文、日文、俄文等多种版本。

那么，13世纪元杂剧为何能繁荣起来呢？

过去我们比较多谈及的是，由于元代长期科举停废，文人士大夫失去了跻身仕途的机会，因而对传统经史与诗词歌赋的兴趣也就锐减，于是只好到勾栏、瓦舍里打发时光。文人士大夫们投入到市井艺术的创作中去，为人们撰写通俗的东西以供取乐，于是杂剧开始繁荣起来。明代人就曾指出，元代士人大多无法通过科举考试入仕为官，于是只有寄情"歌声之末"，抒发自己的抑郁情怀，鸣放自己的不平之叹。王国维先生曾说："盖自唐宋以来，士之竞于科目者，已非一朝一夕之事。一旦废之，彼其才力无所用，而一于词曲发之……适杂剧之新体出，遂多从事于此，而又有一二天才出于其间，充其才力，而元剧之作，遂为千古独绝之文字。"（王国维《宋元戏曲考·元剧之时地》）

这当然是促使元杂剧繁荣的一个原因，因为这确实在某种程度上保证了杂剧创作家群体的出现。不过，这显然并非全部原因。事实上，元杂剧繁盛原因是多方面的，我们或许还应该从以下几个方面来进行分析。

首先,应从戏剧艺术自身演变发展的轨迹来分析。元杂剧吸收了金代院本、诸宫调、散曲以及宋杂剧的养分,从而发展成为一种成熟的戏剧形态。它与俗文学以及讲唱艺术的发展密不可分。

其次,金元时期是北方民族作为统治者的时代,女真人、蒙古人等北族群体能歌善舞,爱好音乐,南宋赵珙《蒙鞑备录》记载:"国王出师,亦以女乐随行,率十七八美女,极慧黠,多以十四弦等弹大官乐等曲,拍手为节,甚低,其舞甚异。"北方民族的音乐舞蹈艺术自然也随之传入中原汉地。金、元统治者们,对中原汉地的歌舞艺术也非常重视。蒙古人每次在攻略城池后,都十分重视对乐工、乐人的搜求。元代宫廷里也流行杂剧,"且以宫廷习尚(杂剧)之故,而影响于臣民。则元杂剧之发展,亦未尝不藉政治之力"。① 统治阶层对杂剧的喜好,是推动它发展的动力。

最后,也是最重要的,我们应该从13世纪中国社会历史发展的总体状况来把握。按照唐宋变革论的观点,宋以后中国已进入所谓的"近世",它的文化和社会都趋向世俗化,城市与商业也在兴起,与之相对应的就是,庶民文化开始兴盛。元代的城市已有进一步发展,古代城市坊制已渐趋瓦解。"胡同"一词来自蒙古语的音译,它比较早就出现在元杂剧中,关汉卿名剧《单刀会》中就有句话说"杀出一条血胡同来"。胡同通常就是指城市中的

---

① 孙楷第:《元曲新考·书会》,《沧州集》下册,中华书局1965年版。

街巷，它的出现很大程度上意味着对原来坊制的一种突破。城市的发展则意味着市民阶层的扩展，他们作为杂剧的观众群体，使得游乐集散的场所，如勾栏、瓦肆（又称"瓦舍""瓦子"等）等，出现、发展、成熟起来。可以说，这为元杂剧的繁荣创造了良好的社会基础。

元代杂剧艺术的兴盛，不仅仅意味着中国文学戏剧艺术的长足发展，同时也显示出元代中国社会的持续向前发展。

隔江山色：文人画的兴盛

今天人们谈论起"中国画"（或谓"国画"），首先涌现于脑际的自是古代中国的那些山水画和花鸟画。中国画最强调的是"意境"，所谓"意存笔先，画尽意在"。那么，这种追求意境表达的中国画，它出现于什么时代，发展、成熟于何时呢？

古代中国绘画简史告诉我们，秦汉时期的中国绘画，主要是一些壁画和帛画；魏晋南北朝时期宗教绘画突出，山水画、花鸟画开始萌芽；隋唐时代山水画、花鸟画发展成熟，宗教画达到巅峰，同时，表现贵族生活为主的人物画也渐成主角；至五代、两宋时期，宗教画衰弱，人物画多描写世俗生活，山水画、花鸟画成为主流；元、明、清时代，水墨山水和写意花鸟画逐渐走向繁荣。从较长的历史时段来看，由宋至元是古代中国山水画、花鸟画发展的转折时代，其中元代尤其值得关注。

元代水墨山水画和花鸟画得到了很大的发展，人物画则逐渐受到冷遇。元人绘画更加重视的是在意趣、风格以及形式上的表达，而对于写实艺术的追求，则已显得不那么在意了；也就是说，写意艺术在创造性上已远远超过了写实艺术。元代讲求气韵充足而又内涵丰富的写意画，这是元代绘画艺术对于中国绘画艺术的独特贡献之处，影响极其深远。元代之所以出现这种画风的转变，主要是由于文人画的成熟发达。元代文人墨戏，写意画风十分浓重。明人张泰阶对唐、宋、元三代绘画艺术风格有句名言："唐人尚巧，北宋尚法，南宋尚体，元人尚意。各随时代不同，然以元继宋，足称劲。"（张泰阶《宝绘录》卷一）所谓"意"，当即指"意境"而言。它正是文人画的精髓所在，也正是今天我们所说"中国画"的灵魂所系。

那么，究竟什么是"文人画"呢？直白说来，就是指文人、士大夫所作的画，苏轼称之为"士夫画"，明人董其昌称其为"文人之画"。近代著名艺术家陈衡恪曾对"文人画"的概念与性质有比较透彻的分析和定义："何谓文人画？即画中带有文人之性质，含有文人之趣味，不在画中考究艺术上之工夫，必须于画外看出许多文人之感想，此之所谓文人画。"文人画的特点是："首重精神，不贵形式，故形式有所欠缺而精神优美者，仍不失为文人画。文人画中固亦有丑怪荒率者，所谓宁朴毋华，宁拙毋巧，宁丑怪毋妖好，宁荒率毋工整；纯任天真，不假修饰，正足以发挥个性，振起独立之精神，力矫软美取姿、涂脂抹粉之态，以保其可远观不可近玩之品格。"陈衡恪先生认为文人画必须具备以下四大要素：人品、学问、才情、思想，四者缺一不可。[1]

　　文人画最早出现于何时呢？明代画坛巨匠董其昌在《画禅室随笔》中称："文人之画，自王右丞始。其后董源、僧巨然、李成、范宽为嫡子；李龙眠、王晋卿、米南宫及虎儿，皆从董、巨得来。直至元四大家黄子久、王叔明、倪元镇、吴仲圭，皆其正传。"此话点出了文人画发轫于唐，发展于宋，而盛极于元的发展脉络。

　　王右丞即唐代王维。王维诗、书、画俱佳，开创了水墨山水画派，被视为文人画的开创者。苏轼曾评论王维"诗中有画""画中有诗"。王维有一画作《袁安卧雪图》，该画于冬季雪景之中竟然置放了一丛本应在夏季才生长繁茂的芭蕉树。有人批评王维这是不问四季，违背基本常识。然而，北宋沈括却认为："书画之妙，当以神会，难可以形器求也。世之观画者，多能指摘其间形象、位置、彩色瑕疵而已，至于奥理冥造者，罕见其人。……余家所藏摩诘（王维）画《袁安卧雪图》有雪中芭蕉，此乃得心应手，意到便成，故造理入神，迥得天意，此难可与俗人论也。"（沈括《梦溪笔谈》卷一七《书画》）实际上，王维深受禅宗影响，此画作即深具禅意，所谓"慧在尘外，怪生笔端"。

　　文人画在北宋时代得到迅速发展。不过，当时的主流仍是院体画。所谓"院体画"，就是指在宫廷画院里任职的职业画家们

---

[1] 陈衡恪：《文人画之价值》，《美术论集》第四辑，人民美术出版社1986年版。

所作的画。院体画由于是为宫廷服务，它追求的是写实和程式化的描绘，难以表达画家个人的思想和情感，可以说是种僵化而无生命力的艺术。北宋初期即设置有"翰林图画院"，培养了一大批技艺精湛的绘画人才，这些宫廷画家是职业画家，也被称为"院体画家"。除此之外，宋代还有一些民间画工，他们以卖画为生，不过地位低下。宋代画家群体主要就是由院体画家、民间画家以及所谓的文人画家所组成；如果说前两者是职业画家的话，那么文人画家则多是"业余画家"。

我们知道，传统文人、士大夫们的主业是入朝为官，文化上关注的焦点主要是儒家经典和诗词歌赋，艺术领域更多关注的则是书法、音乐，绘画常被视为雕虫末技，文人、士大夫不屑于从事绘画。不过，"在宋代，由于画风和画论两方面有新的发展，绘画得以融合诗艺与书法，成为文人闲暇时的消遣"。"在宋代大师笔下，特别是11、12世纪，中国绘画的写实风格这一面，已经达到了前所未有的巅峰。稍后数百年中，画风的发展方向渐渐远离写实风格，这是与宋代的写实成就有所关联的，大部分的时候都是刻意地'不求形似'。当实际的纸上绘画真的不求形似了，同时的绘画理论就从旁推波助澜起来。"[①]文人、士大夫们越来越多地"寄兴"于绘画艺术，他们有别于职业画家，不强调写实描绘的技巧，而是追求对风格、自然或文化的某种感悟。

---

① ［美］高居翰：《隔江山色：元代绘画（1279—1368）》，生活·读书·新知三联书店2009年版，第6页。

元代文人画则继承了唐、宋以来士大夫画的传统，并趋于完善与成熟。元代初期，文人业余画家们仍处于画坛边缘的地位。然而，元代不设画院，不久之后，职业画派没落，业余画家，也就是文人画家，开始居于画坛的核心地位。"业余画家的崛起，伴随着绘画品味、创作风格和偏好主题的转移，构成了元代绘画变革的基础。画家来自与以前不同的社会阶级，他们各有不同的背景、理想与动机，在各种不同的场合为不同的人作画，绘画不由自主地发生了根本而深远的改变。"[1]

元代文人仕途不畅，他们多寄情山水，表达自己的理想与心境。元代文人画在题材、意趣、笔墨上各有追求和风格，形成各种流派。文人画非常重视文学、书法以及意境的表达。若按时代划分元代的著名画家，元代前期主要是以宋遗民画家为主体，代表性人物有郑思肖、龚开、钱选、赵孟頫等人，元代中后期则是以鼎鼎大名的"元四家"黄公望（1269—1354）、王蒙（1308—1385）、倪瓒（1301—1374）、吴镇（1280—1354）为代表。

郑思肖（1241—1318），是始终忠诚于南宋的一位著名遗民。他酷爱画兰花，其水墨兰花特负盛名。不过，他所画的兰花都不曾着地。人们问他为何不画出土地，郑思肖回答说，南宋土地已为异族夺去，以此寓意自己漂泊无定。元末以画梅花著称的画家王冕评价郑思肖说："郑所南胸次不凡，文章学问有古人风度，

---

[1] ［美］高居翰：《隔江山色：元代绘画（1279—1368）》，生活·读书·新知三联书店2009年版，第4页。

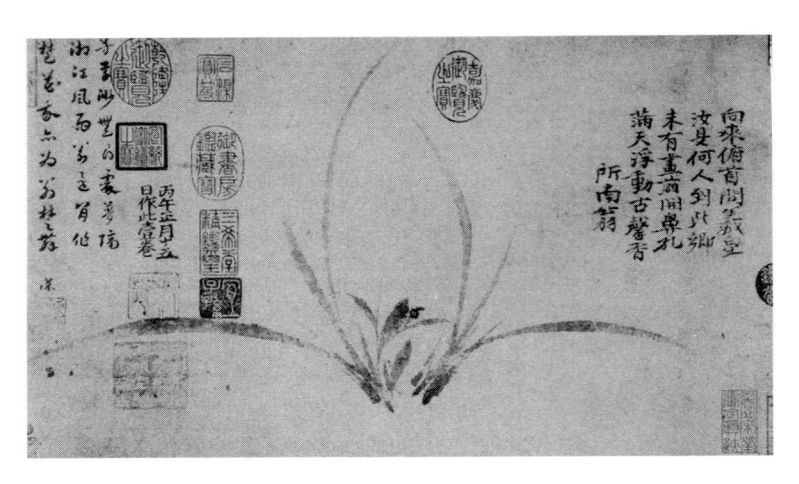

《墨兰图》(郑思肖绘)

不偶于时,遂落魄湖海,晚年学佛,作诗作画,每寓意焉。"(王冕《题郑所南画兰》)

龚开(1222—1307),晚年赤贫,他的画作古意盎然,个人风格独特。他的名作是《骏骨图》,画中的马虽骨瘦如柴,但骨架却劲健挺拔;虽饥饿精瘦,却又意气昂扬。他以此马寓意自己:"一从云雾降天关,空尽先朝十二闲。今日有谁怜骏骨,夕阳沙岸影如山。"(龚开《自题骏骨图》)

龚开像

钱选(约1239—约1300),

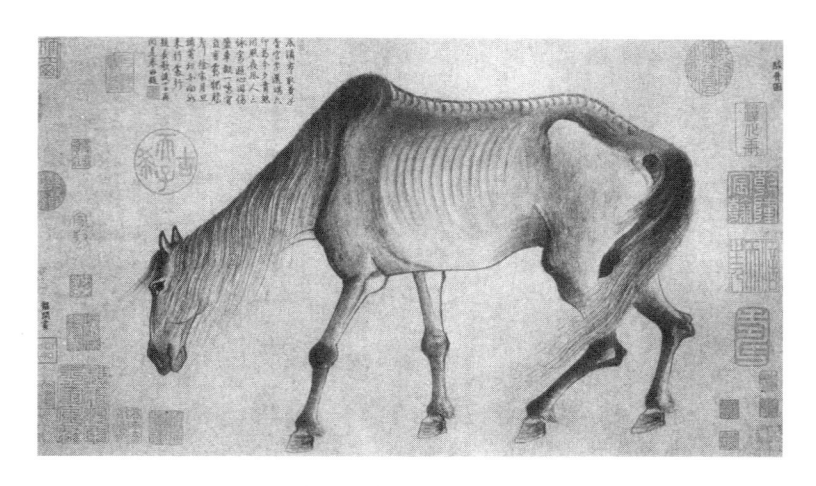

第七章 元代的思想、宗教、文化与艺术 | *303*

《骏骨图》(元代龚开绘)

《中山出游图》(局部,元代龚开绘)。此画描绘了钟馗与妹妹率众小鬼出游的情景,有扬善除恶之意。画中钟馗虽奇丑无比,却无凶煞之气,造型夸张,气息诙谐。荒诞中表达了作者对社会污浊的不满和讥讽。

吴兴（今浙江湖州市吴兴区）人，与赵孟頫等并称"吴兴八俊"，都是元代山水画的代表性人物。钱选也是著名的南宋遗民，拒绝出仕元朝，他提出著名的"士气说"，以画寓志。赵孟頫曾问画道于钱选，求教何为"士气"。钱选回答说："隶体耳，画史能办之，即可无翼而飞，不尔便落邪道，愈工愈远。"（董其昌《容台文集》卷三《卧游册题词》）明人董其昌引申说："士人作画，当以草隶奇字之法为之：树如屈铁，山如画沙，绝去甜俗蹊径，乃为士气。"（董其昌《容台别集》卷四《画旨》）元代绘画注重将书法笔墨情趣引入其中。钱选的《浮玉山居图》《秋江待渡图》，是元代山水画的杰作，对整个元代画风的影响甚大。

赵孟頫（1254—1322），曾被排除在元代前期的"元四家"之外，有人认为这与他曾出仕元朝、"气节"受到人们质

钱选像　　　　　　　　赵孟頫像

疑有关。不过，这丝毫不影响他开元代文人画风气之先的领袖人物地位。他提出"作画贵有古意"和"书画同源"，就是说绘画要重气韵，并以书法笔意入画。他的画作具有文人的典雅风格。赵孟頫爱画马，他的《调良图》《滚尘马图》，都堪称佳作。赵孟頫的山水画以《鹊华秋色》《洞庭东山图》《江村渔乐》以及《水村图》等最为著名。他的山水画对后世影响深远。黄公望自称"松雪斋（指赵孟頫）中小学生"，美术史学界多将赵孟頫的《水村图》与黄公望的名作《富春山居图》比较，认为他们之间具有明显的师承关系。王蒙是赵孟頫的外孙，董其昌直言："王叔明（蒙）画从赵文敏（赵孟頫）风韵中来。"

"元四家"黄公望、吴镇、倪瓒、王蒙，他们的绘画风格各异，艺术手法简练超脱，代表了元代山水画的主流。

《山居图》卷（局部，元代钱选绘）。图中自题"山居惟爱静"，表达的正是作者的追求。

《调良图》（元代赵孟頫绘）

黄公望自号"大痴道人"，他曾说："画不过意思而已。"黄公望流传后世的几乎都是山水画，其中最著名的是《富春山

《富春山居图》（局部，元代黄公望绘）

居图》。该图描绘了浙江桐庐、富阳一带的山峦、江水,笔墨苍润浑厚,意境优美,堪称山水画作的典范。

吴镇号"梅花道人",他谈论作画时说道:"墨戏之作,盖士大夫词翰之余,适一时之兴趣,与夫绘画之流,大有寥廓。"(恽寿平《瓯香馆集》卷一二《画跋》)他的《中山图》《渔父图》十分著名,含蓄、平淡而又宁静。高居翰评价《中山图》时,说它"抽象的结构一如莫扎特的奏鸣曲","是亲切、内敛的个人语言"。

《秋江渔隐图》(元代吴镇绘)

倪瓒清高绝俗,他曾论画说:"仆之所谓画者,不过逸笔草草,不求形似,聊以自娱耳。"(倪瓒《清閟阁集》卷一○《尺牍·答张藻仲书》)他的山水画中多不出现人,有人问他为何如此处理,他回答说"天下无人也"。张士诚弟弟张士信曾向他索画,倪瓒一口回绝,遭到张一顿毒打,倪瓒"绝口不言"。后有人问及:"君被士信窘辱,而一言不发,何也?"他的回答是:"一说便俗。"他所交往的也都是"江海不羁之士"。他的著名山水画有《江岸望山图》《渔庄秋霁图》等,多取景于太湖山色,意境疏简。

《渔庄秋霁图》（元代倪瓒绘）　　　　　《梧竹秀石图》（元代倪瓒绘）

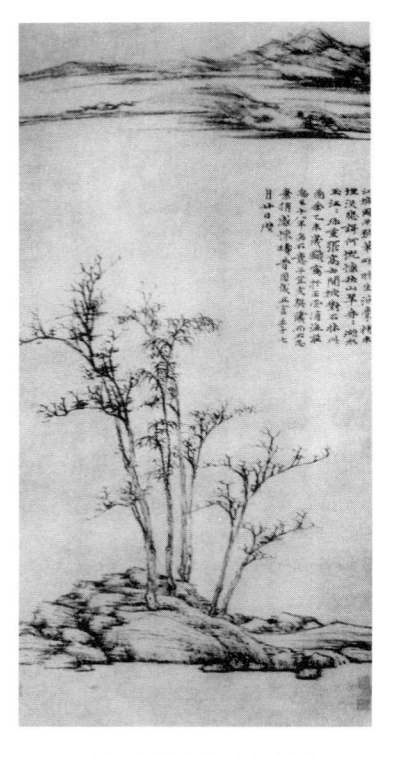

王蒙自号"黄鹤山樵"，他是赵孟𫖯的外孙，自有深厚的家学渊源。时人评其画作《泉石闲斋图》道："无心在玄化，泊然齐始终。"（郁逢庆纂辑《郁氏续书画题跋记》卷五）他的代表作有《夏山高隐图》《花溪渔隐图》《青卞隐居图》等，这些画作多表达一种隐居的生活，构图丰富而又富有层次感，色彩对比强烈而又意境幽远。

"元四家"如闲云野鹤般，悠游山水之间。作为当时山水画

《夏山高隐图》（元代王蒙绘）。作者元末弃官归隐，画中给人以山壑间空旷幽静之感。

《葛稚川移居图》（元代王蒙绘）。图中描绘了晋代道士葛洪携家移居罗浮山的情景，反映了元末乱世之时弃官避世的现象。

的主流，他们的画作大多体现出一种追求山林隐逸的乐趣，表达的是一种平淡、天真。以"元四家"为代表的元代文人画群体，塑造了此后几百年文人画的传统。

著名艺术史家高居翰在其《隔江山色》一书中说："这个时代（指元代）在文化上有好几个艺术领域却生气蓬勃，特别是戏曲、书法和绘画。其中尤以绘画为然，画史上正在酝酿一场空前的革命。"所谓绘画革命，指的就是文人画的成熟与完善。它既是对宋代院体画的一种变革，同时也预告了明清（尤其是清代）大写意画新时代的到来。

第八章 元朝与外部世界

传教士的东来与中国人的西行

蒙古统治时期,内陆亚洲地区的陆路交通空前发达。自唐以后被阻断的东、西方之间的陆路交通,再次畅通无阻,其间不必经过任何中间环节。这主要是由于蒙古世界性帝国所带来的积极影响,欧亚大陆的大部分处于蒙古各宗藩的统治之下,而各宗藩之间关系紧密。欧亚大陆陆路通道的重新畅通,使得东方与西方之间在物质和精神上的交流变得更加频繁,往来于这条道路上的使臣、商旅和传教士等,可谓络绎不绝。

蒙古人的三次西征,尤其是拔都所领导的第二次西征,给整个欧洲社会带去了极为强烈的震动。教皇和西欧的君王们,为了解蒙古人的虚实以及到东方传教,陆续派遣使节来到东方。其中最为著名的就是约翰·普兰诺·加宾尼(John of Plano Carpini)和威廉·鲁不鲁乞(William Rubruck)[①]等传教士的东来。

1245年,教皇英诺森四世派遣方济各会修士约翰·普兰·加

---

① 对加宾尼和鲁不鲁乞二人的译法采自《出使蒙古记》([英]道森编,吕浦译,周良霄注,中国社会科学出版社1983年版)。

宾尼作为使节前往蒙古高原，他是最早东来的教皇使节。加宾尼的出使背负着多重使命，除打探蒙古人虚实以获取情报之外，他还带着教皇致蒙古大汗的书信，意图劝服蒙古人停止杀掠和攻击基督教国家。加宾尼于1246年抵达伏尔加河流域，至萨莱城（今俄罗斯阿斯特拉附近）晋见拔都汗。随后，拔都汗又派蒙古人以最快速度将他送往蒙古本土，以便能赶上贵由汗的即位大典。这年七月，历经艰苦跋涉，加宾尼到达喀拉和林附近的昔剌斡耳朵。在觐见完贵由汗之后，他带着贵由汗致教皇的书信返回欧洲。1247年秋天，加宾尼回到里昂，向教廷呈上贵由汗的回信以及出使蒙古的报告。这封距今近八百年的回信，至今仍保存在梵蒂冈的秘密档案库里，而那份报告就是我们今天所熟知的《蒙古行纪》。教皇对蒙古人的劝谕并未起作用，不过加宾尼的《蒙古行纪》却为当时的欧洲提供了不少有关东方的信息。值得注意的是，加宾尼提到"契丹"这个国家，不过他并未到达中原汉地。

鲁不鲁乞是法国人，1253年，他奉法国国王路易九世的命令，以传教为名东往蒙古地区。鲁不鲁乞也同样先至伏尔加河畔拜谒拔都汗，这年年底抵达喀拉和林南面的汪吉河蒙古营地。1254年初，鲁不鲁乞见到蒙哥汗，他请求能在蒙古地区传教，不过遭到拒绝，遗憾地带着蒙哥汗致路易九世的书信西返。蒙哥汗在致路易九世的信中说："这是长生天的命令。天上只有一个上帝，地上只有一个君主，即天子成吉思汗。"同样，鲁不鲁乞也撰写了一部他的出使报告《东游记》。在《东游记》里，鲁不鲁乞证实了"契丹"就是西方人传说中的赛里斯人（Seres）所居住的国家。

如果说大蒙古国时代东来的西方传教士的主要使命是刺探蒙古情报的话，那么到了元代，传教士们的主要任务已更多地转向了传教活动。不同于大蒙古国时代的状况，传教士们已纷纷踏足中原汉地。元代影响最大的当为约翰·孟帖·科儿维诺（Jean de Montecorvino，又译作"孟德高维诺"）。除此之外，来到东方影响甚大的传教士还有鄂多立克、马黎诺里等人。

科儿维诺像

科儿维诺是第一位获准在中国传教的天主教教士。1289年，受教皇尼古拉四世派遣，科儿维诺经亚美尼亚、波斯、印度等地，循海路来到中国。1294年，科儿维诺抵达大都，得到元成宗的许可，在大都传教。科儿维诺在大都的传教活动卓有成效。1307年，罗马教廷特设汗八里总教区，委任科儿维诺为总主教，负责远东地区的传教活动。科儿维诺将《新约全书》和《旧约·诗篇》译为蒙古文，在蒙古贵族圈里具有一定的影响；他还派出传教士至杭州、扬州、泉州等地传教，留存至今的方志、碑刻等史料，已证明了当时这些地区天主教的存在。1328年，科儿维诺于大都逝世。科儿维诺去世后，元廷与教皇之间还有所联系。不过，由于缺乏像科儿维诺这样的领袖人物，天主教也随着元的覆亡而在中原汉地消失。

鄂多立克（Friar Odoric），天主教圣方济各会修士。他大约于1314年从威尼斯出发，经君士坦丁堡、伊朗、印度以及东南亚等诸国，由海道来到广州。他在中国游历时间长达六年（1322—1328），曾留住大都三年，参加过元宫廷的活动，并曾得到科儿维诺的赏识。1328年，鄂多立克经甘肃、西藏以及中亚等地，由陆路返回威尼斯。鄂多立克游历东方多年，晚年居住在帕多瓦，在病榻上口述了他的东方之行，由此留下了著名的《鄂多立克东游录》一书。鄂多立克被视为是仅次于马可·波罗的中世纪大旅行家。他留下的《东游录》记载了很多马可·波罗所未曾提及的事情，如中国妇女的缠足，广州地方人们食用蛇肉，以及西藏的天葬习俗等，丰富了当时欧洲人对东方中国的认识。

1338年，教皇派出一个使团经陆路来到元朝，1342年使团抵达上都，至1346年才由泉州循海路返回欧洲。这次来华的使团向元顺帝进献了一匹"天马"，被视为元朝一大盛事，当时有诗称："至正壬午秋之日，天马西来佛郎国。"（陆仁《乾乾居士

《佛郎国献马图》（元代周朗绘，明摹）。画中绘罗马教皇委派教士马黎诺里抵大都（今北京），向元顺帝妥欢帖睦尔进呈教皇信件和一匹佛郎国马。图中反映了汉装和蒙装混合的内廷仪式。

集·天马歌》)佛郎国，或源于"法兰克"之名，蒙古统治时代泛指欧洲。这个使团中有一位教士名叫马黎诺里（Giovanni de Marignolli）。他返回欧洲后，向教皇呈递了元顺帝的书信。马黎诺里后来根据回忆留下了一部《东游回忆录》，介绍了东方的情况。其中有关刺桐城（今泉州）的记载，非常值得留意。

以上所叙述的是欧洲传教士的东来。伴随着这些传教士的东来，欧洲对东方的认识得到加强。欧洲社会对中国有了比较直接的认识：当时被称为"契丹""蛮子"的地区，就是以前的"赛里斯国"；中国人口繁众，经济富裕。

除了欧洲传教士东来之外，还有西亚、北非等地的人士东来，其中著名者有小亚美尼亚国王海屯一世（Hethum I）、摩洛哥人伊本·拔图塔（Ibn Battuta）等。

1244年，基督教国家小亚美尼亚归附蒙古。1254年，其国王海屯一世赴蒙古高原觐见蒙哥汗。海屯一世先至伏尔加河流域谒见拔都，随后继续东行，抵达喀拉和林见到蒙哥汗。他得到蒙哥汗的敕令，各地教堂获得自治权。返回小亚美尼亚后，他撰写了《海屯行纪》，记载了沿途各地的状况，此书成为研究13世纪中亚地理和东、西交通的重要史料。

伊本·拔图塔是非常著名的穆斯林旅行家，自1325年始，他游历了伊利汗国、钦察汗国、察合台汗国以及印度、阿拉伯半岛等一系列国家和地区，1342年随元朝使臣经海路来到中国。返回故乡后，受摩洛哥国王之命，他将自己的旅行闻见口述了下来，由书记官笔录，是为《伊本·拔图塔游记》。

蒙古统治时代，往东来的人士为数不少，他们或者留下了游记，或者有史料记载了他们。这一时期，也有一些中国人踏足西方。那么，这些由东而西行的中国人，他们的状况又如何呢？或许最值得一提的是列班·扫马（Rabban Sauma）。他是最早到访欧洲的东方旅行家，也可以说是蒙古时代有史料记载的唯一一位到达欧洲的中国人。

列班·扫马出生于大都，是基督教聂斯脱利派教士。至元十二年（1275），列班·扫马与他的弟子马忽思（Marqos）在元廷的支持下，决定奔赴耶路撒冷朝圣。他们沿着陆路西行，抵达伊利汗国剌哈城（今伊朗东阿塞拜疆省马腊格），拜谒了该城聂斯脱利教会总主教马儿·腆合。受阻于战争之故，他们滞留于伊利汗国，未能前往耶路撒冷。马儿·腆合后来将他们召至报达，打算派遣列班·扫马东返，无奈仍因战争阻隔，未能成行。1287年，伊利汗阿鲁浑命列班·扫马出使教廷及欧洲诸国。他游历了英、法、意等国，圆满完成任务回到伊利汗国。正是由于列班·扫马的此番欧洲游历，才促使教皇派遣科儿维诺前往东方。列班·扫马最后在报达去世。他有一部用波斯文书写的旅行记，不过已经遗失。迟至1887年，叙利亚文献《教长马儿·雅八·阿罗诃和巡视总监列班·扫马传》被发现，其中摘译了列班·扫马游记的部分内容，这位曾游历过欧洲的东方人的信息才逐渐为人们所知晓。

蒙古统治时代东、西方海、陆交通空前发达，不仅蒙古各宗藩间往来密切，中国与欧洲、东南亚各国以及非洲地区的联系，也日益密切起来。能够与马可·波罗、伊本·拔图塔、鄂多立克等东来的旅行家相提并论的元代旅行家，非汪大渊莫属。

汪大渊是江西人，他年轻时就走遍了大半个中国。他曾游历至当时最大的对外港口泉州，深为各色异域风物所吸引，由此激发了出洋游历的雄心壮志。他先后于至顺元年（1330）、后至元三年（1337）两度从泉州浮海出洋，其航行线路所及地域十分广泛，东南亚诸国、印度、波斯、阿拉伯以及埃及、摩洛哥等地均留有他的足迹。他于至正九年（1349）开始撰写《岛夷志》一书，后又将该书简化为《岛夷志略》，详细记载了自己航海远行所到达的各个地方和各种见闻。他被视为"东方的马可·波罗"。从汪大渊的记载我们可以知道，当时中国的青瓷、白瓷、青花瓷等各类瓷器，已远销波斯湾、红海以及东非海岸诸港口。今天，当地的考古发掘也证实了这点。元代中、非之间已有直接往来，应是不争的事实。当时人称埃及人为密昔儿（另有"密乞儿""米西儿"等多种写法）。

由于蒙古各宗藩间往来频繁，中国人去往中亚、西亚的人士也随之激增，他们留下了许多反映当时地理状况的游记。其中著名者有如下数人：耶律楚材，他曾扈从成吉思汗西征，行程数万里，中亚很多地方都留有他的足迹，他著有《西游录》，这是我们了解13世纪中亚历史地理状况的一部重要著作；丘处机，奉召西行至中亚觐见成吉思汗，其随行弟子李志常整理了《长春真人西游记》，记录了西北、中亚地区的山川道里及沿途所见风土人情；此外，还有常德奉蒙哥汗之命西行，远赴中亚、西亚地区觐见旭烈兀，刘郁笔录了常德西行的各种见闻，此为《（常德）西使记》。《西使记》记录了伊斯兰地区的各种状况，尤其值得注意的是该书提及"天房"，这被视为是汉文史籍首次直接记载了麦加城。

马可·波罗来过中国吗？

谈起元代来华的欧洲人，影响最大的当属马可·波罗（Marco Polo）。

马可·波罗是13世纪伟大的旅行家。他留下了一部伟大的作品《马可·波罗行纪》（又称《马可·波罗游记》或《东方闻见录》），这是我们了解13世纪东、西方之间交流的十分珍贵的历史资料。该书是有关东亚、中亚以及南亚地区历史地理状况的一部百科全书式的游记作品，又被称作《寰宇记》。这部著作还具有另一种世界性意义，那就是它刺激了欧洲的地理探险活动。哥伦布发现美洲大陆，就是受到该书的直接启发。

马可·波罗出生于意大利威尼斯的一个商人家庭。他的父亲名叫尼哥罗·波罗（Nicholo Polo），叔父叫玛菲·波罗（Maffo Polo），他们主要在地中海沿岸与黑海北岸一带从事珠宝买卖等贸易活动。

按照《马可·波罗行纪》的叙述，波罗兄弟曾于13世纪60年代，跟随旭烈兀的使臣，横跨亚欧大陆来到东方，在上都拜谒了忽必烈汗。忽必烈汗在听取了波罗兄弟对西方的介绍之后，命令他们返回欧洲向教皇报告，希望教皇能派遣一百名熟悉基督教教律、通晓七种技艺（中世纪所谓"七艺"是指文法、逻辑、修辞、算数、几何、音乐、天文）的教士到东方来传教，并嘱咐他们到耶路撒冷救世主圣墓上取一些长明灯的圣油带回。[①]大约1269年初，波罗兄弟回到欧洲。此时，尼哥罗的妻子已去世，留下了他们的儿子马可·波罗。

1271年，在得到新任教皇格利高里十世的接见后，波罗兄弟便带着教皇致大汗的书信，也带上了十七岁的马可·波罗，再次启程前往东方。

他们沿途经过小亚细亚，越过伊朗高原、帕米尔高原，穿过中亚沙漠地带，经新疆和河西走廊，于1275年抵达上都。在那里，他们见到了忽必烈汗。忽必烈汗对于马可·波罗一家东返复命，显然是感到高兴的，于是将他们留了下来。自此之后，马可·波罗一家留居中国长达十七年。

马可·波罗留在宫中学习。由于天资聪颖，他很快就掌握了蒙古的语言和各种习俗，深受忽必烈的宠信。按照马可·波罗自述，他时常随侍在忽必烈左右，并且多次代表大汗出使各地，游历了济南、扬州、杭州、泉州以及陕西、四川、哈剌章（今云南）等地，甚至还曾在扬州为官三年。不仅如此，他还奉命出使过印度、占城（今越南）等地。关于他在各地的游历见闻，《马

---

① ［意］马可·波罗著，冯承钧译：《马可·波罗行纪》，上海书店出版社2001年版。

可·波罗行纪》记载得十分详细。

由于久居异国思念故土,马可·波罗一家曾数度要求返回威尼斯。1286年,伊利汗国阿鲁浑的皇后卜鲁罕去世。遵照她的遗嘱,阿鲁浑汗派遣使臣到元廷,要求续娶与卜鲁罕皇后同属一个部族的伯岳吾部的女子为妻。忽必烈为此从该部落选中阔阔真公主远嫁波斯。

1291年,马可·波罗一家陪同阿鲁浑汗的三位使臣,一起护送阔阔真公主到波斯。他们从泉州出发,沿海路经南海、印度洋至波斯湾的忽鲁模思(霍尔木兹)港登岸。1295年,完成护送使命之后,马可·波罗一家再由波斯回到威尼斯。

马可·波罗一家从东方带着无数的珠宝回到家乡,他们的巨额财富,在当地引起了极大的轰动。马可·波罗经常向人们谈论起他的东方之行,炫耀着自己的个人传奇,以及东方的繁华富庶。1296年,马可·波罗因参加对热那亚的战争而被俘,被投入热那亚监狱。在狱中,他向狱友鲁思梯谦(Rusticiano)口述了他在东方各地的见闻,最后由鲁思悌谦笔录了下来,这就是举世闻名的《马可·波罗行纪》。

《马可·波罗行纪》描述了在当时的欧洲人看来是奇闻的各种东方逸事。该书描述了沿途所经过的许多国家以及各种风土人情,叙述了不少元朝的重大历史事件,介绍了大汗宫廷、宴飨及狩猎等各种情形;当然,其中自然也夹杂了马可·波罗许多的自我吹嘘。马可·波罗还一再声称,自己所说的,尚不及自己所见到的一半。该书是13世纪有关东方记载内容最丰富的作品,欧洲人早期对中国和东方的认识,很大程度上就是由此书开始的。英国桂冠诗人约翰·梅斯菲尔德说:"他(马可·波罗)在欧洲人的心目中,创造了亚洲。"

或许是由于马可·波罗的描述充斥着不少奇闻怪谈,这引起了不少研究者对他的怀疑。早在19世纪初期的时候,西方学界就提出马可·波罗并没有到过中国的观点。有西方学者甚至认为,马可·波罗当时往东走的最远距离,可能并没有越过今天俄罗斯所属的喀山(Kazan)以南地区。百余年来,对马可·波罗的质疑一直没有停止过。最引人质疑的一大关键性问题是,按照马可·波罗自己的描述,他与忽必烈关系密切,一位如此"重要"的人物,却在当时数量可观的汉文史料中找不到有关他的任何信息,这实在是令人怀疑的。以前曾有学者将《元史》中提到过的一位名叫孛罗的枢密副使,误认为就是马可·波罗。然而,这已被证实并非同一人。

马可·波罗究竟有没有来过中国呢?

1941年,杨志玖教授在《永乐大典》中发现了至元二十七年(1290)的一段公文,其中记载称:"尚书阿难答、都事别不花等奏:平章沙不丁上言:'今年三月奉旨,遣兀鲁、阿必失呵、火者,取道马八儿,往阿鲁浑大王位下。'"他敏锐地意识到,公文里所提及的这三位使臣名字,与《马可·波罗行纪》中所提到的三位使臣的名字几乎完全吻合:兀鲁,对应Qulatai;阿必失呵,即Apousca;火者,即Coja。按照马可·波罗的描述,阿鲁浑汗的三位使臣见到马可·波罗全家,知道他们"皆是拉丁人,而聪明过人，拟携之同行"，"大汗宠爱此三拉丁人甚切……兹不得已割爱，许他们偕使者三人护送赐妃前往"。(《马可·波罗行纪》第十七章《尼古剌玛窦马可之求大汗放还本国》)马可·波罗一家，由此便与三位使臣一起循海路至波斯。这段文字的发现，轰动一时，被视为是马可·波罗来华的一条极有力的汉文史料证据。直到今天，再没有发现比这条材料更直接相关的汉文记载。[①]

这条史料的发现，似乎平息了一些对马可·波罗来华一事的质疑。然而，1995年，英国不列颠图书馆中国部主任吴芳思博士（Frances Wood）出版《马可·波罗到过中国吗？》一书，再次就这个问题提出了质疑。

吴芳思博士认为，马可·波罗有关中国的知识来自道听途说和流行于当时波斯地区的一些旅行手册。她从几个方面提出了质疑的依据：为何马可·波罗的名字在汉文文献中找不到？为何马可·波罗没有提到女子缠足、长城、汉字、茶叶、筷子等具有中国特征的各种事项？为何马可·波罗留居中国十七年，却不懂汉文？马可·波罗叙述自己曾参加过蒙军攻襄阳之战，可是襄阳之战发生时，他事实上还未到达中国。由此可见，马可·波罗是在撒谎。

吴芳思博士的质疑，引起蒙古史学者的强烈反驳。蒙古史学

[①] 杨志玖：《关于马可·波罗离华的一段汉文记载》，《文史杂志》一卷十二期，1941年。

者们回应说，马可·波罗之所以没被汉文史料记载下来，事实上正说明马可·波罗的地位并没有如他自己所吹嘘的那么重要。至于不懂汉语、不提汉字等事，主要是作为色目人，他只需要懂得波斯语、突厥语或者蒙古语，就完全可以在元时代的中国生活下来，那是个多族群、多语言共存的时代，语言交流的障碍并不见得多严重。通读《马可·波罗行纪》可以发现，事实上他生活在一个非汉语的环境中，他很少跟汉人交往，对于汉地那些特有的事项，他并不一定关心。再者，吴芳思博士所列举的那些事项，很多是要到明清或近代中国才凸显出来的。如长城，今天我们所见到的具有标志性意义的长城建筑，其实是明朝时期所修建的，当时的马可·波罗怎么可能会见到呢？

有学者指出，《马可·波罗行纪》本身是出自他人笔录，而且之后又有多种版本流传，最初的原稿早已遗失。后来的各种传抄本，出现错误，以至讹传，实在是再正常不过的。究竟哪些是马可·波罗自己所说的，哪些是后来叠加附会的，这些都需要进行仔细推敲。

马可·波罗究竟有没有来过中国的这场争论，还将会持续下去。尽管我们今天仍会去质疑马可·波罗以及《马可·波罗行纪》的真实性，但无论如何，它在很大程度上体现了当时欧洲对于东方的认识与想象，它是13世纪中、西间沟通和交流的象征。有关马可·波罗的话题，直到今天还在影响着我们。例如，人们在争论面条究竟是起源于意大利还是起源于中国的时候，就会牵扯出这位13世纪的伟大旅行家。

元人意识中的外部世界观念

蒙古统治时代对于整个欧亚大陆来说都具有划时代的特殊意义,因为它直接催生了早期世界地理观念的形成。蒙古统治时代欧洲旅行家(尤其是马可·波罗)来到东方,为当时欧洲进一步了解旧大陆起到了极为重要的促进作用;而蒙古的西征以及对中亚及中亚以西各征服区的统治,也为东方世界更多地接触与认识欧洲提供了很好的契机。然而,这只是我们对那个时代的总体印象。蒙古统治时代对于东方世界的汉人,尤其是对于汉人外部世界观念的扩展,是否有实质性的影响呢?

汉族士人常常为元朝地域的广阔而大发喟叹:"东西极日所出入,而南北际于炎荒玄朔之地。海虚瘴徼,广轮不知其几万里。"(赵孟頫《敕建大兴龙寺碑铭》)"圣元世祖皇帝平一海内,极天所覆,尽地所载,靡不臣妾,开辟以来,未之有也。"(吴澄《滕国李武愍公家传后序》)。在他们的地理观念中,以上所指称的无非是元代统治地域的极限:东及朝鲜,西越葱岭以远,北至北海,南通交趾以南。其实,汉人对这些地区的了解在此前各朝就已相当深入,蒙古统治时代突出的地域范围并未对汉人进一步认识外部世界产生实质性的影响。这里我们不妨举两个例子稍作探讨。

元人周致中所著舆地书《异域志》,著录有二百一十个国家和民族,其所记范围东起朝鲜、日本,西抵西亚、非洲,南至东南亚、南亚诸国。该书所记地域之广,在明代以前的地理外纪书

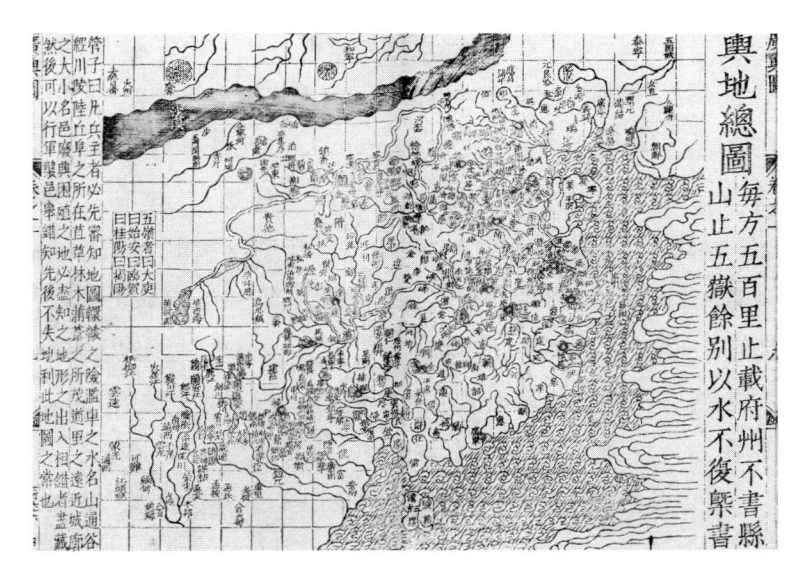

明代罗洪先《广舆图》之《舆地总图》书影，嘉靖四十五年（1566）刻本。《广舆图》是中国古代第一部综合性地图集，它是以已失传的元代朱思本的《舆地图》为祖本，增其未备，采用朱图"计里画方"之法，并创地图符号图例，以地图集的形式绘制而成。

中还是少见的（见陆峻岭为该书中华书局版所写《前言》）。这似乎表明，元人对外部世界的认识已有相当的进展。但如果细察，我们就会发现，该书所记民族与地域概念，许多仍采自唐宋间所出的《酉阳杂俎》《岭外代答》等著作，甚至还有许多承袭自成书于周秦间、充满神话色彩的《山海经》一书。虽然该书所记载的一些条目所指的地域范围有所扩大，并且地名亦更趋明确，但大多仍限于今日中国的边疆地带；对于中亚以西更远的地区，仍多语焉不详。由此看来，元人对于外部世界的认识，其实仍然相当有限，并且模糊不清。

具体就蒙古统治时代欧亚交通的进展来说，元人对于欧洲的了解，较之以前仍未有多大的突破。自隋代以来的汉文古籍中，"拂菻"（其突厥文拼写形式为"Purum"，或转写为"Apurum"，波斯语作"Farang"，也有作"拂林""拂懔""拂临""弗林""拂郎""佛郎""富浪""发郎"等）一词屡屡出现，在隋唐时期，这一地名所指称的对象应是拜占庭（即东罗马帝国）及其所属的亚洲领土。而到蒙古统治时期，"拂菻"一词所指称的地域范围应包括整个欧洲，因为当时传教士东来，是受到在法国的教皇所派遣的，来到元廷的欧洲教皇使者，多被指为来自"拂菻"。

蒙古统治时代的汉人对于西亚及西亚以西地区仍以"拂菻"这一旧名来笼统地称呼。例如，元代来自叙利亚西部的爱薛，被认为是"拂林"人；元至正年间有所谓"佛郎"国来献天马事，当时许多汉人士大夫以"赞""赋""颂""图"等多种形式加以讴歌，但对于"佛郎"国，他们所知甚少，只知道献马使者"凡七渡海洋"，"四践寒暑"才来到中国。

看来，在欧洲来华者屡见不鲜的蒙古统治时代，东方的汉人世界对于欧洲的认识仍极为有限。蒙古统治时代欧亚大陆间形成的所谓"世界体系"，其实更多地表现出的只是一种单向度的联系，即欧洲认识中国，而非中国认识欧洲。

当然，这并非无视元人地理知识的增加。其实，元代汉人外部世界的观念是有所扩大的，例如元代测景所北达"北海"，这是当时对邻近北冰洋的极北地域的泛称。另外，在元人诗文中出现有许多中亚、西亚地区的汉文地名，这在一定程度上表明

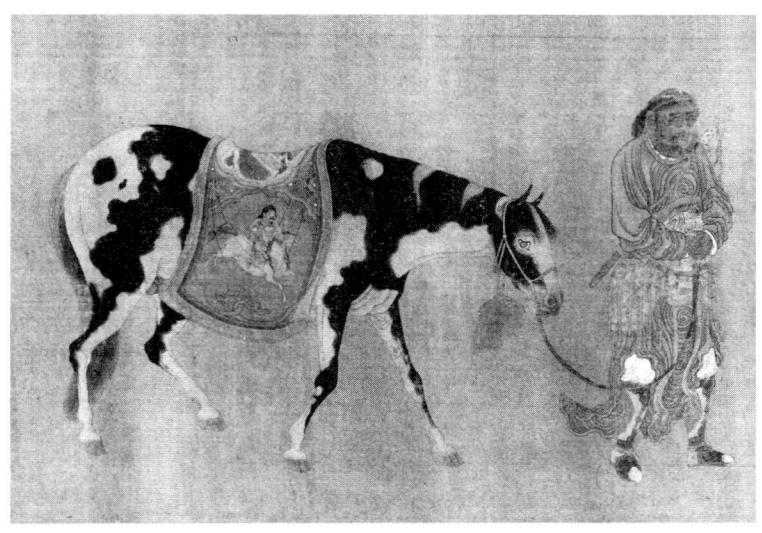

《职贡图卷》(局部,元代任伯温绘)。图中绘西域人向中原朝廷进贡良马的情景。

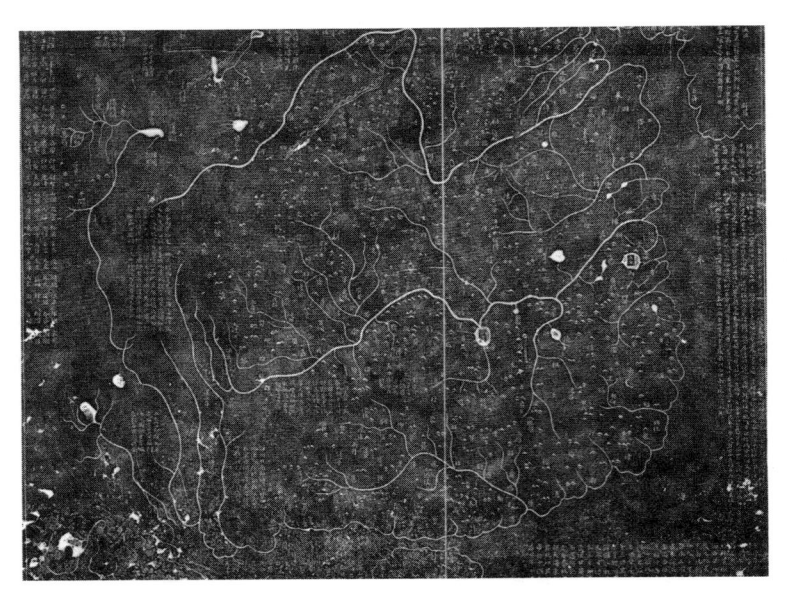

《华夷图》拓本,原石刻于伪齐阜昌七年(南宋绍兴六年,1136),今藏于西安碑林博物馆。此图以唐代贾耽《海内华夷图》为祖本,但绘法较贾图粗略。图中以华夏为中心,还包括大秦、安息、波斯、大食、高丽、新罗等亚、欧、非三洲的邦国与部落,反映了唐宋时人们对世界的认知。

当时人对于彼地的认识已有所增加。有意思的是,元代伊斯兰天文学家札马鲁丁制造了"西域仪象",其中有一种叫"苦来亦阿儿子",此即地球仪。根据《元史》卷四八《天文志一》的记载,这一地球仪"其制以木为圆球,七分为水,其色绿;三分为土地,其色白。画江河湖海,脉络贯串于其中,画作小方井,以计幅员之广袤,道里之远近"。这是一种很有意思的有关地球的知识,但由于当时新大陆尚未被发现,这种知识的有效性颇值得怀疑。

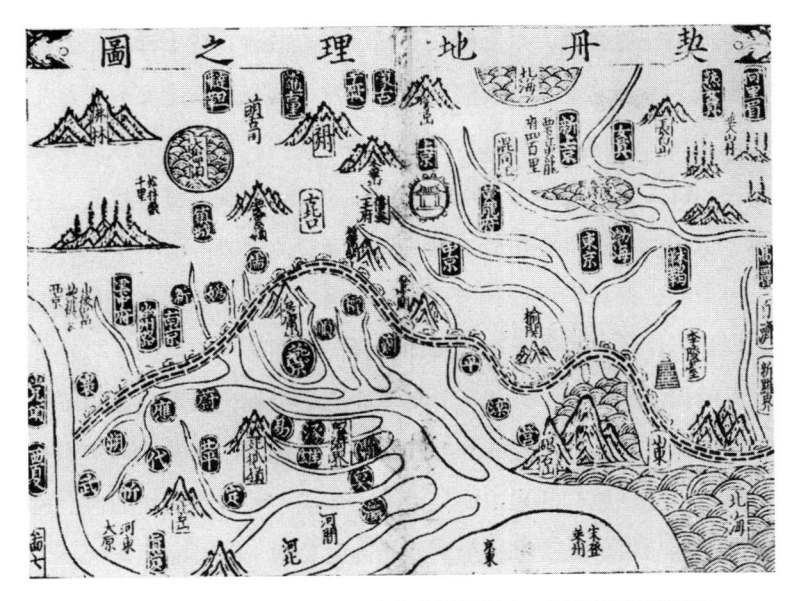

契丹地理之图（元刊本，载于叶隆礼《契丹国志》，中国国家图书馆藏）

总之，元人对于外部世界的认知并未因地域疆界的广大而得到相应的扩展。当有人在为蒙古人西征远及东欧而惊叹的时候，当有人在为中国人不能在海上进一步扩展势力而叹息的时候，我们再来反观一下元人对于欧亚大陆本身认知的不足，是否别具思考价值呢？

那么，迟滞中国人认识外部世界的原因何在呢？

我们知道，推动欧洲认识中国的动因是对于财富的追求和传教的需要，而这对汉人世界来说并不存在。蒙古统治时代对于汉人认识外部世界来说，可能相当程度上受制于当时政治的因素。张星烺先生在分析秦与西域交通不见于载籍的原因时认为："秦国与西域交通必繁，可无疑义。惜汉初执政者，皆丰沛子弟，悉非秦人，秦国之掌故，鲜能道者，以致秦国与西域之交通事迹史无详文也。"进而推论指出，"犹之元亡明兴，蒙古人与欧洲交通事迹，汉人完全不知"。[①]可见，此时期汉人客观上鲜有机会，主观上也未能创造机会积极地投身到欧亚交流中去。

当然也许我们可以从华夏文化自身去寻求理解。华夏文化的地理知识体系本身就具有极强的解释力，例如《山海经》对外部世界的揭示，例如"九州岛"地域概念的出现，等等，这些旧有的知识体系对外部世界的解释几乎可涵盖一切，新的地理知识有时很难内化到原有的知识框架中去，形成一种有效的新知识。这也许是迟滞中国人去进一步认识外部世界的一大可能因素吧。

回到中国人对欧洲的认识上来。清初《明史》的修撰者们在评述利玛窦《坤舆万国全图》时，仍认为利玛窦关于欧洲的说法是"荒渺莫考"，然而由于"其国人充斥中土"，所以"其地固有之"。也就是说，历晚明至清初，中国人才总算正式承认了欧洲的存在，了解到自己并非天下的中心。

---

① 张星烺:《中西交通史料汇编（1）》，中华书局2003年版。

结束语

　　大元王朝的最大特征就是天下一统,所谓"万里车书新一统"(陈元靓《事林广记》)。它地域辽阔,其辖境范围所及,"北逾阴山,西极流沙,东尽辽左,南越海表"(《元史》卷五八《地理志一》)。元代的统治,奠定了今日中国疆域的基本规模,超迈此前任何一个封建王朝。被誉为盛世时代的大唐版图虽曾一度扩展至中亚地区,不过唐对那一地区的控制毕竟有限,唐军所驻守的仅是几个零星点,而且时间并不长。

　　元人吴澄在《送萧九成北上序》里说:"今则器用各有宜,不必同轨也;文字各有制,不必同文也;国土各有俗,不必同伦也。车不同轨,书不同文,行不同伦,而一统之大未有如今日。"吴澄笔下所揭示的正是大元王朝的宏大帝国气象。我们应该注意的是,汉儒们所追求的是"大一统""划一化",元于各地置行省,还首次编修以"一统志"为名的全国地理总志,这就是很好的体现;然而,于当时蒙古人而言,它又似乎有所不同,在当时蒙古人的地域概念中,大元辖境所及的地域,大多是按所谓鞑靼国土、蛮子田地、哈喇章田地、河西田地、回回田地等来加以区分的。

虽有不同，但"大元"这个国号，与"大汗兀鲁思"一样，是被蒙古人所接受的。日本学者杉山正明说，元帝国糅合了蒙古强大的军事力、汉地强大的经济力以及穆斯林的商业力，在世界第一次畅通的环境下，展示出完全不同于以往任何一个时代的新局面。[①]这个时代的特殊性，确实远非其他时代可比。

元代是个世界性的时代。在此以前，东、西方世界间互相听闻虽由来已久，然而少有直接的交通；自元代始，东、西方之间直接的接触和交流变得更频繁了。

元代的社会是一个融会各种民族、诸色文化的多元社会。那个时代的许多非汉族知识分子，在诗歌文学、绘画艺术等各个层面都取得了非常了不起的成就。

若将13、14世纪大蒙古国和元朝的统治，放置到中国北方民族的发展历程以及传统中原王朝的演进过程中来加以考察的话，我们可以观察到它带来的影响是巨大的。"蒙古"这一名称，不仅成为漠北高原人群的一个共同称谓被延续了下来，而且作为一个地域的名称，也延续至今天。元朝的统治，并没有打断中国历史发展的正常脚步。元王朝统治下的各区域，除华北地区遭遇到战争所带来的负面影响外，江南、岭南等地区大多处在持续的发展中，而诸如岭北、云南、西藏等所谓的"边

[①] ［日］杉山正明：《忽必烈的挑战：蒙古帝国与世界历史的大转向》，社会科学文献出版社2013年版。

鄙"地区，事实上较之以往也得到了前所未有的发展。至于在政治制度、宗教、思想等各具体方面，它对于后世的影响也是显而易见的。大元王朝国祚虽短，仍书写出了浓墨重彩的炫丽长卷。

主要参考书目

［英］道森编，吕浦译，周良霄注：《出使蒙古记》，中国社会科学出版社1983年版。

［波斯］拉施特主编：《史集》，商务印书馆1997年版。

［意］马可·波罗著，冯承钧译：《马可·波罗行纪》，上海书店出版社2001年版。

宋濂等撰：《元史》，中华书局1976年版。

脱脱等撰：《金史》，中华书局1975年版。

佚名著，陈高华、张帆、刘晓、党宝海点校：《元典章》，中华书局、天津古籍出版社2011年版。

佚名著，额尔登泰、乌云达赉校勘：《蒙古秘史》（校勘本），内蒙古人民出版社1980年版。

［伊朗］志费尼著，何高济译：《世界征服者史》，内蒙古人民出版社1980年版。

白寿彝总主编，陈得芝主编：《中国通史》第13、14册，上海人民出版社1997年版。

陈得芝：《蒙元史与中华多元文化论集》，上海古籍出版社

2013年版。

陈高华著，党宝海编：《陈高华说元朝》，上海科学技术文献出版社2009年版。

［德］傅海波、［英］崔瑞德等编，史卫民等译：《剑桥中国辽西夏金元史》，中国社会科学出版社1998年版。

［苏］符拉基米尔佐夫著，刘荣焌译：《蒙古社会制度史》，中国社会科学出版社1980年版。

［法］雷纳·格鲁塞著，龚钺译：《蒙古帝国史》，商务印书馆1989年版。

韩儒林主编：《元朝史》（上、下），人民出版社1986年版。

韩儒林主编：《中国大百科全书·中国历史·元史》，中国大百科全书出版社1985年版。

黄时鉴：《元朝史话》，北京出版社1985年版。

萧启庆：《内北国而外中国：蒙元史研究》，中华书局2007年版。

姚大力：《蒙元制度与政治文化》，北京大学出版社2011年版。

姚大力：《漠北来去》，长春出版社1997年版。

周良霄、顾菊英：《元史》，上海人民出版社2003年版。

附录一：大蒙古国和元朝大事记

1162年，铁木真出生。

1189年，铁木真被推戴为"可汗"。

1196年，铁木真击败塔塔儿部，被赐予"札兀惕忽里"。

1205年，铁木真首次征伐西夏。

1206年，铁木真建立大蒙古国，称"成吉思汗"。

1209年，畏兀儿亦都护归附蒙古。

1211年，成吉思汗攻金。

1215年，蒙古军队攻取金中都（今北京）。

1219年，成吉思汗出征花剌子模。蒙古第一次西征开始。

1224年，蒙古第一次西征结束。

1225年，成吉思汗回到漠北。

1227年，成吉思汗去世。幼子拖雷监国。西夏亡。

1229年，窝阔台继承大汗位。

1230年，窝阔台征金。

1232年，蒙古、南宋合围金蔡州城（今河南汝阳）。

1234年，金亡。

1235年，窝阔台派遣拔都等人领军西征，第二次西征开始。

1236年，丙申分封，与以往草原分封不同，窝阔台把原金朝汉地的人户分赐给诸王、贵戚与斡耳朵，只作为汤沐邑或采地。

1241年，窝阔台汗去世。第二次西征结束。乃马真皇后监国。

1246年，贵由汗即大汗位。萨迦派法王萨迦班智达到达凉州，次年才得以与阔端会谈，即历史上著名的"凉州会谈"。

1248年，贵由汗去世。斡兀立·海迷失皇后称制监国。

1251年，蒙哥继承大汗之位。

1253年，蒙哥汗命令忽必烈率军远征大理国。同年旭烈兀领导第三次西征。

1254年，1月初，忽必烈攻占大理都城，之后忽必烈北归，留大将兀良合台继续平定大理。秋，蒙古兵于昆明活捉大理皇帝段兴智，大理国亡。

1256年，刘秉忠受命建造开平城。

1259年，蒙哥汗死于合州钓鱼城。

1260年，中统元年。忽必烈即大汗位，并建元中统，元王朝由此建立。

1262年，中统三年。山东益都世侯李璮谋叛。

1264年，至元元年。阿里不哥向忽必烈投降。改"燕京"为中都。改元"至元"。

1268年，至元五年。蒙古军队围攻襄、樊。

1271年，至元八年。建国号"大元"。

1272年，至元九年。改中都为大都。

1273年，至元十年。元军攻克襄、樊。

1276年，至元十三年。元军攻取临安（今杭州），南宋恭帝赵㬎请降。

1279年，至元十六年。元军攻破崖山，南宋灭亡。

1281年，至元十八年。元军征日本，遭遇台风，败还。

1285年，至元二十二年。真金太子去世。

1294年，至元三十一年。忽必烈去世。铁穆耳即位，是为元成宗。

1303年，大德七年。元与西北诸王约和。四大汗国一致承认元朝皇帝是成吉思汗皇位的合法继承人，蒙古帝国内战彻底结束，彼此之间设驿路，开关塞。

1307年，大德十一年。元成宗去世。爱育黎拔力八达政变取得政权，迎立长兄海山为帝，是为元武宗。

1311年，至大四年。武宗去世。爱育黎拔力八达即位，是为元仁宗。

1313年，皇庆二年。元王朝恢复科举制度。

1320年，延祐七年。元仁宗去世。太子硕德八剌即位，是为元英宗。

1323年，至治三年。"南坡之变"，英宗遇弒。晋王也孙铁木儿即位，是为泰定帝。

1328年，天历元年。泰定帝去世。元武宗之子图帖睦尔被迎立为帝，是为文宗。文宗改元"天历"，两都之战爆发。图帖睦尔遣使赴漠北迎其兄长和世㻋。

1329年，天历二年。和世㻋于和林即位，是为元明宗。后明宗暴崩，图帖睦尔再次即位为帝。

1332年，至顺三年。元文宗去世。和世㻋次子懿璘质班被立为帝，是为宁宗。在位仅月余，即崩逝。

1333年，元统元年。和世㻋长子妥欢帖睦尔即位，是为元顺帝。篾儿乞部伯颜为右丞相。

1335年，后至元元年。罢科举。

1340年，后至元六年。下诏复科取士。伯颜专权被罢黜，以脱脱为右丞相。

1345年，至正五年。《宋史》《辽史》《金史》修成。

1348年，至正八年。台州方国珍起事反元。

1351年，至正十一年。修治黄河。刘福通、徐寿辉等先后起兵反元。

1352年，至正十二年。濠州郭子兴起义，朱元璋投奔郭子兴。

1353年，至正十三年。张士诚起兵反元。

1354年，至正十四年。脱脱罢官。

1356年，至正十六年。朱元璋攻取集庆（今南京）。

1358年，至正十八年。刘福通攻克汴梁（今开封）。

1362年，至正二十二年。明玉珍在重庆称帝，建国号"夏"。

1364年，至正二十四年。朱元璋称吴王。

1367年，至正二十七年。朱元璋命徐达北上伐元。

1368年，至正二十八年。朱元璋称帝，立国号为"大明"，改元洪武。明军攻克大都，元顺帝北逃。元亡。

附录二：大蒙古国和元朝皇帝世系表

庙号	蒙古名	蒙古尊号	在位时间
太祖	铁木真	成吉思汗	1206—1227
太宗	窝阔台	窝阔台合罕	1229—1241
定宗	贵由	贵由汗	1246—1248
宪宗	蒙哥	蒙哥汗	1251—1259
世祖	忽必烈	薛禅汗	1260—1294
成宗	铁穆耳	完泽笃汗	1294—1307
武宗	海山	曲律汗	1307—1311
仁宗	爱育黎拔力八达	普颜笃汗	1311—1320
英宗	硕德八剌	格坚汗	1320—1323
泰定帝	也孙铁木儿		1323—1328
天顺帝	阿速吉八		1328
明宗	和世㻋	护都笃汗	1329年一月—1329年八月
文宗	图帖睦尔	札牙笃汗	1328年九月—1329年一月 1329年八月—1332年
宁宗	懿璘质班		1332
顺帝	妥欢帖睦尔	乌哈噶图汗	1333—1368

重版后记

《细讲中国历史丛书》（12册）于2015年由上海人民出版社出版，并于当年12月入选国家新闻出版广电总局首届"向全国推荐中华优秀传统文化普及图书"名单，2016年2月获第十四届上海图书奖一等奖。2017年6月由香港中华书局出版繁体字版本，在港台地区发行。2019年7月以来，"丛书"12册音频先后在喜马拉雅"文柏讲堂"上线，迄今已有近一亿人次的收听。这对于孜孜以求中华历史普及工作的我们，当是极大的嘉勉。遵照读者的反馈意见，"丛书"的作者对每一册书都做了精心修改。承蒙天地出版社垂爱，将丛书名改为《简明中国通史》，予以重新排印出版。在疫情防控期间，作者、编者研精毕智、一丝不苟的精神令人感佩，专此后记，谨以致谢，并告慰2019年病故的我们敬爱的主编之一李学勤先生。

郭志坤

2023年3月于上海

从声音到文字，从烦人达明体

天壹文化